第2辑



# 劳动人事争议仲裁与审判指引

Labour and Personnel Dispute Arbitration and Trial Guidelines

北京市劳动和社会保障法学会 组织编写

中国劳动社会保障出版社

**图书在版编目(CIP)数据**

劳动人事争议仲裁与审判指引. 第 2 辑/北京市劳动和社会保障法学会组织编写. -- 北京：中国劳动社会保障出版社，2021

ISBN 978-7-5167-2579-5

Ⅰ.①劳… Ⅱ.①北… Ⅲ.①劳动争议-仲裁-案例-中国 Ⅳ.①D922.591.5

中国版本图书馆 CIP 数据核字(2021)第 050201 号

**中国劳动社会保障出版社出版发行**

（北京市惠新东街 1 号　邮政编码：100029）

*

三河市潮河印业有限公司印刷装订　新华书店经销

787 毫米×1092 毫米　16 开本　24 印张　365 千字

2021 年 4 月第 1 版　　2021 年 4 月第 1 次印刷

**定价：68.00 元**

读者服务部电话：（010）64929211/84209101/64921644

营销中心电话：（010）64962347

出版社网址：http://www.class.com.cn

#《劳动人事争议仲裁与审判指引》（第2辑）
## 编辑委员会

# 即使有疫情，我们也没有停步

2020年一场新冠肺炎疫情席卷全世界，虽然中国曾经经历了非典型肺炎，但是本次疫情的严重程度还是超出了我们的想象——城市封闭了，交通停止了，学校停课了，工厂停工了，写字楼空了——世界仿佛停滞了。各级仲裁委员会和法院也和其他机关一样停止了现场开庭，改为推迟开庭和网上开庭，案件大量积压。

往往危急时刻，方显出领导人的魄力和智慧。在以习近平同志为核心的党中央领导下，中国采取果断措施抗击疫情，包括封城、佩戴口罩、强制隔离措施、管制交通、使用健康码等前所未有的措施，使中国在最短的时间内取得了抗疫工作的关键胜利。

越在关键时刻，越能体现各级组织执行力。各级组织迅速落实中央决策，拿出“抓铁留痕”的精神，不留一个抗疫死角，出色地完成了抗疫任务。

党中央在领导抗击疫情的同时，也领导着复工复产工作。企业能不能在抗击疫情的同时，有效复工复产直接影响着企业发展和人民生活。劳动争议仲裁机构和人民法院能不能把大量积压的案件及时处理也会影响当事人对于劳动纠纷处理机构的信心。

人力资源社会保障部及时出台了妥善处理疫情期间劳动关系和社会保险的系列指导意见，对于新冠肺炎患者、疑似病人和密切接触者的劳动合同、工资待遇、医疗保险等作出指示，对于企业因停工而引起的工资支付、休息休假调整、社会保险费减免、共享用工等提出指导意见。

最高人民法院也迅速出台了一系列关于依法妥善审理涉新冠肺炎疫情民事案件若干问题的指导意见，中华全国总工会和中华全国律师协会纷纷出台涉新冠肺炎疫情的政策和工作指导。

在地方层面，北京市人力资源和社会保障局、北京市高级人民法院、北京市总工会、北京市律师协会也制定了地方性的指导意见。

北京市劳动和社会保障法学会积极组织会员参与到抗击疫情的工作中，包括：

一、参与政策制定。会员积极参与人力资源社会保障部、最高人民法院的指导意见的制定工作。

二、参与培训。会员利用互联网工具，举办线上劳动政策的宣讲。

三、参与政策实施。会员在法律服务、仲裁、法院各个环节具体实施涉及疫情的政策。

四、创新工作方法，迅速掌握网上工作技能和技巧。尤其是会员中的法官，积极尝试网上开庭，为解决年度积压案件做出了突出贡献。

五、交流处理劳动争议的经验。北京市劳动和社会保障法学会如期举办了年度案例研讨会，会员将遇到的疫情下的法律适用、事实查明、线上开庭、案件执行、裁审衔接等问题提出，互相交流，形成共识，付诸实施。

六、总结 2020 年的工作经验，出版本书。

本书首先将涉疫情争议作为开篇，然后裁审衔接作为第二部分，其后与历年的案例编辑体系相似，涉及劳动关系的认定、劳动合同的签订与履行、劳动合同的解除与终止、劳动报酬与工时休假、社会保险与福利待遇、商业秘密与竞业限制及其他。

特别值得注意的是，2021 年 1 月 19 日最高人民法院发布《关于深入推进社会主义核心价值观融入裁判文书释法说理的指导意见》，要求各级人民法院充分发挥司法裁判在国家治理、社会治理中的规则引领和价值导向作用，进一步增强司法裁判的公信力和权威性，努力实现富强、民主、文明、和谐的价值目标，努力追求自由、平等、公正、法治的价值取向，努力践行爱国、敬业、诚信、友善的价值准则。

社会主义核心价值观一共十二组词，从价值目标、取向和准则以及从国家、社会和个人三个层面进行了浓缩式表述，与司法裁判密切相关。

最高人民法院具体要求下列案件的裁判文书，应当强化运用社会主义核心价值观释法说理：

（一）涉及国家利益、重大公共利益，社会广泛关注的案件；

（二）涉及疫情防控、抢险救灾、英烈保护、见义勇为、正当防卫、紧急避险、助人为乐等，可能引发社会道德评价的案件；

（三）涉及老年人、妇女、儿童、残疾人等弱势群体以及特殊群体保护，诉讼各方存在较大争议且可能引发社会广泛关注的案件；

（四）涉及公序良俗、风俗习惯、权利平等、民族宗教等，诉讼各方存在较大争议且可能引发社会广泛关注的案件；

（五）涉及新情况、新问题，需要对法律规定、司法政策等进行深入阐释，引领社会风尚、树立价值导向的案件；

（六）其他应当强化运用社会主义核心价值观释法说理的案件。

而劳动争议案件事关劳动者的切身利益，与社会主义核心价值观中每一条都密切联系，尤其是民主（企业民主）、和谐（和谐劳动关系）、敬业（劳动纪律）和诚信（诚实信用）更密切。

本书体现了劳动争议处理的法官、仲裁员的工作成果，今后要以主动的态度将社会主义核心价值观融入劳动争议处理的释法说理中。律师在代理劳动争议过程中也要加强社会主义核心价值观的论述，为法治中国做出贡献。

是为序。

姜俊禄

博士　名誉会长

北京市劳动和社会保障法学会

2021 年 3 月 2 日

# 目　录

## 涉疫情争议



## 裁审衔接

## 劳动关系的认定



## 劳动合同的签订与履行

## 劳动合同的解除与终止

## 劳动报酬与工时休假



## 社会保险与福利待遇

## 商业秘密与竞业限制



## 其他

# 涉疫情争议

# 1. 疫情防控期间“封村证明”的效力认定

## 争议焦点

劳动者提供的“封村证明”能否作为其拒绝返岗复工的有效依据。

## 基本案情

**申请人：石某**

**被申请人：某航空物业公司**

石某于2016年3月入职某航空物业公司，从事配餐员工作，双方签订了5年期劳动合同。石某自2020年1月中旬开始补休2019年度年休假，随后休2020年度春节假期。由于新冠肺炎疫情的暴发，某航空物业公司发布通知将假期延续至2020年2月9日并同时明确了复工时间，要求全体员工于2020年2月10日返岗复工。石某未按要求在2月10日复工，并一直以其户籍所在地青海省门源回族自治县北山乡沙沟梁村实施村级封路措施不让全体村民出村为由，向某航空物业公司请假表示无法正常返岗，同时提供了沙沟梁村村委会开具的证明，证明中写明“在疫情防控期间本村人员不能外出打工，必须在家居住，遵照县防控中心指示等疫情有所好转后才能外出打工”，并加盖有村委会印章。2020年3月13日，某航空物业公司在门源回族自治县人民政府门户网站上留言：“请问青海门源县北山乡沙沟梁村什么时候解除封闭，公司已复工，请问目前可以通过高速或铁路离开吗？”门源回族自治县于2020年3月17日回复：“为认真贯彻落实中央和省委关于统筹推进新冠肺炎疫情防控和经济社会发展工作部署会议精神，2020年2月23日，门源县新型冠状病毒防控处置工作指挥部疫情防控组下发了《关于撤销各乡镇（村）、居民小区劝返点通知》，各乡镇（村）、各居民小区劝返点、卡点一律撤除，不再限制居民（村民）的出行，出行时可申请办理健康通行卡，可以通过高速或铁路离开青海。”随后，某航空物业公司告知石某此情况，但石某仍表示村里不让村民离村外出打工，公司表示认可春节至2月23日期间的封村情况，之后公司两次书面告知石某办理请假手续，石某未给出合理解释也未履行请假手续。2020年4月10日某航空物业公司向石某下发解除劳动合同通知书，称石某“未按公司规定办理有效请假审批手续，自2020年2月26日至3月25日，共计旷工21天，严重违反了公司规章制度，依据《中华人民共和国劳动合同法》[①] 第三十九条第二款的规定，从2020年4月10日起与石某解除劳动关系”。石某于2020年5月12日向仲裁委员会申请仲裁，称其因疫情防控需要不能外出到京，不存在违纪事由，某航空物业公司以违纪为由与其解除劳动合同不符合法律规定，要求支付违法解除劳动合同赔偿金。

## 审理结果

仲裁委员会登录青海省门源回族自治县政府门户网站，查询到确实存在某航空物流公司主张的青海省门源回族自治县政府回复内容，认定石某主张的疫情期间其户籍所在村一直不让村民外出打工情况与实际情况不符，其拒绝返工复工的理由不能成立，因此某航空物业公司与石某解除劳动合同符合法律规定，驳回其仲裁请求。

## 评析意见

新冠肺炎疫情牵动着亿万人民群众的心，在抗击新冠肺炎疫情过程中，为阻断病毒传播，不少地方都采取了交通管制的紧急措施。可是我们也不难发现，擅自加码的封路之风却在各地越刮越大，有的甚至不让返租户进小区等。擅自封路给人们正常出行带来了不小的麻烦。那么在疫情期间村委会擅自封路防止疫情扩散是否合法呢？答案是不合法。根据《中华人民共和国传染病防治法》（以下简称《传染病防治法》）第四十一条规定，对已经发生甲类传染病病例的场所或者该场所内的特定区域的人员，所在地的县级以上地方人民政府可以实施隔离措施，并同时向上一级人民政府报告；接到报告的上级人民政府应当即时作出是否

① 本书后文简称《劳动合同法》。

批准的决定。上级人民政府作出不予批准决定的，实施隔离措施的人民政府应当立即解除隔离措施。第四十三条规定，省、自治区、直辖市人民政府可以决定对本行政区域内的甲类传染病疫区实施封锁。由此我们可以看出，无论是针对某个场所关闭还是针对某个疫情区域进行封锁或是封城都只能由当地县级以上人民政府来决定并实施，村委会是无权擅自实施封路的。村委会作为村民自我管理、自我教育、自我服务的基层群众性自治组织，无权擅自采取对当事人权益产生重大影响的防控措施。当然，如果当地的县级以上人民政府作出决定，村委会是有义务配合落实这些防控举措的。而且关于曝出的这种封路的乱象，交通运输部副部长在此前的新闻发布会上明确回应，“公路交通网络不能断”；公安部召开的会议也明确强调，“对未经批准擅自设卡拦截、断路阻断交通等违法行为，要立即报告党委、政府，依法稳妥处置，维护正常交通秩序”。由此可以看出，青海省门源回族自治县政府已经明确要求撤销卡点、劝返点和不能限制村民（居民）出行，而北山乡沙沟梁村村委会并不具备实行区域封锁的权限，石某在某航空物业公司已经明确告知其门源回族自治县政府答复内容的情况下，仍以封村无法外出为由拒绝返岗，显然与实际情况不符，其也未对不能返岗的原因给出其他合理且令人信服的解释，因此某航空物业公司以违纪为由与石某解除劳动合同并不违法。

《北京市高级人民法院　北京市劳动人事争议仲裁委员会关于审理新型冠状病毒感染肺炎疫情防控期间劳动争议案件法律适用问题的解答》第1条规定：坚持维护劳动者合法权益与促进用人单位生存发展并重原则。依法平等保护劳动者与用人单位的合法权益，引导劳动者与用人单位共克时艰，促进劳动者与用人单位在复工复产中“双赢”。突然暴发的新冠肺炎疫情对于全国的经济发展造成了重大影响，对于类似餐饮、旅游等行业甚至可以说是毁灭性的打击，疫情固然危险，但并不是劳动者拒绝复工复产的一切理由，疫情期间劳动者首先应做好防护措施保护自身安全，同时也应积极参与到企业复工复产恢复经营发展中，与企业患难与共，为恢复国家的经济发展贡献自己的一份力量。

（北京市顺义区劳动人事争议仲裁院　赵子丹）

# 2. 医学观察期间劳动合同期满争议

## 争议焦点

在疫情防控期间，企业应当如何依法依规地处理平衡自身生存发展与稳定劳动关系两大问题。

## 基本案情

**申请人：李某**

**被申请人：A公司**

李某系上海籍劳动者，2017年2月7日入职A公司，担任销售主管，双方签订了3年期劳动合同，约定月薪标准为基本工资3 000元加提成（按照其当月销售额计提，每月数额不固定），2020年2月6日合同期满。A公司因业务调整，人员裁减，计划不与李某续签劳动合同。当时，A公司受疫情影响尚未复工，李某在武汉休假未返京。该公司人力资源部领导安排员工以电话方式与李某联系关于劳动合同期满终止事宜。李某表示2月5日其被确认为新冠肺炎病例密切接触者，正接受当地政府安排的医学隔离观察，无法与公司正常沟通劳动合同期满的处理事宜，望延后协商。了解到上述情况后，人力资源部员工第一时间向领导进行了汇报。A公司为了尽快完成人员裁减，单方面向李某的户籍地即上海邮寄了劳动合同到期终止通知书。自2020年2月7日起，停发了李某的工资待遇。李某收到终止通知书，对于上述决定不服，遂在返京后于2020年5月22日提起劳动仲裁，要求A公司支付违法终止劳动合同的赔偿金和隔离观察期间的工资。

庭审中，李某提供了由户籍地人民政府出具的证明，证明其2020年2月5日至2月18日期间处于医学隔离观察状态。A公司对于上述证明文件的真实性不持异议。

另外，双方劳动合同终止前十二个月，李某的月平均工资为10 000元。

## 审理结果

仲裁委员会审理后认为，A公司在知晓李某被确认为新冠肺炎病例密切接触者，处于医学隔离观察期间的情况下，与其终止劳动合同于法无据。根据《劳动合同法》第四十七条第一款和第八十七条的规定，A公司应以劳动合同终止前十二个月李某月平均工资为基数，向其支付违法终止劳动合同赔偿金60 000元。

对于李某要求支付隔离观察期间工资的请求，双方劳动合同于2020年2月6日期满终止，A公司受疫情影响尚未复工，应按照《北京市工资支付规定》第二十七条规定，向其支付2月5日和2月6日的基本工资275.9元。此后双方已不存在劳动关系，李某要求A公司支付2月7日至2月18日期间工资的请求无依据，仲裁委员会未予支持。

## 评析意见

企业作为市场经济主体追求利润与更好发展是其经营的根本动力，同时作为劳动关系一方其也要承担必要的社会责任。

本案有两个争议焦点：一是A公司与李某终止劳动合同是否构成违法？二是A公司应按照什么标准向李某支付医学隔离观察期间工资？

针对焦点一：2020年1月24日，人力资源社会保障部办公厅公布的《关于妥善处理新型冠状病毒感染的肺炎疫情防控期间劳动关系问题的通知》（人社厅明电〔2020〕5号）中规定，“对新型冠状病毒感染的肺炎患者、疑似病人、密切接触者在其隔离治疗期间或医学观察期间以及因政府实施隔离措施或采取其他紧急措施导致不能提供正常劳动的企业职工，企业应当支付职工在此期间的工作报酬，并不得依据劳动合同法第四十条、四十一条与职工解除劳动合同。在此期间，劳动合同到期的，分别顺延至职工医疗期期满、医学观察期期满、隔离期期满或者政府采取的紧急措施结束”。

本案中，李某于2020年2月5日被确认为新冠肺炎病例的密切接触者，开始接受当地政府安排的医学隔离观察。2月6日，其与A公司签订的劳动合同期满。李某在与公司人力资源部员工通话时已经将上述情况予以告知，并提出了延后协商劳动合同期满事宜的建议。A公司在对此情况明确知晓的前提下，没有按照上述文件要求，考虑员工的现实状况，对双方的劳动合同进行顺延，而是单方面向李某的户籍地邮寄了劳动合同到期终止通知书。上述行为严重违反了疫情期间相关政策的规定，属于违法终止劳动合同，是一种社会责任缺失的表现。对于李某，其作为新冠肺炎病例的密切接触者在陌生环境中进行医学观察，必然会产生焦虑情绪，加之迟迟未得到公司关于延后协商的回复，其不安情绪相应增加，可能会给疫情防控工作带来极大的隐患。据此，仲裁委员会依据《劳动合同法》的规定裁决A公司向李某支付违法终止劳动合同赔偿金。

针对焦点二：李某户籍地人民政府出具的证明，可以证明其于2020年2月5日至2月18日期间处于医学隔离观察状态。此时，A公司受疫情影响尚未复工。依据《北京市高级人民法院　北京市劳动人事争议仲裁委员会关于审理新型冠状病毒感染肺炎疫情防控期间劳动争议案件法律适用问题的解答》第10条的规定，对新冠肺炎密切接触者在其医学观察期间，用人单位停工停业的，上述劳动者的工资待遇按照《北京市工资支付规定》第二十七条处理，因此A公司应当按照提供正常劳动向李某支付隔离观察期间工资至2020年2月6日双方劳动合同期满终止之日。李某的月薪构成包含基本工资和提成，虽然提成在其实际收入中占据很大比例，但是作为企业盈利的一种分成方式，其存在带有一定的激励意义，即“多卖多得”。考虑到疫情防控期间，A公司未复工，没有盈利的基础，李某也在接受医学隔离观察，未实际提供劳动。秉持维护劳动者合法权益与促进用人单位生存发展并重原则，仲裁委员会裁决A公司向李某支付2020年2月5日和2月6日的基本工资，对于其要求支付2月7日至2月18日期间工资的请求未予支持。

疫情期间，人力资源社会保障部、地方各级人民政府和人民法院先后颁布了各类政策文件，其中一项重要意义在于强调用人单位应与劳动者严格依法履行劳动合同，全力维护劳动关系和谐稳定。疫情就是命令，防控就是责任。在政府举全国之力抗击疫情的环境下，劳动关系双方应当严格遵守法律法规与疫情防控各项规定，承担起疫情防控的社会责任。作为市场经济重要主体的用人单位，不仅要考虑自身生存发展，还应当善待员工，履行对员工的社会责任。人世间最宝贵的是人，人力资源是第一资源。面对新冠肺炎疫情，用人单位要严格贯彻执行涉及员工薪酬福利、医疗、工伤、劳动合同关系等问题的各项政策规定；要尽力保留已有员工，不裁员或少裁员，稳定劳动关系，利用各种方式传达对在职员工的问候与关爱；要做好员工的健康管理、职业卫生安全保护工作，把员工复工的防疫基础工作提前落实。只有如此方能体现依法经营管理和以人为本的人力资源管理理念，同时也能使员工对企业的信任度和黏合度得到提升，调动大家的积极性、主动性、创造性，与用人单位共克时艰、共渡难关。

（北京市东城区劳动人事争议仲裁院　詹璐璐）

# 3. 关于新冠肺炎疫情期间工资支付问题的探讨

## 争议焦点

1. 劳动关系解除时间的认定；
2. 劳动者2020年2月、3月的工资支付。

## 基本案情

**申请人：杨某**

**被申请人：A公司**

杨某于2019年10月10日入职A公司，担任销售，双方签订劳动合同。杨某月工资为底薪2 500元+补助1 000元（餐补、加班补助）+奖金（不固定，根据业绩排名计算），正常出勤情况下，底薪加补助3 500元每月固定发放，每月20日发放上自然月底薪加补助，每月月底发放上自然月奖金。A公司主张，杨某自2020年1月21日起连续旷工3天，根据公司制度按自行离职处理，但就此段时间杨某出勤情况无证据提交。杨某主张，A公司于2020年3月24日因末位淘汰制与其解除劳动关系，并提交2020年3月24日聊天记录为证；其并不知晓末位淘汰制度，且A公司关于末位淘汰制度、杨某的工作、业绩情况等均无证据提交。

A公司主张，其2020年2月3日起复工，无法返回的员工在家办公，正常安排工作，给杨某安排工作但是杨某不配合，2020年2月3日至2020年3月24日期间均未提供劳动。杨某主张，2020年2月3日至2020年3月24日期间因疫情原因，其没有电脑、没有网络，无法返回单位上班，确实未出勤也未提供劳动，并且未收到复工通知。杨某提交了村委会证明，写有“因疫情影响，交通管制，没有公共交通工具，导致返工、返岗延误，情况属实”，并加盖有村委会公章。

## 审理结果

本案裁决A公司支付杨某违法解除劳动关系赔偿金，以及2020年2月工资2 500元（底薪）、2020年3月工资1 256.78元（1 540元−1 540元÷21.75天×4天）。

## 评析意见

本案的第一个争议焦点是双方劳动关系解除的时间。A公司虽主张于因杨某连续旷工3天与杨某解除劳动关系，但就杨某该期间的出勤情况无证据提交，故对其关于劳动关系解除的主张不予采信。杨某的聊天记录可以体现出双方2020年3月24日就末位淘汰制与杨某离职问题进行了沟通，且A公司主张的解除时间与后续主张安排杨某工作但其不服从安排的说法相矛盾，另外A公司就末位淘汰制与杨某工作业绩情况均无证据提交，因此采信杨某关于解除的主张，双方劳动关系于2020年3月24日解除。由此便涉及疫情期间工资支付的问题。

关于2020年2月工资，杨某对该期间未出勤且未提供劳动的情况表示认可，故根据《北京市高级人民法院　北京市劳动人事争议仲裁委员会关于审理新型冠状病毒感染肺炎疫情防控期间劳动争议案件法律适用问题的解答》（以下简称《解答》）第12条第3款的规定，未复工时间较短（一般不超过一个月）的，由用人单位按照劳动者正常工作期间劳动报酬中基本工资、岗位工资等固定构成部分支付，可以不支付绩效、奖金、提成等劳动报酬中非固定构成以及与实际出勤相关的车补、饭补等款项，但不得低于本市最低工资标准。本案中杨某的工资由底薪+补助（加班补助、餐补）+不固定奖金构成，其该期间未出勤，故按规定A公司应当支付其基本工资2 500元。

关于2020年3月工资，杨某对该期间未出勤且未提供劳动的情况亦表示认可，根据《解答》第12条第4款的规定，未复工时间较长的，参照《北京市工资支付规定》第二十七条向劳动者支付工资待遇。《北京市工资支付规定》第二十七条规定，超过一个工资支付周期的，用人单位没有安排劳动者工作的，应当按照不低于本市最低工资标准的70%支付劳动者基本生活费。故按规定A公司应当支付杨某1 256.78元。①

因疫情原因，企业面临停工停产，收益降低以至于难以支付工资，而工资又与劳动者的生活息息相关，因此在疫情期间工资支付问题频发，为公正、高效地处理新型冠状病毒感染肺炎疫情防控期间劳动争议，统一裁判尺度，本着坚持维护劳动者合法权益与促进用人单位生存发展并重原则，北京市相关部门经广泛深入的讨论，就新型冠状病毒感染肺炎疫情防控期间劳动争议案件中的疑难问题（如不同情形下的工资支付、劳动合同签订、疫情下解除劳动合同等问题）发布了《解答》，本案中就参考了《解答》中关于工资支付的相关规定。《解答》中关于工资支付的相关规定，使部分问题得到了解决，在保障劳动者权益的同时，也减轻了用人单位的负担。但疫情波及范围广且还存在反复的情况，各区域管制要求存在差异，企业停工复工时间灵活，因此在实际案件的适用中还需要灵活处理，用人单位和劳动者也应当多了解相关政策法规，保留好相关证据，以便在产生纠纷时能够更好地维权。如本案中A公司主张杨某拒绝配合公司安排的工作，但就通知复工情况和为杨某安排工作的情况均无证据提交，故未得到认可，因此用人单位为保护自身权益应当在复工通知、薪资沟通、工作安排、催告返岗、劳动者意思表示等方面留下相应的证据。同时劳动者因疫情原因导致无法返岗工作或提供劳动，也应提交证据证明，但证据证明效力的认定仍需在实践中不断探讨。由此引申思考几个问题：企业停工复工情况的举证责任如何分配、如何证明？劳动者受疫情影响无法复工与劳动者不愿复工的区分，劳动者如何举证、效力如何（如村委会出具的交通管制证明等）？

因本案还涉及疫情外的其他争议，故未达成调解，但在疫情期间，用人单位、劳动者乃至全社会都处于十分艰难的境地，用人单位无法复工、利润大幅下滑，企业的生存发展面临严峻挑战，以致很难按照原有工资水平支付工资；劳动者拿不到工资，疫情期间的生活难以维系，从而导致劳动争议问题频发，尤其是关于工资支付方面。如果完全按照法律规定以及相关解答规定进行裁决，很有可能单位无力支付，或者选择继续上诉，导致期限拉长，劳动者维权艰难，问题无

① 2020年北京市最低工资标准为2 200元。

法得到快速有效的解决。因此在此类涉及疫情期间案件的审理中，应更多发挥调解的作用，仲裁员听取双方主张，根据法律规定和实际情况酌情分析，寻求双方利益平衡点，搭建桥梁与双方沟通，引导用人单位与劳动者共商共量、共克时艰，促进劳动者与用人单位在复工复产中“双赢”，从而便捷高效地解决劳动争议问题。这样既保障了劳动者的合法权益，也能更好地促进企业良性发展，从而推进经济社会的稳步恢复与发展。

（北京市朝阳区劳动人事争议仲裁院　王清）

# 4. 疫情防控期间劳动者不遵守防控政策私自出京，用人单位解除劳动关系是否合法

## 争议焦点

某物流公司与邹某解除劳动合同是否合法。

## 基本案情

**申请人：邹某**

**被申请人：某物流公司**

邹某于2015年6月28日入职某物流公司，担任司机，双方签订了为期5年的劳动合同。某物流公司因疫情防控需要，制定了《新型冠状病毒感染肺炎疫情防控工作方案》《疫情防控期间工作人员休假规定》《新型冠状病毒感染肺炎疫情防控工作手册》《新型冠状病毒感染肺炎疫情防控细则》等相关规定。其中《新型冠状病毒感染肺炎疫情防控工作方案》规定：有离京出行计划的所有员工，需严格执行公司出行登记上报制度，如实、及时填报离京信息统计表，上报综合保障部备案。《疫情防控期间工作人员休假规定》规定：严禁私自离京；如遇特殊情况，需离京员工，应由部门同意，各室进行备案，每日进行提问监控；擅自离京人员按照旷工处理。《新型冠状病毒感染肺炎疫情防控工作手册》规定：一律严格执行公司确定的疫情防控工作方案及疫情防控工作手册，一律杜绝非迫不得已前往人员密集的非工作场合，一律杜绝和严控业余时间走亲访友、串门、近距离无防护交谈等行为。《新型冠状病毒感染肺炎疫情防控细则》规定：严格执行《北京市人民政府关于进一步明确责任加强新型冠状病毒感染的肺炎预防控制工作的通知》《北京市人民政府办公厅关于落实"四方责任"进一步加强重点人

群、场所和单位新型冠状病毒感染的肺炎疫情防控工作的通知》的要求，落实民航局的工作要求，每日编制人员返京情况统计表，于12时前报告集团公司运行监控和信息数据中心，所有员工不得擅自离京。对于上述规定，某物流公司均对邹某进行了相应的培训，邹某亦签字确认表示遵守公司在疫情防控期间所采取的措施。双方签订的劳动合同规定：劳动者严重违反甲方、用工单位的规章制度的，公司可以解除劳动合同，不承担经济补偿金。2020年3月25日，邹某未向公司上报，擅自出京，理由为家里人需要照顾。某物流公司多次联系邹某询问相关事宜，邹某表示并不知晓公司的相关规章制度，且回家是因为家中有特殊事情需要处理。邹某回京后，未按公司规定申报制度中所必须申报的事项，直接回到部门上班。2020年4月10日，某物流公司向邹某送达了解除劳动合同通知，理由为：邹某2020年3月25日至4月8日在未向公司所在部门上报的情况下私自驾车离京行为，已严重违反用工单位疫情防控工作的相关规定，并造成公共卫生安全隐患，根据双方的劳动合同及《劳动合同法》第三十九条之规定，现通知其劳动合同于2020年4月10日解除，要求邹某接到通知后3个工作日内到单位办理劳动合同交接手续。邹某于2020年4月30日向仲裁委员会申请仲裁，称在职期间并无任何违法违纪行为，但某物流公司却以其违反了劳动合同规定向其寄发了劳动合同解除通知书，与其解除劳动合同不符合法律规定，要求支付违法解除劳动合同赔偿金。

## 审理结果

仲裁委员会裁决，邹某违反相关疫情防控政策，有违诚实信用原则，某物流公司与邹某解除劳动合同符合法律规定，驳回其仲裁请求。

## 评析意见

自2020年以来，面对来势汹汹的疫情，疫情防控是国家和北京市的重要任务，任何人均不能置身疫情防控之外而独善其身。劳动者作为具有完全民事行为能力的成年人，理应严格遵守防疫规则。本案中，公司为配合疫情防控，先后制定了各项疫情防控规章制度，而邹某无视公司的防疫规定，拒不遵守防控要求和规定，在离京返回后抱有侥幸心理照常上班，也未按相应规定进行申报。邹某的行为不仅会直接干扰疫情防控大局，还有可能让其他员工在不知情的情形下存在被病毒感染的风险，从而导致企业无法正常运营，将用人单位置于不可预料的风险之中，也必然会让用人单位和其他劳动者的利益受到不可估量的损失。《解答》第1条以及第21条规定：坚持维护劳动者合法权益与促进用人单位生存发展并重原则，依法平等保护劳动者与用人单位的合法权益，引导劳动者与用人单位共克时艰，促进劳动者与用人单位在复工复产中“双赢”。劳动者故意隐瞒感染或疑似感染新型冠状病毒肺炎，拒不配合接受检查、强制隔离或者治疗，或者劳动者拒不遵守或接受政府疫情防控措施安排，造成重大社会影响或严重后果的，用人单位能够举证证明上述情形的，可以依据劳动合同法第三十九条第二项或比照《解答》第13条的规定，与劳动者解除劳动合同并无须支付经济补偿。每个劳动者对防控新冠肺炎疫情都在作出努力，全力以赴做好新冠肺炎疫情防控工作，这不仅是每个公民的责任，也是义务。用人单位根据本身的行业特点在特殊时期制定相关的规章制度，也是执行国家防控政策的需要，劳动者应遵守用人单位的规章制度。邹某在明确知晓新冠肺炎疫情的严峻情形以及公司规定的情况下，仍未向公司上报，擅自出京，且其回京后未采取相应的隔离措施，在未进行申报的情况下仍回到单位正常上班，该行为对公司的利益已造成了损害。邹某是具有完全民事行为能力的自然人，其对自己的行为应承担相应的后果，故某物流公司作出与其解除劳动关系的行为并无不妥，邹某要求支付违法解除劳动关系赔偿金的请求，仲裁委员会不予支持。

（北京市顺义区劳动人事争议仲裁院　何岳）

# 5. 用人单位以受疫情影响生产任务减少为由降低劳动报酬，能否低于最低工资标准

## 争议焦点

用人单位以受疫情影响生产任务减少为由降低劳动报酬，能否低于最低工资标准。

## 基本案情

**申请人：赵某**

**被申请人：某公司**

赵某于1999年5月18日到某公司工作，每月按照北京市最低工资标准发放工资，双方签订有劳动合同，某公司从2011年7月开始为赵某缴纳社会保险。2020年4月起某公司一直未发放工资，2020年7月24日赵某因某公司未足额、及时支付劳动报酬离职，要求某公司支付：（1）2020年2月、3月工资差额及4月至7月工资共计9 060元；（2）解除劳动合同的经济补偿金47 300元；（3）未缴纳养老保险补偿金20 000元。庭审中赵某提交了劳动合同、社保缴费记录、工资银行流水、排班表、解除劳动合同通知书及邮件交寄单等予以证实。某公司辩称：关于工资及差额问题，受疫情影响，公司不能完全复工，资金链断裂，仅有的经费只能勉强缴纳员工社保和税收，暂时无力支付工资，这是不能预见、不能避免、不能克服的不可抗力；公司疫情期间依据员工实际出勤情况，按日工资不低于最低日工资标准计算并发放工资。根据《关于贯彻执行〈中华人民共和国劳动法〉若干问题的意见》（劳部发〔1995〕309号）第54条规定：劳动法第四十八条中“最低工资”是指劳动者在法定工作时间内履行了正常劳动义

务的前提下，由其所在单位支付的最低劳动报酬。赵某月出勤天数不足21.75天，应当按实际出勤天数计算报酬。关于解除劳动合同经济补偿金，不同意支付，非常时期不应该完全按照正常状态下的法规行事。根据《对〈工资支付暂行规定〉有关问题的补充规定》（劳部发〔1995〕226号）第四条，"无故拖欠"系指用人单位无正当理由超过规定付薪时间未支付劳动者工资，不包括用人单位遇到非人力所能抗拒的自然灾害、战争等原因无法按时支付工资。因此，公司不是无故拖欠工资，不同意支付未缴纳养老保险补偿金。庭审中某公司提交了考勤表、劳动合同等证据予以证实。

庭审查明，2020年2月至7月期间赵某在岗工作，由某公司安排排班表，赵某按照排班表上班，每月实际出勤天数不足21.75天，2020年2月、3月发放工资不足北京市最低工资标准2 200元，4月至7月未发放工资。双方劳动关系已解除。关于解除原因赵某主张系其因某公司未及时足额支付劳动报酬提出离职；某公司认为是赵某不再出勤，并申请了劳动仲裁。

## 审理结果

1. 某公司支付赵某2020年2月、3月工资差额及4月至7月工资；
2. 某公司支付赵某解除劳动合同的经济补偿金；
3. 某公司支付赵某1999年6月至2011年6月期间未缴纳养老保险补偿金。

## 评析意见

本案中，关于工资差额及工资问题，参照《人力资源社会保障部办公厅关于妥善处理新型冠状病毒感染的肺炎疫情防控期间劳动关系问题的通知》（人社厅明电〔2020〕5号）的规定，企业因受疫情影响导致生产经营困难的，可以通过与职工协商一致采取调整薪酬、轮岗轮休、缩短工时等方式稳定工作岗位，尽量不裁员或者少裁员。企业停工停产在一个工资支付周期内的，企业应按劳动合同规定的标准支付职工工资。超过一个工资支付周期的，若职工提供了正常劳动，企业支付给职工的工资不得低于当地最低工资标准。职工没有提供正常劳动的，企业应当发放生活费。本案中，某公司作为劳动关系中负有管理责任的一方，应对赵某的工资标准、计算方法、发放周期等承担举证责任，某公司未提交工资支付记录表，亦未提交有效证据证实其就变更劳动报酬计算标准与员工进行过协商，故应承担举证不能的法律后果。依据《劳动合同法》第三十条第一款规定，某公司应支付赵某2020年2月、3月工资差额及4月至7月工资。关于解除劳动合同的经济补偿金问题，赵某以某公司未及时足额支付劳动报酬为由提出离职，并向某公司邮寄了解除劳动合同通知书。某公司认可收到解除劳动合同通知书，认可通知书所载明内容，但不认可赵某主张的解除原因，认为是赵某不再出勤，并申请了劳动仲裁。仲裁委员会认为，赵某工作期间，某公司确系存在未及时足额支付劳动报酬情形，且未就其庭审中主张的调整劳动报酬及协商发放时间提交相关证据予以证明，现赵某因未及时足额支付劳动报酬提出解除劳动合同，符合法律规定。依据《劳动合同法》第三十八条、第四十六条、第四十七条之规定，某公司应当支付赵某解除劳动合同的经济补偿金。关于未缴纳养老保险补偿金问题，赵某于1999年5月18日入职，某公司于2011年7月开始为其缴纳社会保险，1999年6月至2011年6月期间，因某公司未为赵某缴纳养老保险，致使赵某不能按规定享受养老保险待遇，某公司应按照法定标准予以补偿，故支持赵某该项请求。

受疫情影响，部分行业企业面临较大的生产经营压力，劳动者面临待岗、失业、收入减少等风险，劳动关系不稳定性增加，劳动关系矛盾逐步凸显。相关部门联合发布了关于做好新型冠状病毒感染肺炎疫情防控期间稳定劳动关系支持企业复工复产的意见。意见中关于协商处理疫情防控期间的工资待遇问题，提到支持困难企业协商工资待遇。对受疫情影响导致企业生产经营困难的，鼓励企业通过协商民主程序与职工协商采取调整薪酬、轮岗轮休、缩短工时等方式稳定工作岗位；对暂无工资支付能力的，要引导企业与工会或职工代表协商延期支付，帮助企业减轻资金周转压力。

在实施过程中须注意：第一，调整薪酬、轮岗轮休、缩短工时等要与员工协商一致，用人单位可以根据生产经营需要，安排员工轮流到现场办公，交叉上班，抑或协商降低劳动报酬，但需与员工协商一致。第二，经协商一致后，非因劳动者本人原因造成用人单位停工、停业的，在一个工资支付周期内，用人单位应当按照提供正常劳动支付劳动者工资；超过一个工资支付周期的，可以根据劳动者提供的劳动，按照双方新约定的标准支付工资，但不得低于最低工资标准，用人单位没有安排劳动者工作的，应当按照不低于最低工资标准的70%支付劳动者基本生活费。

（北京市延庆区人力资源和社会保障局　许欢欢）

# 6. 劳动者能否以疫情原因拒绝用人单位的出差安排

## 争议焦点

疫情期间，用人单位因工作需要安排劳动者到外地出差，劳动者担心自身安全，能否拒绝用人单位的工作安排。

## 基本案情

**申请人：陈某**

**被申请人：A销售公司**

陈某于2019年2月入职A销售公司，岗位是审计专员，双方签订的劳动合同期限为2019年2月12日至2022年2月11日，约定陈某的工作地点是以北京为主，辐射甲方全国各分公司相应的工作地点，如甲方派乙方到外地或外单位工作，可另行签订补充协议。双方另签有薪酬确认单，约定陈某的工资标准为基本工资3 000元/月，绩效工资5 000元/月。

2020年4月28日，A销售公司向陈某下达工作任务通知，内容为："因工作需要，现正式通知你到广东省中山市出差，此次出差最长时间为一个月，对公司业务开展审计工作。请你接到通知后，于2020年5月6日准时到中山分公司人力资源部报到。"陈某接到通知后，并未同意出差安排，仍在北京公司上班。A销售公司于2020年5月7日下达催告通知，内容为："公司人力资源部于2020年4月28日向你下达了工作任务，通知你到中山市出差，并要求你在2020年5月6日前报到。截至2020年5月7日中午12点，仍未见你到上述地点报到，此行为严重违反了公司管理制度的相关规定，并属于旷工行为。现再次催告，请你收到本催告通知后3天内到中山市报到，否则将严格按照公司管理制度进行处理。”陈某收到此通知仍未理会。A销售公司于2020年5月11日发出了解除劳动关系通知书，解除理由为陈某不服从公司的工作安排。

陈某解释称未服从出差决定的原因有以下三点。第一，A销售公司并未提前预支差旅费。陈某称A销售公司的出差惯例是出差前向公司申请，公司预支部分现金，在出差过程中如有超出的花销，先由个人垫付，回到单位再凭票据予以报销，但A销售公司自2019年下半年起业绩下滑，报销过程十分烦琐。陈某主张A销售公司安排此次出差，并没有向其发放差旅费，其个人不应该为单位垫资。第二，A销售公司并未承诺疫情期间出差是否有额外补助，是否有相应的安全措施，个人担心自身安全。第三，其在北京也可以完成公司要求的审计工作，没有必要必须出差至中山。

A销售公司否认陈某关于需要个人垫资的要求，提交与陈某的微信沟通记录。微信中单位回复陈某：“关于您提到的差旅费，4月28日给您发第一份出差通知的时候跟您说过可以按流程申请出差借款费用，您可以根据流程在OA中申请出差借款；另外关于疫情期间保护，北京及中山办公室均有消毒酒精、口罩、消毒液等防护用品，您可以随时领取。”仲裁委员会询问陈某是否按照公司财务流程主动申请了差旅费，陈某无法提供证据证明其履行了申请义务。

陈某要求A销售公司支付违法解除劳动关系赔偿金20 000元。

## 审理结果

仲裁委员会驳回了陈某的仲裁请求。

## 评析意见

本案的争议焦点在于以下两点。

第一，陈某是否履行了差旅费支出的申报义务。劳动者在劳动关系履行过程中，难免会遇到出差办公的问题。差旅费应该如何支出？是用人单位先行预支，劳动者完成工作任务以后凭票核销？还是劳动者先行垫付，事后报销？在现实中，以上两种情况均存在。个人更倾向于用人单位预支的支出模式。因为劳动者出差是承担为单位办公的责任，不应该将单位的成本转嫁于个人，即便是临时性垫付也是对个人履职的不公平对待；而且，差旅费对于用人单位相对来说是财务占比较小的部分，但对劳动者来说其金额可能会形成压力，从资源成本来说劳动者垫付差旅费也是不合理的表现。本案中，陈某出差至中山市，A销售公司有向其预支差旅费的义务，但前提是陈某需根据单位的财务制度履行申请手续。但从双方提交的证据来看，并未显示陈某有申请差旅费的客观行为，因此仲裁委员会认为陈某殆于行使权利的做法，无法佐证其关于A销售公司拒向其支付差旅费的主张。

第二，在疫情期间，劳动者能否以疫情原因为借口拒绝用人单位的出差安排。根据《关于确立劳动关系有关事项的通知》（劳社部发〔2005〕12号）第一条中“用人单位招用劳动者未订立书面劳动合同，但同时具备下列情形的，劳动关系成立：（一）用人单位和劳动者符合法律、法规规定的主体资格；（二）用人单位依法制定的各项劳动规章制度适用于劳动者，劳动者受用人单位的劳动管理，从事用人单位安排的有报酬的劳动；（三）劳动者提供的劳动是用人单位业务的组成部分”的有关规定，“劳动者受用人单位的劳动管理，从事用人单位安排的有报酬的劳动”是双方形成劳动关系的重要标志之一，也是劳动者在劳动关系履行过程中所必须遵守的义务。安排劳动者工作，是用人单位自主用工权的集中体现。

本案中，双方签订的劳动合同中约定陈某的工作地点是以北京为主，辐射甲方全国各分公司相应的工作地点，结合陈某审计的工作性质，A销售公司安排陈某到中山市出差审计并不违法。值此疫情的突发期，陈某担心自身安全无可厚非，但其出差地点中山市并非疫情严重地区，A销售公司在中山办公室也配有消毒酒精、口罩、消毒液等防护用品。A销售公司已经为陈某出差创造了防护条件，至于陈某是否需要隔离及隔离期间待遇均有法律规定，无须单位承诺。据此，仲裁委员会认为陈某拒绝出差的理由不能成立，故其要求A销售公司支付违法解除劳动关系赔偿金的仲裁请求不应得到支持。

新冠肺炎疫情导致企业与劳动者之间产生了许多新的问题，本案所体现的就是劳动者担心自身安全与企业要求员工工作的问题，处理此类问题需要结合以下实际问题予以考虑。

在疫情得到有效控制下，社会不能因噎废食，完全不顾经济发展，所以企业恢复正常工作秩序是重启社会经济的必然走向。疫情期间，如企业提供了必要的劳保用品，为个人营造了有利的工作环境，而职工没有客观上不能出差的情形，如被隔离、交通被阻碍等原因，拒不服从单位合理的工作安排的，企业可以与职工协商处理；如协商不一致的，可以依据劳动合同法的规定，单方面解除劳动合同。尤其是涉及因疫情需要生产所需的物资或为疫情需要提供服务的行业，如医院、物流、医药生产等企业，员工更应服从大局，而不应过多计较个人得失，与企业谈条件。

那么疫情期间劳动者是否应当无条件服从用人单位的出差安排？答案是也不尽然。例如，用人单位安排劳动者到疫情严重地区出差，依据《劳动合同法》第三十二条“劳动者拒绝用人单位管理人员违章指挥、强令冒险作业的，不视为违反劳动合同”，劳动者有权拒绝。总而言之，劳动者在疫情期间应以服务大局为重，但企业也要衡量出差的价值，减少不必要的出差活动。

新冠肺炎疫情为企业和劳动者建立和谐劳动关系带来了新的挑战，此类案件不仅应当合理适用法律条文，同时也应该从社会道德、社会责任等方面考虑问题，用人单位应该权衡自己的用人安排，对劳动者宽容相待，不轻易处分或者解雇劳动者，积极与劳动者沟通，保障劳动者的合法权益；劳动者也应当学会换位思考，在此困难阶段，想办法与用人单位同舟共济、相互体谅、相互支持理解，尽量协调处理劳动关系等相关事宜。

（北京市东城区劳动人事争议仲裁院　陈宏）

# 7. 员工在疫情期间每天报送湖北的位置信息，复工之际却声称一直未离京，用人单位据此解除劳动关系是否违法

## 争议焦点

员工在疫情期间谎报个人出行信息，用人单位是否可辞退该员工。

## 基本案情

**申请人：小张**

**被申请人：北京市大兴区某公司**

小张于2020年3月申请劳动仲裁，称其本人户籍是湖北省，但一直在北京市大兴区居住生活，春节前计划回湖北老家过年并上报公司，但因疫情越来越严重未能回家，假期结束后，向公司汇报春节期间并未离开北京，要求开始工作。然而，3月1日公司向小张快递了解除劳动关系通知书，以其向公司提供虚假信息为由解除了双方的劳动关系。小张认为自己春节期间并未离京且身体健康，并未提供虚假信息，公司是违法解除劳动合同。

经过北京市大兴区劳动人事争议仲裁委员会开庭审理，事情逐渐清晰。小张在春节前跟公司上报要回湖北老家，公司根据疫情管控要求，于2020年1月24日，要求员工提供假期出京及所在地详细信息，并在微信上建了一个“假期前往湖北人员信息群”，每天收集群成员的位置信息和健康状况。小张及其哥哥大张均在群中，自2020年1月24日至2月10日，哥俩每天都在群里上报“湖北籍员工大张、小张，湖北省××县人，距离武汉140多公里，目前本人及家人无发热情况”；在公司发放问卷调查时，小张填写目前所在地为湖北，接触过湖北籍人

员。2020年2月10日，小张哥俩突然对公司称前一天傍晚7点半已经从老家自驾到京，还于2020年2月11日向公司提供了居住地某村出具的一直在京证明。公司以小张提供虚假信息，违反了公司纪律和员工手册为由，给予了辞退处理。

小张称自己实际上一直在北京，不明白为什么就被开除了，认为公司可能是因为受疫情影响效益不好，所以借机裁员。

某公司表示，目前经营状况良好，甚至还在招新人，他们称小张在这段时间里一直向公司上报虚假的位置信息，导致公司向政府各部门上报的数据失实，尤其是2月10日，小张突然向公司报告前一天晚上已经自驾到京，更是差点造成整个镇街被封，影响太大。

## 审理结果

仲裁委员会经审理后认为，2020年1月24日至2月10日正处于我国新冠肺炎疫情防控关键时期，运用大数据统计全国特别是武汉和湖北等重点地区的人员动态流动情况，是分析疫情动态和做好预警监控的重要手段，是政府作出疫情防控决策的重要依据，支撑着整个疫情防控部署，而数据有效的前提是真实。小张在这段时间里一直向公司上报虚假的位置信息，具有主观故意，导致公司向政府各部门上报的数据失实，可能危害社会公众利益，造成社会恐慌，公司根据员工手册中有关规定（“隐瞒有关信息以蒙骗公司，编造虚假事实或情节提供伪证、假证”）将其辞退，不构成违法解除。

## 评析意见

新型冠状病毒感染的肺炎疫情防控工作涉及每一个人，方方面面都可能会产生一些需要关注的新情况，员工和企业要共克时艰，首先需要在法律框架内遵纪守法，各司其职。

本案中，小张在春节前跟公司上报要回老家，公司建了一个“假期前往湖北人员信息群”，每天收集群成员的位置信息和健康状况，小张及其哥哥均在群中，小张虽不认可本人身在湖北老家，但认可群中每天上报的“湖北籍员工大张、小张，湖北省××县人，距离武汉140多公里，目前本人及家人无发热情况”这句话。小张认可填报过问卷调查。2020年1月26日问卷中显示：预计返程日期为

2月1日；接触过湖北籍人员；2月3日不能及时到岗，原因是封路。1月27日问卷显示：目前所在地为湖北。在小张2020年2月26日与公司人事专员的通话中，小张也承认刚开始要回去，但是最后又改变主意没回去，然后就一直将错就错，一直就说回去了。小张所说的“一直将错就错，一直就说回去了”，与单位提交的微信群群聊记录以及问卷调查情况相吻合。小张自2020年1月24日至2月10日，一直都在大兴区某村居住，但一直给单位上报的信息是回了湖北老家。

无规矩不成方圆。无论是否在疫情期间，用人单位都有权选择坚守纪律底线，依据依法制定的规章制度和有关法律规定，按照法定程序与劳动者解除劳动合同。本案中，公司提交了员工手册和员工手册签收单，签收单是员工手册附则部分的附录二，有“本人已收到员工手册，且已详细阅读，充分理解了其中内容，了解并尊重公司的历史，适应接受公司文化，坚决维护公司声誉，自觉遵守手册的约定”字样，有小张签名，小张认可签收单上签名的真实性，视为已阅读并承诺遵守该员工手册，仲裁委员会对该证据予以采信。虽然公司未及时针对疫情防控制定行为准则，但员工的行为符合员工手册中的相应情形，员工手册中有相关条款可援引，公司以小张违反员工手册中“隐瞒有关信息以蒙骗公司，编造虚假事实或情节提供伪证、假证”的规定将其辞退，符合事实和法律依据，不构成违法解除。

这起劳动仲裁案件比较典型，也比较有警示意义。一方面给少数劳动者敲响了警钟，在举国抗疫的关键时期，每一个劳动者都是这场战“疫”的参与者，都有义务配合国家和当地政府的隔离措施、防控措施，故意违反法律规定，不遵守公司规章制度，不仅可能触碰法律的高压线，还可能失去赖以生存的工作；另一方面对用人单位来说，该案例体现出规范用工管理的重要性，凡事有法可依，有章可循，在面对问题时方能从容应对。规章制度是一把标尺，丈量的是劳动者的行为，考验的是用人单位的智慧，但无论如何，遵纪守法是维系和谐劳动关系的底线，只有用人单位和劳动者都提高遵纪守法的意识，才能真正地同心协力，在抗疫这场没有硝烟的战争中共渡难关。

（北京市大兴区劳动人事争议仲裁院　段天圯）

# 8. 疫情期间存在工资差额，是否一定构成拖欠工资

## 争议焦点

1. 2020 年 2 月至 4 月疫情期间工资应当如何支付，是否存在工资差额；

2. 关于劳动关系解除，公司是否构成拖欠工资，是否需支付经济补偿金；

3. A 公司是否应当支付提成工资。

## 基本案情

**申请人：张某**

**被申请人：北京某科技公司（A 公司）**

2013 年 6 月 20 日，张某入职北京某科技公司（以下简称 A 公司），双方签订了期限自 2013 年 6 月 21 日起的无固定期限劳动合同。张某的月工资标准为 10 000 元，A 公司每月 10 日左右通过银行转账的形式向其支付工资。A 公司已按月向张某支付工资至 2020 年 3 月 31 日，其中 2020 年 2 月应发工资数额为 5 000 元，对应核算工时 80 个小时；2020 年 3 月应发工资数额为 5 861. 82 元，对应核算工时 100 小时。疫情期间，A 公司安排张某于 2020 年 2 月 17 日至 2020 年 2 月 28 日、2020 年 3 月 9 日至 2020 年 3 月 12 日期间休年休假。张某工作至 2020 年 4 月 20 日，当日向 A 公司邮寄了解除劳动关系通知书，其中载明的理由为“我在贵单位工作期间，贵单位未依法及时足额向我支付 2020 年 2 月 1 日至今的工资，使我生活陷入困难”。A 公司认可收到上述解除通知。

因受疫情影响，2020 年 2 月 5 日，A 公司通过微信工作群向全员发送了《关于疫情期间工作安排及工资处理的意见》，其中载明，“现对假期结束后，疫情结

束前（暂定2~4月）工作安排如下：除必须到公司处理的事务外，所有员工全部在家线上办公，线上办公一律采取工作周报制，每周一通过邮件上报各部门经理并汇总后，作为工资发放周期内核算工资的唯一凭证。经部门经理会多次协商，公司决定2020年2月、3月、4月实施工时制工资发放标准，具体如下：(1) 在疫情结束前，所有员工按实际工作量发放工资。(2) 所有员工的工作周报每周一必须通过邮件上报给各部门经理，由部门经理将本部门员工的本周工作进行统计，列出每名员工当周工作量，并将工作量转化为工时。(3) 没有安排具体工作的员工可在家休息，工资按北京市/上海市最低标准工资（2 200元/2 480元）发放。(4) 执行工时制的员工，按实际工时（周标准工时40小时）发放工资。"

张某主张其收到上述通知，按照要求申报了工时。部门经理认为其于2020年2月底申报的当月工时太多，未审批通过；后于2020年3月17日再次申报修改后的工时。张某主张当月A公司仅按照10天年休假的工时支付了工资，应当支付漏报的80个小时的工资，但A公司表示不能补支。同时，张某主张2020年3月申报140小时工时；之后单位通知其自2020年4月1日起不再申报工时，仅按照北京市最低工资标准支付工资，但其在2020年4月仍在修改客户的方案，应当按照正常标准支付工资。此外，A公司未及时足额支付劳动报酬，其因此提出解除劳动合同，A公司应当向其支付解除劳动合同的经济补偿金。张某为证明其上述主张向仲裁委员会提交了微信聊天记录，其中所示内容与其主张基本一致。

A公司对张某上述证据真实性予以认可，但主张A公司根据部门领导的工时认定来核算工资，要求员工每周申报工时，填写周报，但张某于2020年3月15日才报送2020年2月的周报及工时，已经超过报送时间，A公司按照10天年休假支付了张某2020年2月工资；此后，张某的部门领导要求其2020年3月仅申报工时60小时，实际按照100小时认定工时，虽无法确定2月的工时是否核算入3月的工时，但已和张某协商2月未报的工时就不补了，即使存在欠补的工时，在3月报工时时已经补清；自2020年4月1日起，因张某已无工作，故公司按照北京市最低工资标准核算当月工资，经核算后当月的应发工资数额为1 400元；A公司按照张某上报的工时及时足额支付了工资，即使因为疫情期间工资核算发生偏差，也不属于拖欠工资的情形，不应当向其支付解除劳动合同的经济补偿金。另针对张某主张项目提成，A公司主张公司仅于每年年底根据劳动合同约定，根据工作表现及公司营业效益核发奖金，数额以单位核算的为准，并无提成约定。

## 审理结果

1. A公司于本裁决书生效之日起十日内，支付张某2020年2月1日至2020年2月28日期间的工资差额5 000元；

2. A公司于本裁决书生效之日起十日内，支付张某2020年4月1日至2020年4月20日期间的工资6 437.78元；

3. 驳回张某其他的仲裁请求。

## 评析意见

**（一）关于2020年2—4月疫情期间是否存在工资差额**

本案中双方当事人均认可自2020年2月起执行线上办公、按照工时支付工资。张某主张A公司少核算其2020年2月的80小时工时，A公司主张已经按照张某申报的年假天数核算工时，即使存在未核算的工时也已经在2020年3月中补足，即与张某达成一致不再补发。但因A公司提交的微信聊天记录未能充分证明双方已经就2020年2月工资的问题达成一致，仲裁委员会认为A公司应当向张某支付2020年2月1日至2020年2月28日期间工资差额5 000元。对于2020年3月工资差额，双方均认可A公司已经按照张某上报的140小时工时支付工资，故仲裁委员会认为张某要求该月工资差额的请求依据不足，对此不予支持。对于2020年4月工资而言，根据双方当事人提交的微信聊天记录，张某曾向A公司提交当月的工作周报以备申报工时，但该公司表示不再要求报送工时，且表示仍有工作需要继续完成，故仲裁委员会未采信该公司所称张某无工作的主张，以线上办公的情形认定该公司应当向张某支付2020年4月1日至2020年4月20日的工资6 437.78元。

**（二）关于劳动关系解除，A公司是否构成拖欠工资，是否需支付经济补偿金**

张某以未依法及时足额支付2020年2月1日至今的工资为由提出解除劳动合同，但2020年3月并不存在差额，双方对2020年2月工资核算存在偏差，张某自认2020年3月17日才上报修改后的2020年2月工时，该日期已经超过当月的工资支付周期，即公司不存在拖欠工资的主观故意。同时，张某提出解除劳动合同时，并未到 2020 年 4 月的工资支付周期，张某以此提出解除劳动合同的情形并不属于应当支付经济补偿金的情形，故仲裁委员会对其要求 A 公司支付解除劳动合同经济补偿金的请求不予支持。

疫情期间北京市高级人民法院、北京市劳动人事争议仲裁委员会出台的《解答》第 18 条针对“用人单位因对疫情防控期间工资待遇支付等政策掌握不够透彻，导致对劳动者劳动报酬少发或漏发，劳动者依据劳动合同法第三十八条第一款第二项的规定提出解除劳动合同，要求支付解除劳动合同经济补偿的，是否支持”解答如下：疫情防控期间客观存在劳动报酬计算标准不明确等情形，因用人单位和劳动者对疫情防控期间工资待遇的计算标准存在合理认识偏差，需要经过仲裁或者审判机关审理等才能确定是否构成拖欠的，此种情形下用人单位不存在恶意或重大过失，故对劳动者要求用人单位支付解除劳动合同经济补偿的请求一般不予支持。

结合本案，在审理劳动者以拖欠工资为由主张解除劳动合同，并要求用人单位支付经济补偿金的案件中，主要审理以下内容。

首先，审理用人单位是否存在少发、漏发劳动报酬的事实。其次，审理劳动者主张拖欠的工资差额是否已实际造成拖欠。一般用人单位工资采取下发工资的方式，即本月工资下个月 5~15 日期间发放，只有届至工资支付时间点，用人单位确认少发或漏发工资，该行为才成立。最后，用人单位在核算工资过程中，出现偏差的原因是否存在主观恶意或重大过失。若该工资核算偏差系因合理客观原因引起的，如疫情期间工资结算标准发生变化导致，即不能认定用人单位存在恶意或重大过失。

综上，特提醒广大劳动者，在以用人单位拖欠工资为由主张解除劳动关系，并要求用人单位支付经济补偿金的案件中，劳动者在维权过程中一定要慎重。综合考虑用人单位构成上述拖欠工资的构成要件，特别注意所主张欠发工资是否已届至支付期限，是否存在多次少发、漏发工资的基本事实，且注意导致核算工资出现偏差产生的原因，是用人单位存在主观恶意还是因客观合理因素造成。否则像本案中，张某已在用人单位工作 6 年有余，因冲动以用人单位拖欠工资为由主张解除劳动合同，势在必得的经济补偿金并未得到支持。

（北京市大铎律师事务所　黄海峰）

# 裁审衔接

# 9. 对劳动关系存疑的案件不宜以分别裁决的方式部分适用终局裁决

## 争议焦点

用人单位和劳动者对双方是否存在劳动关系存疑并存在多项争议，是否可通过分别作出终局裁决和非终局裁决的形式，对除确认劳动关系以外的争议项适用终局裁决。

## 基本案情

**申请人：甲公司**

**被申请人：王某**

王某向北京市大兴区劳动人事争议仲裁委员会（以下简称大兴区仲裁委）申请劳动仲裁，请求裁决甲公司支付解除劳动合同经济补偿金 15 650 元、2018 年 1 月 12 日至 2019 年 1 月 11 日期间拖欠绩效工资 43 200 元、2018 年 1 月 12 日至 2019 年 2 月 26 日未休年假工资 23 743.5 元、2018 年 8 月 1 日至 2019 年 2 月 26 日克扣工资 18 209 元、2019 年 1 月 12 日至 2019 年 2 月 26 日拖欠工资 28 800 元，确认双方自 2018 年 1 月 12 日至 2019 年 2 月 26 日存在劳动关系。

2019 年 5 月 15 日，大兴区仲裁委作出第 2700-1 号、第 2700-2 号两个裁决。第 2700-1 号裁决：(一) 确认王某与甲公司自 2018 年 1 月 12 日至 2019 年 2 月 26 日期间存在劳动关系；(二) 甲公司于裁决生效之日起 10 日内支付王某 2018 年 1 月 12 日至 2019 年 1 月 11 日期间绩效工资 43 200 元；(三) 甲公司于裁决生效之日起 10 日内支付王某 2018 年 9 月、12 月工资差额 5 242.52 元；(四) 甲公司于裁决生效之日起 10 日内支付王某 2019 年 1 月 12 日至 2019 年 2

月 26 日工资 23 075.35 元；（五）驳回王某的其他仲裁请求。第 2700-2 号裁决：（一）甲公司于裁决生效之日起 10 日内支付王某解除劳动合同经济补偿金 15 600 元；（二）甲公司于裁决生效之日起 10 日内支付王某 2018 年 1 月 12 日至 2019 年 2 月 26 日未休年假工资 15 843 元；（三）驳回王某的其他仲裁请求。

大兴区仲裁委作出上述裁决后，甲公司针对第 2700-2 号裁决向北京市第二中级人民法院申请撤销；甲公司、王某均对第 2700-1 号裁决不服，向北京市大兴区人民法院提起诉讼。甲公司主张王某提供虚假学历入职其公司，双方不存在劳动关系；仲裁裁决对该案分成两个案号裁决增加诉累；依据《中华人民共和国劳动争议调解仲裁法》[①] 第四十九条的规定申请撤销第 2700-2 号裁决。

## 审理结果

北京市第二中级人民法院经审理认为：王某申请劳动争议仲裁，甲公司主张双方不存在劳动关系，双方当事人对劳动关系存疑，该争议事项不适用终局裁决。故大兴区仲裁委第 2700-2 号裁决应予撤销。依照《劳动争议调解仲裁法》第四十七条、第四十九条规定，裁定如下：撤销北京市大兴区劳动人事争议仲裁委员会第 2700-2 号裁决。

## 评析意见

司法实践中，劳动者向仲裁委员会申请劳动仲裁，要求确认其与用人单位存在劳动关系，并要求用人单位支付其工资、工伤医疗费、经济补偿或赔偿金而发生的争议甚为多见。若争议项目的数额不超过当地月最低工资标准 12 个月金额，所作裁决即为终局裁决。根据《劳动人事争议仲裁办案规则》第五十条第四款规定：“仲裁庭裁决案件时，裁决内容同时涉及终局裁决和非终局裁决的，应当分别制作裁决书，并告知当事人相应的救济权利。”那么对于劳动者要求确认劳动关系的同时要求支付各争议项目的案件，若双方对劳动关系存疑，可否通过分别裁决的方式，对确认劳动关系的请求适用非终局裁决，对符合终局裁决的项目适用终局裁决呢？

① 本书后文简称《劳动争议调解仲裁法》。

笔者认为，答案应当是否定的。主要理由有三。

第一，劳动争议案件诉求的复杂性，影响对劳动关系存疑案件分别进行终局裁决和非终局裁决的适用。在劳动仲裁案件中，劳动者的请求往往具有杂糅性特点，在劳动者要求确认劳动关系并要求支付各争议项目的案件中，确认双方存在劳动关系是劳动者主张劳动报酬、工伤医疗费、经济补偿或赔偿金的法律基础，若双方没有劳动关系，则劳动关系项下的工资、工伤医疗费、经济补偿或赔偿金的支付就无从谈起。在劳动者申请劳动仲裁的案件中，如果仲裁委员会针对确认劳动关系的争议项目作出1号非终局裁决，而针对其他争议项目适用终局裁决作出2号裁决，那么在用人单位不认可与劳动者存在劳动关系，故不服仲裁裁决结果，就1号裁决向基层人民法院提起诉讼，就2号裁决向中级人民法院申请撤销劳动争议仲裁裁决的，在中级人民法院审查申请撤销劳动争议仲裁裁决的案件时，必然会涉及双方是否存在劳动关系的问题，而此时关于确认劳动关系的案件悬而未决，该案的处理结果将直接影响申请撤销劳动争议仲裁裁决案件的处理。

第二，申请撤销劳动争议仲裁裁决案件的审查特殊性，决定着不宜对劳动关系存疑案件部分适用终局裁决。人民法院对申请撤销劳动争议仲裁裁决的案件进行审查，要依据《劳动争议调解仲裁法》第四十七条和第四十九条的规定进行审理，第四十七条规定了适用终局裁决的情形，第四十九条规定了用人单位申请撤销终局裁决的法律依据。从第四十九条的规定看来，对申请撤销劳动争议仲裁裁决的案件仅为法律审，即存在适用法律、法规确有错误，劳动争议仲裁委员会无管辖权，违反法定程序，裁决所根据的证据伪造，对方当事人隐瞒了足以影响公正裁决的证据，仲裁员在仲裁该案时有索贿受贿、徇私舞弊、枉法裁决行为的情形，应予撤销，而并非对仲裁委员会在认定事实上存在的偏差进行重点审查。诚然，申请撤销劳动争议仲裁裁决案件是特别程序案件，该类案件的审查和普通劳动争议案件的“一裁两审”制相比有较大差异，审查时间短（两个月的审理期限），审查规则主要为法律审，故申请撤销劳动争议仲裁裁决案件往往比普通劳动争议案件更早地作出结论，那么中级人民法院就申请撤销劳动争议仲裁裁决案件作出裁定时，即相当于对双方是否存在劳动关系作出了提前认定，也不利于对其他争议事项的处理。

第三，对劳动关系存疑的案件部分适用终局裁决增加当事人诉累，有造成实体不公的风险。对于该类案件，仲裁委员会作出1号非终局裁决和2号终局裁决，那么对于用人单位来说，其需要分别就 1 号裁决到基层人民法院提起诉讼，并就 2 号裁决到中级人民法院申请撤销，劳动者也需要到两级法院分别应诉，增加当事人的诉累和诉讼成本。在两个案件相互关联的情况下，如果中级人民法院对于具有金钱给付项目的争议进行了裁决，那么在确认劳动关系的案件历经“一裁两审”程序确认不存在劳动关系的情况下，会造成案件的实体不公。

事实上，北京市人力资源和社会保障局《关于进一步做好劳动争议案件仲裁终局裁决工作的通知》（京人社仲发〔2016〕32 号）第二条终局裁决适用原则规定：“对劳动关系存疑的案件，不适用终局裁决。”该条规定应理解为对全案均不适用终局裁决。本案中，王某要求确认其与甲公司存在劳动关系，并要求支付解除劳动合同经济补偿金、拖欠及克扣工资和未休年休假工资；仲裁委员会对王某要求确认劳动关系和支付工资的主张作出 1 号裁决，对王某要求经济补偿金和未休年休假工资的主张作出 2 号裁决。在甲公司否认双方存在劳动关系，已就 1 号裁决提起诉讼的情况下，2 号裁决所涉及争议项目的法律基础实际上是处于悬而未决的状态。故中级人民法院将该案 2 号裁决撤销，劳动者可以自收到裁定书之日起 15 日内就该劳动争议事项向人民法院提起诉讼。这样，双方当事人针对 1 号、2 号的裁决不服提起的诉讼，可在基层人民法院合并审理，从而减少当事人的诉累，保护双方当事人的合法权益。

（北京市第二中级人民法院　管元梓）

# 10. 仲裁中的抗辩理由和无人起诉事项可否纳入判决

## 争议焦点

终审判决结果没有可供执行的实质内容，暴露了裁审衔接运行中的制度缺陷。

## 基本案情

**上诉人（申请人、被告）：董女士**

**被上诉人（被申请人、原告）：解放军某部幼儿园**

董女士系解放军某部幼儿园的无军籍在编职工，1985 年参加工作，小教高级职称；1985 年 7 月经劳动局批准为“全民固定工”；1992 年经集团军政治部批准为“吸收录用干部”；2006 年 7 月，经集团军政治部发文，被任命为幼儿园副园长。2010 年 10 月，董女士因丈夫从部队转业至北京市工作，经园长及其上级批准，开始协调工作调动事宜，不再上班；幼儿园为董女士发放工资至 2012 年 9 月，缴纳养老保险费至 2008 年 10 月（幼儿园因管理部门变更集体停缴），医疗保险费一直缴纳未间断。2017 年，董女士等 19 名职工发现养老保险费欠缴，董女士遂要求补缴并回单位上班。幼儿园则主张：“2010 年年底根据总后勤部文件，同意董女士跟随爱人到北京工作，并由其自行联系工作。根据文件，此类情况最多保留两年公职。幼儿园于 2012 年 9 月停发董女士工资的行为，应视为达到双方约定保留公职两年的期限，应认定自工资停发之日双方已经解除了劳动关系。”

故此，董女士向当地劳动人事争议仲裁委员会申请仲裁，要求恢复工作并补缴养老保险费。仲裁委员会裁决：（一）自本裁决书生效之日起15日内，被申请人安排申请人工作岗位，恢复工资待遇；（二）自本裁决书生效之日起15日内，被申请人为申请人补缴2008年11月至2018年6月期间的养老保险费，具体缴费标准以社会保险征缴部门核算为准，未及时缴纳所产生的滞纳金由被申请人承担，劳动者应缴纳部分由申请人负担；（三）驳回仲裁申请人其他仲裁请求。

幼儿园不服裁决向法院起诉，请求判决双方劳动关系自2012年9月解除；董女士服从仲裁裁决未起诉。一审判决支持幼儿园的请求，判决幼儿园与董女士劳动关系自2012年9月解除。

董女士不服判决，提起上诉。

## 审理结果

二审审理后判决如下：（一）撤销某省某市某区人民法院××号民事判决；（二）驳回某部幼儿园的诉讼请求。

## 评析意见

### （一）法院驳回不服仲裁请求又不肯定仲裁效力的漏洞

本案的起因是劳动者董女士要求单位安排工作和补缴养老保险费，用人单位幼儿园以劳动关系已经解除抗辩，劳动仲裁支持了董女士的请求；幼儿园不服裁决起诉后，一审判决认定双方劳动关系解除，实际否定了仲裁裁决。董女士不服一审判决提起上诉。二审的诉讼请求，自然局限于一审判决。虽然董女士请求法院在判决中认定仲裁裁决事项，二审并未理会。二审判决撤销了一审判决，驳回了幼儿园的诉讼请求，实际是支持了董女士。但是，这样的判决书若拿到执行庭申请强制执行，没有可供执行的内容，实际是一纸空文。董女士从仲裁到二审结案，相当于什么也没解决。从局部来看，二审判决似乎并无错误，结果却没有完成通过民事案件的审理，确认民事权利义务关系的法定民事诉讼任务。很明显，劳动争议案件的当事人，获得劳动争议仲裁裁决支持的一方，没有必要向法院起诉，仲裁败诉的一方起诉后，仲裁胜诉方在一审中唯有抗辩没有诉求；若一审败诉，二审也只能请求撤销原判决。这样，在二审重新获胜情形下，就可能出现本案的结局，判决书中仅仅是撤销原判决，驳回对方的诉讼请求，没有可供执行的判决事项。故此，此种情形是否可以赋予劳动争议仲裁裁决恢复法律效力，或者规定判决书中对裁决事项一一评判，应选其一，对此缺乏明确的法律规定。一般认为，只要有一方起诉，仲裁裁决即不发生法律效力。仲裁裁决书也会申明，逾期不起诉即发生法律效力。

本案还有一个枝节，劳动争议仲裁裁决书第二项裁决内容是："自本裁决书生效之日起 15 日内，被申请人为申请人补缴 2008 年 11 月至 2018 年 6 月期间的养老保险费，具体缴费标准以社会保险征缴部门核算为准，因未及时缴纳所产生的滞纳金由被申请人承担，劳动者应缴部分由申请人负担。"对于该项裁决内容，本案当事人双方均没有在法定期限内向人民法院起诉，逻辑上讲已经生效。再看一审判决内容："原告幼儿园与被告董女士劳动关系自 2012 年 9 月解除"，没有覆盖 2008 年 11 月至 2012 年 9 月期间的社会保险补缴裁决，假使 2012 年 9 月解除劳动关系成立，此前至 2008 年 11 月期间补缴社会保险的裁决仍然有效。但是，当一个仲裁裁决被起诉并且判决后，如果生效判决书中未对双方均未起诉的裁决事项予以裁判，该项仲裁内容在实践中很难获得法院的强制执行，也就没有生命力。在本案二审中，董女士请求法庭将双方均未在法定期限内起诉的仲裁裁决事项直接纳入判决，法庭未予支持。考虑到劳动争议仲裁的特性，法院在裁判时，应当把双方均未起诉的劳动争议仲裁裁决事项直接纳入判决事项，落实好裁审衔接的争议处理机制。否则，当事人双方共同服从的仲裁裁决事项无人起诉，民事判决书仅对起诉事项作出判决，当事人双方共同服从的部分仲裁裁决事项反而难以落实。

**（二）裁审衔接中诉权与抗辩权的特殊关系盲区**

本案仲裁阶段是董女士提出的仲裁申请，幼儿园未提出反申请。因此，仲裁前置程序确立的申请事项和民事诉讼案件受理范围，是董女士提出的四项：（1）安排工作岗位、恢复职级及工资待遇；（2）补缴养老保险；（3）支付欠发的基本生活费；（4）支付经济损失。仲裁裁决仅支持董女士两项请求："（一）自本裁决书生效之日起 15 日内，被申请人安排申请人工作岗位，恢复工资待遇；（二）自本裁决书生效之日起 15 日内，被申请人为申请人补缴 2008 年 11 月至 2018 年 6 月期间的养老保险费，具体缴费标准以社会保险征缴部门核算为准，因未及时缴纳所产生的滞纳金由被申请人承担，劳动者应缴部分由申请人负担。"

按照裁审衔接的规则，幼儿园仅仅对以上劳动仲裁的裁决事项，有不服的起诉权。常规起诉请求一般表述为："（一）原告无须为被告安排工作岗位和恢复工资待遇；（二）原告无须为被告补缴2008年11月至2018年6月期间的养老保险费。"然而，幼儿园未经仲裁前置程序，直接提出了新的独立诉讼请求：请求法院判决双方解除劳动关系。法院受理了该项请求，并判决双方劳动关系自2012年9月解除。应该说，若幼儿园以劳动关系已经解除作为抗辩理由不服裁决，在程序规则上是名正言顺的，但是以新的标的行使诉权，绕过了仲裁前置程序，不合乎法律规定。总体上看，一审判决超越受理范围，有违《中华人民共和国民事诉讼法》第七条规定的"必须以法律为准绳"的原则。但是，假如本案的判决结果是一审判决书仅在"本院认为"部分，以双方劳动关系已经解除为由，判决幼儿园无须执行仲裁裁决，并不宣告劳动关系解除，实际结果在某种意义上则更为糟糕。那样，劳动者可以认为劳动关系依然存续，而用人单位则可以不履行劳动合同义务，结局同样极不严肃。即便如此，从本案全局审视效果，如此脱离法律规范的判决，不可能有好的结局。一审法院"多管闲事"，给幼儿园新增了未经仲裁审理的诉讼请求权；而二审法院则是消极对待董女士的请求，不肯在撤销一审判决的同时，把可能落空的仲裁裁决写进判决书。这种相反的理念，给当事人、社会所带来的无疑是法律的不公平、不公正"错觉"。怎么办都有道理和缺陷，这就是本案在裁审衔接程序上的症结。

笔者并不排除此类诉求可以不经仲裁程序直接纳入一审受理，前提是要有法律依据。《最高人民法院关于审理劳动争议案件适用法律若干问题的解释》第六条规定："人民法院受理劳动争议案件后，当事人增加诉讼请求的，如该诉讼请求与讼争的劳动争议具有不可分性，应当合并审理……"但用于本案似乎也不贴切。因为幼儿园在仲裁阶段没有请求事项，诉讼立案环节受理不服之外的诉求就缺乏依据，根本不存在受理后增加诉求的问题。这个司法解释很有必要，但是实践中把握的尺度不一，还有进一步细化的必要。

（北京市盈科律师事务所　马照辉）

# 11. 就终止劳动关系类争议在裁审衔接中变更请求事项的处置

## 争议焦点

1. 人民法院能否直接受理变更后的诉讼请求；

2. 仲裁委员会对当事人就变更后的仲裁请求再次提起仲裁申请的，应当如何处置。

## 基本案情

**申请人：李某**

**被申请人：某公司**

李某于2018年2月入职某公司。因与领导发生不快，自2019年4月起，某公司不再安排李某工作，亦不支付李某工资。2019年5月，李某向劳动人事争议仲裁委员会提起仲裁，要求支付工资和违法解除劳动合同赔偿金等。仲裁庭审中，李某主张该公司领导曾口头让其不要再来上班，某公司则承认拖欠工资但主张双方尚未解除劳动关系。因未能提供证据证明辞退事实，仲裁委员会驳回了李某违法解除劳动合同赔偿金的仲裁请求。后双方均起诉至人民法院，2020年1月，在法院庭审中，李某提供了“以用人单位未及时足额支付劳动报酬为由解除劳动关系”的证据，并要求变更诉讼请求为：要求某公司支付解除劳动合同的经济补偿金。

与此同时，因担心法院不能直接受理变更后的诉讼请求，为减少时间成本，李某再次向仲裁委员会提起申请，要求某公司支付解除劳动合同的经济补偿金。

## 审理结果

人民法院就李某变更后的诉讼请求作出判决，仲裁委员会对李某变更后的仲裁请求出具不予受理通知书。

## 评析意见

**（一）案例研究意义**

本案涉及劳动争议裁审衔接的程序处理问题。不同于实体问题犹有自由裁量的见仁见智，裁审衔接程序的合法性是一道是非题，并直接决定了劳动争议处理结果的合法性。本案的争议焦点在于：人民法院能否直接受理在裁审衔接中变更的关于终止劳动关系类的诉讼请求；对于当事人就变更后的请求事项提起仲裁申请的，仲裁机构如何处理。

实践中，因没有明确统一的法律指示，会出现当事人选择同时向人民法院和仲裁机构请求权利救济的情况，而人民法院和仲裁机构亦需要时间不断沟通研究个案的处置方式。鉴于一段劳动关系在法律上终止方式的唯一性和诉讼的两审制，在裁审衔接阶段，被法律认定的一段劳动关系的终止情况具有不确定性。因此，仲裁委员会一般会受理变更后的仲裁请求，而后中止案件审理，待人民法院判决生效后再对案件选择继续审理或撤销案件，这大大增加了裁审衔接的复杂程度，降低了争议处置的效率。加之不同地区在公平、效率等法律价值之间的不同取舍，这一问题给当事人在权利救济途径的选择上增加了困难。

而从当事人角度来看，劳动者群体法律知识较为薄弱，无法分辨解除、违法解除和终止劳动合同及其相关法律后果的区别，在用人单位出现多种违法情况，可能触及多个终止劳动关系的法律依据时，劳动者未必能够一次性作出最优选择。而仲裁委员会在庭审中释明时，需要把握居中的原则和边界，亦不能越界指引。

综上所述，研究分析本案例，有利于理顺终止劳动关系类争议的裁审衔接，提高争议处置效率，在节约仲裁诉讼资源的同时，增强法律政策规定对当事人的指引性。

**（二）可选路径及分析**

人民法院和仲裁机构在这一问题上的处置必然是协同的，可以有以下两种方式。

方式一：人民法院不受理变更后的诉讼请求，并告知原告另行申请仲裁，仲裁委员会则应当对当事人另行提起的终止劳动关系类仲裁请求予以受理。

方式二：人民法院应当受理变更后的诉讼请求，仲裁委员会应当对另行提出的仲裁申请不予受理，如果已经受理的，则应撤销案件。

这两种方式表面上是操作技术手段的不同，其内里是对公平效率的价值冲突及解决的理解不同。

1. 方式一：基于仲裁前置保障实体公平的价值考量

劳动争议仲裁是解决劳动人事争议的法定必经前置程序。《劳动争议调解仲裁法》第五条规定："发生劳动争议……不愿调解、调解不成或者达成调解协议后不履行的，可以向劳动争议仲裁委员会申请仲裁；对仲裁裁决不服的，除本法另有规定的外，可以向人民法院提起诉讼。"通过大力缩短审理期限，集中专注审理劳动争议，仲裁程序的前置在及时、高效、专业处置劳动争议，保护劳动者合法权益，节约有限的司法资源方面发挥了显著积极作用。而与此同时，结合民事诉讼的两审终审规定，非终局裁决的劳动争议案件可通过"一裁两审"的程序解决争议，双方当事人均有三次权利救济的机会。

具体到终止劳动关系争议，《劳动合同法》第四十六条规定了劳动者可以获得经济补偿的几种情形，每一项又具体分别对应了因用人单位过错劳动者提出解除、双方协商解除、因客观情况发生变化用人单位提出解除、裁员或者终止劳动合同的具体情况；《劳动合同法》第四十八条则规定了用人单位违法解除或终止劳动合同的赔偿金和继续履行劳动合同的法律后果。

方式一正是顾忌到关于终止劳动关系争议请求权的基础复杂多样，以及对应需要进行审查的事实各不相同，认为不宜将全部类型的终止劳动关系争议认定为相互间"密不可分"或具有"依附性"，防止在裁审衔接中通过变更请求突破仲裁前置的法律规定，让当事人减少了一道权利救济，通过严格程序保障实体公平。

2. 方式二：基于诉的合并理论实践保障效率的价值考量

诉的客观合并的主要价值在于以有限的司法资源，高效解决纷争，以减轻当事人诉累，避免相互关联的请求重复审理并作出自相矛盾的判决，实现诉讼效益最大化。这种保障争议解决效率价值的理论在裁审衔接领域同样有所体现。《最高人民法院关于审理劳动争议案件适用法律若干问题的解释》第六条规定："人民法院受理劳动争议案件后，当事人增加诉讼请求的，如该诉讼请求与讼争的劳动争议具有不可分性，应当合并审理；如属独立的劳动争议，应当告知当事人向劳动争议仲裁委员会申请仲裁。"本案当中的变更仲裁请求，可视为当事人撤销原仲裁请求后增加了新的诉讼请求。而对于判定终止劳动关系类争议是否具有不可分性，尚没有更进一步的判断标准。实践中，对于诉讼请求金额、争议期间的变化一般被认为属于基于同一事实和同一理由的诉请变更，但终止劳动关系类的争议事项的变更是否属于不可分争议，仍然存在不同意见。

具体到终止劳动关系争议，无论合法还是违法，对于一段劳动关系，能被法律认定的终止方式只有一种。这也意味着，两种有关终止劳动关系的请求能被仲裁及司法机构支持的，至多有且只有一个。也正因如此，无论当事人的请求如何变化，站在劳动关系事实上的终点回望寻找法律上劳动关系的终点时，在仲裁和诉讼阶段双方都在围绕劳动关系是否终止以及如何终止这个问题进行争论。即使所依据的法律条款并不相同，在我国仲裁和诉讼以审判者为主导的情况下，确定请求权基础这一问题实际上是审判者的职权，而非当事人所必须明确提供的。

方式二考虑到了争议解决的效率价值和劳动关系终止的唯一性的特点，将劳动关系终止类争议看作不可分争议，避免了互相矛盾的裁判结果出现和重复诉讼。具体到本案，人民法院对变更后的请求一并审理，避免了李某与某公司的劳动争议部分在人民法院部分在仲裁机构处置，以及实际上突破举证期限规定的情况出现，在避免出现矛盾性结果、减少当事人诉累的同时，节省了仲裁和诉讼资源。

笔者亦认同方式二的处置方式，并认为仲裁前置的设立初衷即是提升简单争议的处置效率，而并非对劳动争议设置"三审"制；对于部分进入诉讼程序的争议，变更后的请求亦有二审和再审制度的保障。此外，《劳动人事争议仲裁办案规则》第三十四条规定，"符合下列情形之一，申请人基于同一事实、理由和仲裁请求又申请仲裁的，仲裁委员会不予受理：……（二）案件已在仲裁、诉讼过程中或者调解书、裁决书、判决书已经发生法律效力的。"所谓"基于同一事实、理由和仲裁请求"应当包含"后一仲裁申请的仲裁请求实质上被否定"的情况。鉴于可获支持的劳动关系终止类请求的唯一性，变更后的终止劳动关系类请求如果人民法院已经予以受理，仲裁委员会依据《劳动人事争议仲裁办案规则》第三十四条的规定不予受理变更后的仲裁请求是合乎规章要求的。

需要说明的是，仅提起一项终止劳动关系类仲裁请求的劳动者，在败裁后，亦有可能会选择另行申请仲裁，在劳动者未向人民法院提起诉讼的情况下，仲裁委员会予以受理并不违反办案规则。但实践中，劳动者基于对用人单位的了解，例如，如果用人单位濒临破产、借“一裁两审”制度拖延给付时间，劳动者亦可能选择在裁审衔接中变更诉讼请求，以便将时间成本和风险降至最低，此时，则回到了本文讨论的情况中。因此，笔者认为方式二的处置方式更符合劳动争议处置中公正与高效兼顾的精神。

（北京市顺义区劳动人事争议仲裁院　袁林楠）

# 12. 判决继续履行已届终止期限劳动合同的执行困境

## 争议焦点

判决继续履行已届终止期限劳动合同的执行问题。

## 基本案情

**申请人（被告、被上诉人）：黄某**

**被申请人（原告、上诉人）：某软件公司**

黄某和某软件公司于2015年签订劳动合同，合同期限为2015年12月1日至2018年12月31日。合同签订当日，黄某即办理了公司的入职手续，担任公司人力资源合作伙伴。黄某正常出勤至2018年11月30日，某软件公司通过银行转账形式向黄某支付工资至2018年12月31日。

某软件公司于2018年11月29日向黄某送达了终止劳动合同通知书，其上载明："黄某，公司与您签订的劳动合同将于2018年12月31日终止，公司决定不再延长该劳动合同的时限，根据《劳动法》《劳动合同法》相关规定给予您经济补偿金税前捌万捌仟玖佰零叁元五角（88 903.5元）。"

黄某主张：2018年2月其被诊断为难治愈性重度抑郁，经治疗一直未改善，但一直正常出勤至2018年11月底；其每年享有18天带薪年假，某软件公司规定1天带薪年假可以抵2天病假，故其于2018年12月1日至16日，通过带薪年假抵病假的方式休了2018年的带薪年假；其于2018年12月17日至2019年1月22日在北京回龙观医院住院治疗，出院后一直治疗，但病情没有得到改善；依据其实际情况，医疗期至少为6个月，故认为某软件公司系违法终止劳动合同，现要求撤销终止劳动合同通知书，继续履行劳动合同。某软件公司对此不予认可，主张依据黄某的工龄，其医疗期应为6个月，黄某于2019年1月22日出院，医疗期即终止，劳动合同顺延的法定情形消失，故双方劳动合同于2019年1月22日合法终止。

黄某提交了门诊病历、处方、发票、休假证明书、住院病历、诊断证明书等证据。其中，门诊病历、处方及发票显示，黄某曾于2018年2月至12月期间多次到首都医科大学附属北京安贞医院及北京积水潭医院就诊，诊断为“焦虑状态”“抑郁状态”“偏执状态”“难治性抑郁”等。住院病历载明，黄某曾于2018年12月17日至2019年1月22日在北京回龙观医院住院治疗，诊断为不伴有精神病性症状的重度抑郁发作。休假证明书显示，北京回龙观医院于2018年12月6日建议黄某全休1个月，于2019年2月25日建议黄某全休2周，于2019年3月22日建议黄某全休2周，于2019年4月4日建议黄某全休1个月，于2019年7月3日建议黄某全休1个月；诊断为“抑郁发作”“焦虑状态”“难治性抑郁障碍”“不伴有精神病性症状的重度抑郁发作”等。某软件公司认可上述证据的真实性。

黄某以要求某软件公司撤销终止劳动合同通知书，继续履行劳动合同为由向北京市海淀区劳动人事争议仲裁委员会提起仲裁申请，仲裁委员会裁决：撤销某软件公司于2018年11月29日作出的终止劳动合同通知书，继续与黄某履行劳动合同。某软件公司不服仲裁裁决，于法定期限内向法院提起诉讼。一审法院于2019年1月31日作出判决：撤销某软件公司作出的终止劳动合同通知书，继续与黄某履行劳动合同。

某软件公司不服，提起上诉。某软件公司对于黄某患病及入院治疗的事实不持异议，已认可黄某正常出勤至2018年11月30日，以及黄某的医疗期为6个月。

二审期间，某软件公司主张公司在2018年11月29日与黄某协商一致，签订了终止劳动合同通知书，对双方劳动关系于劳动期限届满之日终止一事进行了确认，且某软件公司已经向黄某支付了相应的经济补偿金。除此之外，并未提交新的事实、证据材料和理由。

## 审理结果

二审法院指出，黄某与某软件公司仅签订过一次劳动合同，某软件公司与黄某继续履行劳动合同系指向双方于2015年12月1日签订的劳动合同。至于黄某医疗期满后双方劳动关系，应以双方当事人作出新的意思表示、劳动合同履行情况以及其他相关因素另行确定，并于2020年2月26日作出终审判决：驳回上诉，维持原判。

判决生效后，黄某向北京市海淀区人民法院申请强制执行，2020年6月4日，北京市海淀区人民法院立案执行。

## 评析意见

本案审判过程存在三个争议焦点。

第一个争议焦点是某软件公司的终止劳动合同通知书能否解除黄某与该公司劳动合同的问题。《劳动合同法》第四十二条规定，“劳动者有下列情形之一的，用人单位不得依照本法第四十条、第四十一条的规定解除劳动合同：……（三）患病或者非因工负伤，在医疗期内的……”；第四十五条规定，“劳动合同到期，有本法第四十二条规定情形之一的，劳动合同应当延续至相应的情形消失时终止……”。故某软件公司与黄某解除劳动合同应属于违法解除。

第二个争议焦点是关于某软件公司一方主张解除劳动合同系双方的合意却未提交充足证据的情况下，能否认可双方共同意思表示的问题。在确定是否构成双方的意思表示时，需要从以下两方面因素进行考量：意思表示由意思——主观（内在）要件和表示——客观（外在）要件两部分构成。一是意思表示的主观（内在）要件。意思表示的主观要件是指表意人的内心意思，由效果意思、行为意思和表示意识等因素组成。二是意思表示的客观要件。意思表示的客观要件是指表意人的外部表示行为。一般认为，作为这种有表示价值的积极或消极行为，只要在客观上可认定表意人是在表示某种法律效果意思，都可称为表示行为。司法实践中，对于意思表示的要件的审查，应先从客观要件着手，一旦意思表示欠缺客观要件，即可认为意思表示不成立，无须再考察审核内心的意思这一主观要件。对于某软件公司主张解除劳动关系系双方共同的意思表示，却因黄某抗辩且无充足证据证明双方共同意思表示的情形，双方共同意思表示的基础显然已经崩塌。由此也说明意思表示中的内部要件和外部要件，是需要同时考察、不可或缺的环节。

从价值保护的角度而言，劳动法尽管对劳资双方的合法权益均给予保护，但其基本价值取向是对劳动者给予倾斜、特殊的保护，因黄某在劳动合同终止前患病及入院治疗，双方均认可医疗期为6个月，且根据上述法律规定，劳动合同到期，出现劳动者患病在医疗期内的情形时，劳动合同应当延续至相应的情形消失时终止，故某软件公司在黄某处于医疗期内，擅自与其签订终止劳动合同通知书，终止劳动合同的行为，违反法律规定。某软件公司虽然主张终止劳动合同的行为系与黄某协商一致而作出，但并未提交有效证据予以证明。故法院认为某软件公司的行为于法无据，判决某软件公司撤销终止劳动合同通知书，继续履行与黄某的劳动合同。

第三个争议焦点是在原审过程中劳动合同约定的日期已经终止的情况下，仲裁、法院相继判决履行已届终止期限的劳动合同如何执行的问题。在审执协调过程中，出现了判决确定继续履行已届终止期限劳动合同的执行困境。一审、二审判决作出、生效之前，原劳动合同已届终止期限，违法解除劳动关系行为被撤销后，剩余劳动合同期限如何执行？尽管判决已经确定，但是某软件公司并未主动履行生效判决确定的义务，黄某申请法院强制执行。根据《最高人民法院关于人民法院立案、审判与执行工作协调运行的意见》第11条规定，“法律文书主文应当明确具体：……（5）继续履行合同的，应当明确当事人具体履行合同的内容、方式等……”。显然，继续履行已届终止期限的劳动合同属于继续履行合同的一种类型，审判过程中应当明确某软件公司和黄某具体履行合同的内容、方式等情形。而执行过程中，尽管根据《最高人民法院关于执行权合理配置和科学运行的若干意见》第3条规定，“执行实施权的范围主要是财产调查、控制、处分、支付和分配以及罚款、拘留措施等实施事项”，但是如何执行履行已届终止期限的劳动合同却未被提及。已有的《最高人民法院关于人民法院执行工作若干问题的规定（试行）》第60条规定：“被执行人拒不履行生效法律文书中指定的行为的，人民法院可以强制其履行。对于可以替代履行的行为，可以委托有关单位或他人完成，因完成上述行为发生的费用由被执行人承担。对于只能由被执行人完成的行为，经教育，被执行人仍拒不履行的，人民法院应当按照妨害执行行为的有关规定处理。”该条规定的执行方式对于根据行为义务分类的执行内容和根据是否可由第三人代替实施的分类内容，存在交叉和空白地带，现有的直接执行措施和间接执行措施、执行惩戒措施，均未能明确涵盖此种类型劳动合同的履行，甚至会损害和谐劳动关系的构建。关于已届终止期限的劳动合同，某软件公司拒不履行时，法院如何执行的问题，成为审执过程中面临的挑战。

（北京市海淀区人民法院　曹健　北京市知识产权法院　郑守瑛）

# 13. 集团规章制度对子公司员工有法律效力吗

## 争议焦点

已经经过工会民主程序的集团规章制度是否对子公司具有约束力。

## 基本案情

**申请人：王某**

**被申请人：某化工企业**

王某于2015年7月入职某化工企业，工作岗位为化验员。双方签订的劳动合同期限自2015年7月至2020年6月，工资标准为每月8 500元；合同第四章写明：该化工企业系某化工集团的子公司，王某应遵守化工集团的各项规章制度，如违反相应规定，该化工企业可依据相应罚则处理。2019年5月12日，王某连续7天未出勤，某化工企业依据化工集团的考勤制度，以旷工为由与其解除了劳动合同。王某以某化工企业解除劳动合同依据未经过民主程序为由申请仲裁，主张支付其违法解除劳动合同的赔偿金34 000元。庭审中，某化工企业辩称：某化工企业没有工会，其为化工集团的子公司，化工集团内的各项规章制度已经经过民主程序，且各子公司的法定代表人均为工会成员，故某化工企业与王某的解除依据合法，不存在违法解除的情况。

## 审理结果

仲裁委员会依法驳回了王某的仲裁请求。

## 评析意见

本案的争议焦点系用人单位是否可以依据集团公司的规章制度与劳动者解除劳动合同？如何界定用人单位的规章制度履行了民主程序？

**（一）《劳动合同法》第四条所规定的规章制度是“劳资共决”还是“资方单决”的调整机制和价值取向**

本案中，判定用人单位与劳动者解除劳动合同是否合法主要的法律依据是《劳动合同法》第三十九条第二项的规定，即劳动者是否存在“严重违反用人单位的规章制度的”情形，进而导致用人单位可以行使法律规定的劳动合同解除权。因此，对于规章制度的合法性判断就成为案件审理的关键环节。而依据我国《劳动合同法》第四条规定的内容（用人单位应当依法建立和完善劳动规章制度，保障劳动者享有劳动权利、履行劳动义务。用人单位在制定、修改或者决定有关劳动报酬、工作时间、休息休假、劳动安全卫生、保险福利、职工培训、劳动纪律以及劳动定额管理等直接涉及劳动者切身利益的规章制度或者重大事项时，应当经职工代表大会或者全体职工讨论，提出方案和意见，与工会或者职工代表平等协商确定。在规章制度和重大事项决定实施过程中，工会或者职工认为不适当的，有权向用人单位提出，通过协商予以修改完善。用人单位应当将直接涉及劳动者切身利益的规章制度和重大事项决定公示，或者告知劳动者）可知，仲裁实践中判定用人单位的规章制度是否符合法律规定是仲裁员需要首要判定的基础事实。

用人单位的规章制度能否对劳动者产生约束力，劳动者是否需要遵循用人单位所制定的规章制度往往成为案件中判定用人单位解除劳动合同是否违法的关键。如何理解我国《劳动合同法》第四条的规定？规章制度到底需要通过什么样的程序才能被认定为合法有效？本案中，用人单位主张规章制度已经经过集团公司的民主程序是否就当然对下属公司产生约束力？这些问题归根到底涉及的就是我国规章制度所采取的价值取向是什么，即用人单位的规章制度到底是劳资共决制的还是资方单决制的？劳资共决制，顾名思义，是指劳资共同制定规章制度，职工享有最高程度的参与权——共同决定权，即资方不能单方决定其内容。资方单决制则是指资方单独制定规章制度，职工参与程度弱于共决权，即劳资双方就规章制度中的劳动条件未能达成一致时，职工参与权并不影响用人单位最终单独决定。

在我国，规章制度在《劳动合同法》的规定中所采取的价值取向及调整机制可理解为资方单决制。也就意味着，对于规章制度的内容来讲，集团公司的下属公司是可以单独决定规章制度的内容可以与员工协商，也可以采用集团公司现有的制度内容，且在规章制度规定与职工意见不符时，下属公司拥有最终决定权。

**（二）如何界定用人单位是否履行了《劳动合同法》第四条所规定的规章制度的民主程序**

依照《劳动合同法》第四条的规定，企业的规章制度如需要产生效力，在制定过程中需要经过职工代表大会或全体职工的讨论，并体现出平等协商的过程；在制定后需要履行公示或者告知劳动者的程序。那么，该条款规定的职工在规章制度制定过程中的参与程度是怎样的？从前面分析情况来看，规章制度的资方单决制已经决定了职工参与程度降至不影响“资方单决”的“讨论、提出方案和意见”，也就意味着职工在规章制度制定过程中的意见只具有参考意义，而不具有决定意义。那么，结合本案，在劳动者与用人单位建立劳动合同关系时，用人单位已经存在了需要遵循的规章制度，那么该规章制度是否还需要经过一定的民主程序后才能对劳动者产生效力？或者说用人单位一直遵循集团的规章制度已经对内部员工进行了长期的管理，在仲裁案件审理过程中，我们是否要否认该规章制度的效力？如果否认该规章制度的效力，用人单位前期依据该规章制度对其他劳动者所进行的管理行为，在劳动者未申请仲裁的情况下是否就不产生效力？似乎这些问题变得很难解决。

回归到规章制度资方单决制的法律规定价值取向来看，自《劳动合同法》实施后，尚未发现全国各地有关劳动合同法出台过强制规定要求需要履行集体自治的民主程序。而参考《广东省高级人民法院　广东省劳动争议仲裁委员会关于适用〈劳动争议调解仲裁法〉〈劳动合同法〉若干问题的指导意见》第二十条规定，“用人单位在《劳动合同法》实施前制定的规章制度，虽未经过《劳动合同法》第四条第二款规定的民主程序，但内容未违反法律、行政法规及政策规定，并已向劳动者公示或告知的，可以作为用人单位用工管理的依据。《劳动合同法》实施后，用人单位制定、修改直接涉及劳动者切身利益的规章制度或者重大事项时，未经过《劳动合同法》第四条第二款规定的民主程序的，原则上不能作为用人单位用工管理的依据。但规章制度或者重大事项的内容未违反法律、行政法规及政策规定，不存在明显不合理的情形，并已向劳动者公示或告知，劳动者没有异议的，可以作为劳动仲裁和人民法院裁判的依据。”该条款的规定使得民主程序实际上成了非强制性必经程序。与此相类似的还有浙江省高级人民法院《关于审理劳动争议案件若干问题的意见（试行)》第三十四条也作了几乎同样的规定，“用人单位在《劳动合同法》实施前制定的规章制度，虽未经过该法第四条第二款规定的民主程序，但内容不违反法律、行政法规、政策及集体合同规定，不存在明显不合理的情形，并已向劳动者公示或告知的，可以作为人民法院审理劳动争议案件的依据。《劳动合同法》实施后，用人单位制定、修改或者决定直接涉及劳动者切身利益的规章制度或者重大事项时，未经过该法第四条第二款规定的民主程序的，一般不能作为人民法院审理劳动争议案件的依据。但规章制度或者重大事项决定的内容不违反法律、行政法规、政策及集体合同规定，不存在明显不合理的情形，并已向劳动者公示或告知，且劳动者没有异议的，可以作为人民法院审理劳动争议案件的依据。”同时，该意见第四十五条还规定，“对劳动者无正当理由未办理请假手续，擅自离岗连续超过15日，用人单位规章制度已有规定的，按相关规定执行；用人单位规章制度无规定的，用人单位可以劳动者严重违反劳动纪律为由，解除劳动合同。”这进一步说明了用人单位的规章制度未履行民主程序，从司法审判的角度来看并非是不能采用的。

根据上述分析，仲裁委员会认为，子公司的规章制度已经在劳动者签订劳动合同时通过合同约定的方式向劳动者进行告知且劳动者通过签订劳动合同的方式予以确认而未提出异议，结合规章制度本身系资方单决制的立法价值取向和制度设计，且规章制度的该条款规定并未违反强制性的法律、法规及政策规定，也不存在明显不合理的情形，劳动者如仅主张规章制度没有经过民主程序应该不能得到仲裁委员会的认可。

（天津市劳动人事争议仲裁院　张璇）

# 劳动关系的认定

# 14. 负责人与公司签订挂靠协议，职工劳动关系如何认定

## 争议焦点

公司负责人与公司签订挂靠协议，受其管理的职工的劳动关系应该如何认定。

## 基本案情

**申请人：徐某**

**被申请人：某物流公司**

徐某2019年6月4日经招聘到某物流公司工作，具体工作为货运司机，驾驶车辆登记所有人是某物流公司，平时工作由某物流公司法定代表人孙某管理，工资由孙某之妻张某发放，张某在公司担任监事一职。2019年8月22日徐某在工作时从车上跌落摔伤，要求某物流公司配合其办理工伤认定及鉴定相关手续。某物流公司提出其与徐某不存在事实劳动关系，徐某所驾驶车辆系公司法定代表人孙某个人购买挂靠在公司名下，徐某接受孙某个人的管理，工资也是由孙某个人发放，徐某和孙某之间是雇佣关系。双方协商无果，徐某无奈向劳动人事争议仲裁委员会提起了劳动仲裁申请，请求依法确认徐某和某物流公司之间存在事实劳动关系。

## 审理结果

仲裁委员会支持了徐某的仲裁请求，认为徐某和某物流公司之间存在事实劳动关系。

## 评析意见

本案的焦点有二：一是某物流公司关于涉案车辆系孙某个人与公司挂靠的主张是否能够得到支持，二是如何认定某物流公司和徐某是否存在事实劳动关系。

本案中，某物流公司主张徐某驾驶的车辆系孙某个人挂靠在其名下经营，徐某是孙某个人雇用的驾驶员，与孙某形成雇佣关系，并当庭提交了汽车借款抵押合同、车辆挂靠协议、孙某之妻张某名下账户的购车还款记录、机动车行驶证等证据予以证实。仲裁委员会认为，某物流公司是经工商管理部门依法登记的具有用工资格的单位，其主张挂靠车辆实际车主孙某与所谓的车辆挂靠单位即某物流公司法定代表人孙某系同一人，孙某作为公司的法定代表人将自己的车辆挂靠在自己的公司，既违反《中华人民共和国公司法》① 第一百四十八条董事、高级管理人员不得“自营或者为他人经营与所在任职公司同类的业务”竞业禁止的规定，也不符合常理。退一步讲，即使某物流公司所述挂靠属实，其法定代表人招用驾驶员的行为也应视为代表公司的职务行为，据此，仲裁委员会对某物流公司主张其与孙某之间为挂靠关系的主张不予认可。

《劳动和社会保障部关于确立劳动关系有关事项的通知》（劳社部发〔2005〕12号）第一条规定，“用人单位招用劳动者未订立书面劳动合同，但同时具备下列情形的，劳动关系成立。（一）用人单位和劳动者符合法律、法规规定的主体资格；（二）用人单位依法制定的各项劳动规章制度适用于劳动者，劳动者受用人单位的劳动管理，从事用人单位安排的有报酬的劳动；（三）劳动者提供的劳动是用人单位业务的组成部分。”第二条规定，“用人单位未与劳动者签订劳动合同，认定双方存在劳动关系时可参照下列凭证：（一）工资支付凭证或记录（职工工资发放花名册）、缴纳各项社会保险费的记录；（二）用人单位向劳动者发放的‘工作证’‘服务证’等能够证明身份的证件；（三）劳动者填写的用人单位招工招聘‘登记表’‘报名表’等招用记录；（四）考勤记录；（五）其他劳动者的证言等。其中（一）、（三）、（四）项的有关凭证由用人单位负举证责任。”《劳动争议调解仲裁法》第六条规定：“发生劳动争议，当事人对自己提出的主张，有责任提供证据。与争议事项有关的证据属于用人单位掌握管理的，用

① 本书后文简称为《公司法》。

人单位应当提供；用人单位不提供的，应当承担不利后果。”

上述条款，对用人单位招用劳动者未订立书面劳动合同，认定劳动关系成立依照的情形、参照的证据及举证分配等作出了严格的规定。本案中，徐某和某物流公司双方虽未签订劳动合同，但某物流公司系从事货物运输业务的用人单位，其法定代表人亦是徐某驾驶车辆的登记所有人，徐某担任该车辆的驾驶员从事货物运输工作，双方符合建立劳动关系的主体资格；徐某从事的工作是某物流公司业务的组成部分，徐某接受某物流公司法定代表人孙某的直接管理，徐某通过其妻子同时也是公司监事支付徐某工资，徐某为此提交了微信聊天、转账记录、证人证言、通话录音等证据予以证实。某物流公司对徐某的主张不予认可，但在徐某已经为此举出初步证据的情况下，某物流公司未尽到法律法规规定的举证义务，应当承担不利后果。

综合以上，仲裁委员会认为徐某和某物流公司之间存在事实劳动关系的法定条件，对徐某的请求予以支持。

（河北省沧县人力资源和社会保障局　毕元方）

# 15. 互联网催生网约工，欲维权需先关系明

## 争议焦点

“互联网+”新业态经营模式下劳动关系的认定。

## 基本案情

**申请人：郑某岩**

**被申请人：某科技公司热力有限公司**

**第三人：某科技公司人力资源有限公司**

第三人某科技公司人力资源有限公司与被申请人某科技公司热力有限公司签订了项目承包合同，第三人承包了被申请人后勤服务项目，具体项目内容为餐饮、保洁、保安服务；第三人将所承包的餐饮、保洁、保安服务由文卓公司进行业务承揽外包，文卓公司通过其自有互联网经营平台“日得易”微信小程序进行任务发布，目的是使有能力的自由职业者（简称自雇者）可以通过其平台进行任务承揽，并可通过其平台代缴个人经营所得税、进行承揽服务费结算。申请人郑某岩通过登录“日得易”，与文卓公司签署自雇者个人承揽协议，自2019年2月28日，到被申请人处担任食堂厨师。2019年6月12日中午申请人在搬水的时候将腰扭伤，经食堂管理员米某（非被申请人、第三人员工）批准后回家养伤。几天后申请人的腰痛稍微好转，要求继续上班被拒。申请人以工作期间被申请人没有签订书面劳动合同，没有缴纳社会保险费，没有给付未休节假日的工资，违法解除合同为由，要求被申请人支付如下款项：（1）未签劳动合同双倍工资12 000元；（2）支付申请人2019年7月的工资4 000元；（3）报销受伤期间的药费及治疗费共计609元；（4）给付申请人法定节假日工资4 229.7元；（5）给付违法解除合同的经济赔偿金4 000元。

## 审理结果

仲裁委员会裁决认为，申请人所主张的各项劳动权益均应基于与被申请人存在劳动关系的事实，在申请人、被申请人及第三人均依法履行举证责任但未能充分证明劳动关系存在的情况下，本案劳动关系不能成立。申请人各项主张没有事实依据，应承担举证不能的法律后果。依据《劳动争议调解仲裁法》第六条，驳回申请人的仲裁请求事项。

## 评析意见

本案中，被申请人通过与第三人签订项目承包合同形式，将后勤项目发包给第三人，向第三人支付承包费用；第三人又通过与另一家公司——文卓公司签订“互联网+”业务承揽外包服务协议形式，将其承包业务再度转包。文卓公司在此协议基础上，通过其自营的“日得易”平台将其承包的业务转包、分包给符合承揽能力的个人，包括申请人在内的不特定个人通过“日得易”平台与文卓公司签订个人承揽协议，承接一个或者多个经营服务项目。申请人工作地点在被申请人食堂，工作岗位为厨师，主要工作内容为菜品制作、食堂员工考勤记录、菜单申请书制作等。申请人日常工作没有本案相关当事人及文卓公司等管理行为。申请人劳动报酬由文卓公司依据业务完成情况通过申请人个人银行账户发放。

综合上述情况，虽然从用工主体资格、工作地点、工作内容等方面分析，申请人与相关当事人貌似具备劳动关系的特征，但是我们仔细观察发现，申请人不属于受用人单位管理指派的“他雇型”劳动者，不具备劳动关系的核心要件——人身隶属关系以及建立劳动关系的合意，而是基于个人承揽协议的“自雇型”独立劳动个体。因此，申请人与本案相关当事人及案外人——文卓公司均不存在劳动关系，其相关劳动权益主张亦不能得到法律的支持。

网约工劳动关系能否认定？通常情况下，确认劳动关系存在与否，我们依据的判断标准是《劳动和社会保障部关于确立劳动关系有关事项的通知》所规定的“四要件”——主体适格性、人身依附性、劳动有偿性、业务组成性。当然，这个判断标准不是唯一的，比如还要考虑当事人建立劳动关系的合意因素等。

本案实质上呈现的是“互联网+”新业态经营模式下劳动关系的认定问题。

“互联网+”新业态经营模式下，网络平台运营商与从业人员之间是否构成劳动关系的关键在于是否存在人身依附性。本案中，申请人与被申请人、第三人之间均没有签订劳动合同。申请人系通过登录案外人文卓公司自营的平台“日得易”获得提供劳务的机会，与文卓公司签订个人承揽协议承接劳务项目，秉承“意思自治”原则，承揽协议不具有劳动合同的属性，从约定的内容来看更趋向于获取劳务信息的合作协议，且申请人提供的证据不能体现相关单位对其工作进行日常管理，故其与相关单位不具有传统劳动关系的人身依附性特征。基于此，类似申请人情形的网约工不能被确认与网络平台公司存在劳动关系。

（河北省唐山市曹妃甸区劳动人事争议仲裁院　杨志勤）

# 16. 合伙人劳动关系的确认和履行

## 争议焦点

合伙协议下的劳动关系确认。

## 基本案情

**申请人：李某**

**被申请人：某设计公司**

某设计公司为自然人独资企业，王某为公司法定代表人。2016 年 4 月 1 日，王某、刘某与李某 3 人签订合伙协议，约定：王某占股 65%、刘某占股 20%、李某占股 15%；王某、刘某、李某以某设计公司名称对外开展业务；合伙期限自 2016 年 3 月 6 日起；以账面财务利润为依据，由合伙人共同商定分配总额，以合伙人出资比例进行分配；合伙人王某负责公司全面工作及对外开展业务，订立合同及对合伙企业进行日常管理，刘某对公司财务进行记账及日常管理，李某对设计工作进行管理及分配。工作期间，没有人记录李某考勤，也没有人安排李某的工作，李某参与公司的一些管理工作，对于公司的经营具有决策权和话语权。

李某提出仲裁申请，要求确认与某设计公司存在劳动关系，并要求支付加班工资、未休带薪年休假工资，且表示某设计公司为其缴纳社会保险、发放工资，双方属于劳动关系。某设计公司表示公司以 3 人合伙的形式对外开展业务，李某与王某等人系合伙投资分红性质关系，并非是劳动关系，所有合伙人均缴纳了社会保险，而每月发放的是生活补助费。

## 审理结果

仲裁委员会裁决确认李某与某设计公司存在劳动关系，驳回李某其他仲裁请求。

## 评析意见

《劳动和社会保障部关于确立劳动关系有关事项的通知》中劳动关系“三要素”的规定成为现在实务界确立劳动关系的基准，而从属性是劳动关系最重要的特性。劳动者的从属性在劳动关系中一般表现为劳动者之于用人单位的人格从属性、经济从属性和组织从属性：劳动者要服从用人单位的管理、遵从用人单位的各项规章制度、接受用人单位的监督和惩戒等；劳动者在经济上依赖于用人单位，通过将劳动力转化为生产资料，从而获取用人单位支付的劳动报酬；劳动者以个体身份加入用人单位的整个生产集体组织中，成为这个组织的有机组成部分，与其他劳动者合理分工和密切协作，共同完成用人单位设定的生产经营目标任务。

本案中，李某与普通劳动者的用工情况存在明显区别，对于李某与某设计公司之间是否存在劳动关系，也存在不同看法。一种观点认为并非劳动关系，因李某对某设计公司具有领导和决策权，其身份和地位与劳动者的身份存在明显区别，与某设计公司之间不存在管理与被管理的从属关系。另一种观点认为李某与某设计公司之间存在劳动关系，虽然李某的情况与普通的劳动者存在着一定的区别，但其只是具有一定管理和领导地位的劳动者，对于某设计公司来说，李某仍是需要追求基本劳动权利和劳动保障的劳动者。

对此，笔者更认同第二种观点。第一，合伙企业应当根据《中华人民共和国合伙企业法》依法设立，合伙企业的名称中均应该有“合伙”字样。虽然李某等3人按照《中华人民共和国合伙企业法》中关于合伙人出资、利润分配、责任承担等规定签署了合伙协议，但某设计公司是自然人独资企业，并非依法设立的合伙企业。第二，虽然李某参与公司管理，但现行的劳动法律法规中并未否定对公司具有决策权的人员与公司之间存在劳动关系。某设计公司作为独立的法人单位，李某符合劳动法规定的主体资格，李某从事的系某设计公司的工作，某设计公司为李某缴纳社会保险，并按月支付一定的报酬，且3名合伙人共同决定的公司各种决策事项李某亦要服从，这就使李某符合了当前立法和司法实践当中对于劳动关系和劳动者的认定要件，李某与某设计公司之间具备了建立劳动关系的各项要素条件。据此，应认定李某与某设计公司存在劳动关系。

但是，对于李某要求的加班工资和年假工资，笔者认为不应支持其上述请求。首先，从属性是劳动者本质特征中极其重要的特质，但李某的从属性明显没有普通劳动者那样突出。在人格从属性方面，与普通劳动者始终处于一个被管理者的地位不同，李某更多的是处在一个管理者的地位，对公司的经营发展具有一定的决策权，可以自主安排工作时间，不受公司出勤时间的限制。因此，李某的人格从属性特征较普通劳动者来说表现得并不明显。在经济从属性方面，相较于普通劳动者按劳分配薪酬的单一性，李某还参与了公司的利润分配。因此，从双方互相存在直接影响和相互依赖的角度来看，李某的经济从属性特征也不像普通劳动者那样明显。在组织从属性方面，没有人管理和安排李某的工作，其工作开展、工作方式具有自主决定性，这使得他的组织从属性也很淡化。

其次，从劳动者与公司的对立性来看，公司作为一个以获取利润为目的的经济组织，追求更高的绩效、更多的产出和更少的资本消耗是应有之义。但是对于劳动者来说，在有限劳动力的付出中追求更高的报酬、更多的休息时间和更好的社会保障也是人之常情。这也必然导致劳动者与公司之间形成了天然的对立性。而李某享受公司的利润分配，这使得他的实际收入水平与公司的经营绩效呈正向相关的关系。因此，他与公司之间有着更深层次的相互依赖、相互合作的关系，这使得他与公司之间由于利益目标的相对一致而使对立性更加淡化。

最后，劳动法的立法目的是为了调整劳动关系中主体间的不平等，通过采取劳动基准的保护底线、通过倾斜性保护的措施和手段，使处于相对弱势地位的劳动者可以与拥有强势地位的用人单位之间形成力量上的相对平衡，并使二者之间的利益追求得以有效调和，以实现法律在社会效果上的公平正义。由此可见，劳动关系中地位的弱势及不平等性是得到劳动法倾斜性保护的先决条件。综合前面的论述，显然李某之于普通劳动者而言，对其一并受到倾斜性保护自然也将背离劳动法的立法精神和立法目的。

综上，由于李某身份、地位和工作形式的特殊性，笔者认为应当将其与普通劳动者的劳动权利保护区分开来。因李某的工作时间自由支配、工作内容自主安排，其主张的加班并非由某设计公司所安排，故不应支持其索要加班工资的请求；而年假虽然应由用人单位安排劳动者休息，但行使这一权利的仍是自然人，李某对公司有一定的管理权，且无人对其进行管理，其年假应由其自主安排休息，未休息年假并非某设计公司的责任，故亦不应支持其年假工资的请求。

（北京市顺义区劳动人事争议仲裁院　张偌晗）

# 17. 务工人员通过互联网抢单取件，在快递公司发货，是否形成劳动关系

## 争议焦点

务工人员与快递公司间是否形成劳动关系。

## 基本案情

**申请人：贾某**

**被申请人：某快递公司**

贾某于2020年5月4日来京务工，想要在快递行业寻找工作，并通过老乡结识了某快递公司的业务主管杨某。杨某所在的某快递公司以收发快递为主要业务，业务区域覆盖朝阳区的3个居民住宅小区和2个商业楼宇大厦，有不少贾某认识的老乡都在杨某所在的某快递公司处送货、发货，均能获得不低的收入。在老乡的撮合下，贾某找到杨某，表示出自己希望能谋求一份快递业务工作的浓厚兴趣。很快，杨某通知贾某到某快递公司进行面谈，杨某介绍贾某下载、注册了某第三方互联网平台取件软件，并在该软件中为贾某获取了在其公司业务区域内取件的权限，使贾某可以参与该区域内的抢单、取件业务。贾某通过手机在软件平台中抢单成功后，其亲自到客户家中上门取件，取件后客户直接通过软件平台的手机App在线支付取件费，具体取件费用为1公斤以内12元/件，1公斤以上在12元/件的基础上每超过1公斤额外收取8元的超重费。上述取件费到达软件平台后，贾某可以通过支付宝在每周一、周三、周五提现到自己的个人账户内。与此同时，贾某白天取完件后，晚上固定到某快递公司发货。贾某在某快递公司处以每单6.5元的价格购买快递单号用于发货，并通过微信预存一定的费用作为

大件费（即未超过1公斤包裹的仅使用一个快递单号，1公斤以上的包裹每超1公斤在大件费中扣除3元，大件费用可以随时充值，但不得低于500元，否则快递公司不予发货）。就这样，贾某以赚取取件费用与发货费用之间差额为主要收入来源，一干就是3个月。2020年8月初，某快递公司将预存的大件费标准由不低于500元涨到了不低于1 000元，贾某觉得预存费用标准过高，且贾某与某快递公司经常因包裹超重的重量产生分歧，双方对大件费的扣除产生过几次不愉快，贾某便萌生了不在某快递公司发货的想法。

2020年8月17日，贾某向某快递公司住所地的劳动人事争议仲裁委员会提出仲裁申请，要求确认与某快递公司之间存在劳动关系，并要求某快递公司支付未签订书面劳动合同的二倍工资差额和其未使用的快递单号费用及押金（即预存的大件费）。庭审中，贾某主张双方存在的是劳动关系，其通过某快递公司的业务主管杨某同意，才获得了在某快递公司业务区域范围内取件的权限，如果其不是某快递公司的员工，是无法在某第三方互联网平台取件软件中进行注册并参与抢单的，其提供的劳动亦是某快递公司的经营范围，应当认定双方形成的是劳动关系，贾某当庭提交了某第三方互联网平台取件软件的截图予以证明。某快递公司则辩称，其公司与贾某间是业务合作伙伴的关系，贾某在其公司发货，是其公司的一个客户，双方不可能形成劳动关系，贾某1公斤以内的包裹向其公司支付6.5元，1公斤以上的包裹在支付6.5元的基础上每超1公斤向其公司支付3元，而贾某则向客户1公斤以内的包裹收取12元，1公斤以上的包裹每超1公斤额外收取8元，贾某明显赚的是差价，其公司有微信和支付宝转账记录为证，一直都是贾某在向其公司支付费用。而且其他的快递公司也可在其公司业务区域内通过某第三方互联网平台取件软件参与抢单、进行取件，并不是只有是其公司员工才能在其公司业务范围内取件，仅凭能否在其公司业务区域内取件不能证明贾某是其公司员工。同时，其公司不负责贾某的日常工作安排，都是贾某自己抢单、自己取货、自己发货，时间都是贾某自己安排，非常自由，故双方是平等的关系，而不是管理和被管理的关系。综上，不应认定贾某与其公司形成的是劳动关系。

## 审理结果

仲裁委员会经审理认为，贾某通过某第三方互联网平台取件软件抢单取件，在取件后向相关快递业务对象收取取件费用，其后通过支付宝软件提现，此费用归贾某本人所有。同时，贾某以预存大件费和购买单号的形式在某快递公司处发货，其收入来源为取件费用扣除支付给某快递公司发货费用的剩余部分。贾某根据其收入来源自负盈亏，某快递公司从未向贾某支付过劳动报酬，且贾某根据其个人意愿选择是否抢单，掌控其工作与休息的时间，贾某与某快递公司之间不符合《劳动和社会保障部关于确立劳动关系有关事项的通知》中认定劳动关系的情形，故仲裁委员会对贾某主张确认其与某快递公司存在劳动关系的请求不予支持，同时驳回了贾某基于存在劳动关系为前提提出的其他仲裁请求。

## 评析意见

本案为互联网工作模式下快递行业新兴的一种合作模式。

贾某虽从事的是取件发件业务，在某快递公司的业务经营范围内。但某快递公司从未向贾某支付过劳动报酬，而自始至终都是贾某在向某快递公司支付发货费用，这对于认定贾某与某快递公司之间是否形成劳动关系产生了一定的疑问。关于贾某提出的各项仲裁请求，均应以双方形成的是劳动关系为前提。关于本案中劳动关系的认定问题，笔者认为应该以《劳动和社会保障部关于确立劳动关系有关事项的通知》中的规定为依据，来判定双方是否形成劳动关系。本案中，贾某与某快递公司间未订立过劳动合同，双方未就工资标准、工作时间、休息休假、社会保险等权利与义务问题进行约定；虽贾某与某快递公司均符合法律、法规规定的主体资格，但某快递公司并不负责贾某工作的管理，贾某根据其个人意愿参与抢单，安排其工作与休息时间，双方并不具备劳动关系中存在的管理与被管理的关系。同时，某快递公司从未向贾某支付过相应的劳动报酬，贾某的收入来源为其取件费用与发货费用间的差价，并不直接来源于某快递公司，其收入既不符合劳动关系中固定制的工资支付方式，亦不符合计时或计件的工资形式，故无法认定贾某与某快递公司之间形成的是劳动关系。

（北京市延庆区人力资源和社会保障局　郑建庆）

# 18. 委派用工中劳动关系的认定与解除

## 争议焦点

1. 孙某经甲公司委派至乙公司工作，自委派开始至争议发生时孙某与哪家用人单位存在劳动关系；

2. 乙公司退回孙某后，劳动关系是否解除及其性质。

## 基本案情

**上诉人：孙某**

**被上诉人：甲公司、乙公司**

2011年，孙某通过招聘方式入职甲公司，岗位为综合部部长。2013年3月11日，甲公司出具“关于人事调动的函”，委派孙某自2013年3月12日起至乙公司工作。自2013年3月12日起，孙某至乙公司工作，工作岗位仍为综合部部长，乙公司为孙某支付工资并缴纳社会保险费。2017年6月23日，乙公司向甲公司发送“关于退回孙某的函”，载明：孙某组织纪律差、责任心不强，其不能胜任目前岗位，不适合继续在乙公司工作，经总经理办公会研究通过，决定将孙某退回甲公司。2017年6月30日，乙公司向孙某发送通知载明：公司决定将你退回派出单位甲公司，经公司与甲公司沟通后，7月21日按时到原派出单位甲公司报到。2017年7月6日孙某收到该通知，并表示对内容有异议。2017年7月，乙公司停止为孙某缴纳社会保险费，工资支付至2017年7月。2017年7月21日，甲公司复函乙公司，表示不同意接收孙某回其公司工作，要求乙公司根据孙某工作表现按照相关规章制度办理。后甲公司、乙公司均未安排孙某工作。

孙某提起劳动仲裁，要求甲公司、乙公司支付其工资及违法解除劳动关系赔偿金等。仲裁委员会作出裁决：(1) 甲公司支付孙某2017年8月1日至2017年

8月31日基本生活费1 323元；（2）驳回孙某的其他仲裁请求。

孙某不服仲裁裁决，起诉至法院，主张：（1）甲公司、乙公司支付拖欠孙某自2017年1月1日至2017年5月31日期间的奖金8 750元；（2）甲公司、乙公司支付孙某自2017年8月1日至2017年8月31日期间的工资16 914.45元；（3）甲公司、乙公司支付孙某违法解除劳动关系的赔偿金236 802.3元。

## 审理结果

一审法院经审理认为：因甲公司与乙公司之间委派员工属于企业自主用工行为，故确认孙某与甲公司于2011年2月1日至2017年8月31日期间双方存在劳动关系，孙某与乙公司之间不存在劳动关系。乙公司通知孙某将其退回至甲公司工作，乙公司向孙某支付工资至2017年7月，2017年8月甲公司与孙某就重新安排工作一事进行沟通协调但未能达成一致，孙某亦未回甲公司工作，故视为2017年8月31日甲公司与孙某协商一致解除劳动关系。判决：（1）甲公司于判决生效之日起10日内支付孙某2017年8月1日至2017年8月31日基本生活费1 323元；（2）甲公司于判决生效之日起10日内支付孙某解除劳动合同经济补偿金108 584.5元；（3）驳回孙某的其他诉讼请求。甲公司与孙某均不服，上诉至上级人民法院。

二审法院经审理认为：孙某与两公司劳动关系的认定需结合用人单位发放工资、缴纳社会保险、工作地点、工作内容等作为具体的判断依据。甲公司通过“关于人事调动的函”将孙某委派至乙公司工作，该委派并未明确孙某的劳动关系保留在甲公司，亦未明确具体期限和是否可退回孙某。同时，该函件的名称为人事调动，内容显示“以上同志的工作关系转移”。孙某到乙公司任综合部部长后，由乙公司发放工资并缴纳社会保险费，孙某为乙公司提供劳动，并受乙公司管理。故综合考虑孙某被委派时的实际情况和被委派后的工作情况，一审法院认定孙某2013年3月12日起仍与甲公司存在劳动关系不妥，应认定2013年3月12日起至争议发生时孙某与乙公司存在劳动关系。乙公司退回孙某并停发其工资、停缴社会保险费，可认定为乙公司解除与孙某劳动关系的意思表示。鉴于乙公司未能就其公司退回孙某的具体事实及其公司所依据的规章制度提供充分且有力的证据予以证明，故乙公司应支付孙某违法解除劳动关系赔偿金。判决：（1）维持一审法院判决第一项；(2) 撤销一审法院判决第二项、第三项；(3) 乙公司于判决生效之日起10日内支付孙某违法解除劳动关系赔偿金201 656.91元；(4) 驳回孙某的其他诉讼请求。

## 评析意见

司法实践中涉及有关联关系的用人单位用工而引发的劳动争议案件逐年增加，混同用工、交叉轮换用工、内部委派用工、借调用工等现象屡见不鲜。各方当事人的争议焦点往往集中于劳动关系的认定及解除上。有关联关系的用人单位用工情况复杂，无法一概而论，需针对不同情况予以分析处理。本案系较为典型的关联企业间委派用工而引发的劳动争议案件。委派用工，顾名思义，乃用人单位委派劳动者到另一单位工作的情况。具体到本案中，二审法院对一审判决进行改判，主要涉及委派用工中的两个基本问题：其一为委派发生后劳动者劳动关系的归属，其二为解除劳动关系的认定。

**（一）委派用工中劳动关系的认定**

本案中，一审法院认为委派用工系企业自主用工行为，故劳动者应与派出单位存在劳动关系，与接收单位不存在劳动关系。然而，二审法院认为涉及委派用工的劳动关系认定不能一概而论，应具体考察委派时各方当事人之间的约定及委派后劳动者的实际工作状况。本案中的派出单位系通过“关于人事调动的函”将劳动者委派至接收单位工作，各方对劳动者劳动关系的归属、福利待遇、委派性质（如委派期限、退回流程）等具体问题均未有明确约定，即未明确委派含义的同时表明劳动者的工作关系转移。在此情况下，劳动者到接收单位任职后即由该单位发放工资并缴纳社会保险费。长达4年多的时间里，劳动者为接收单位提供劳动，并受接收单位的完全管理，故可认定自委派发生至产生争议时劳动者与接收单位存在劳动关系，而非与派出单位存在劳动关系。故二审法院对劳动者劳动关系的认定进行了改判。

从本案的处理来看，对于涉及委派用工的劳动关系认定，首先，应明确劳动者与用人单位是否签订有劳动合同及各方是否针对劳动关系的归属作出了约定，在不违反法律法规强制性规定的情况下，可根据当事人的约定进行处理；其次，在各方无明确约定的情况下，应着重审查用人单位在作出委派行为时是否对委派性质及期限作出说明，如果用人单位曾出具相关委派函、调动函等书面文件，则应重点审查其函件内容；最后，应综合考虑劳动者被委派后的具体工作情况以明确劳动关系归属，即劳动者在日常劳动中受谁管理、从事何种工作、工资由谁发放、社会保险费由谁缴纳等具体问题。

**（二）委派用工中解除劳动关系的认定**

本案中，一审法院认为接收单位退回劳动者后，派出单位与劳动者就重新安排工作一事未能达成一致，劳动者亦未回到派出单位工作，故视为派出单位与劳动者协商一致解除劳动关系。对此，二审法院认为无论是派出单位还是劳动者均未作出过解除劳动关系的意思表示，即便认定派出单位与劳动者存在劳动关系，亦不能作出双方协商一致解除的结论。诚然，根据本案的情况，劳动者系与接收单位存在劳动关系，该单位将劳动者退回派出单位，这种退回的意思表示明确，且其单位停发劳动者工资、停缴其社会保险费的行为具有不与劳动者继续履行劳动关系的性质，故可将接收单位退回劳动者的行为视为接收单位解除与劳动者劳动关系的意思表示。

从本案的处理来看，对于涉及委派用工的劳动关系认定，首先应明确劳动者劳动关系归属，在此基础上审查用人单位和劳动者是否作出解除劳动关系的意思表示，这里的意思表示不应仅限于明确表示解除劳动关系，基于委派而衍生出的退回等行为亦应予以综合考虑。

综上，有关联关系的用人单位采取委派劳动者的用工方式，劳动关系的确认应综合考虑各方约定、劳动者被委派时的实际情况和被委派后的工作情况，即从委派形式、工资发放、工作内容等方面进行综合判断，并在明确劳动关系的基础上，综合判断用人单位或劳动者是否有解除劳动关系的意思表示。

（北京市第二中级人民法院　管元梓）

# 19. 快递业劳动关系的认定

## 争议焦点

未签订书面劳动合同，双方的关系是否可以确定为劳动关系，如确认为劳动关系，劳动者使用自己的交通工具通过公司客服或自行联系到寄件人处取件，并按件获取利润，劳动关系是否仍然存在。

## 基本案情

**原告：兴隆某速递有限公司**

**被告：李某某**

2017年5月20日左右，李某某到兴隆某速递有限公司（以下简称某速递公司）从事快递工作，双方未签订书面劳动合同。2017年7月14日，李某某将龙祥源小区物业快递工作交接给郑某某，此后离开某速递公司。2019年5月李某某向兴隆县劳动人事争议仲裁委员会申请确认与某速递公司存在劳动关系。2019年7月9日仲裁委员会裁决双方存在劳动关系，并于2019年7月17日向双方送达裁决书。某速递公司对裁决书不服，认为依据《劳动争议调解仲裁法》第二条、第二十七条等规定，李某某申请确认劳动关系已超时效，不应进行确认，且裁决也未明确存在劳动关系的时间段，故提起诉讼。

李某某辩称：其于2017年5月下旬到某速递公司处上班，2017年7月14日前负责送快件工作，2017年7月14日后负责取件工作，直至2017年7月30日取件受伤一直在某速递公司处工作，并未与某速递公司解除劳动关系。仲裁裁决双方之间存在劳动关系正确。

## 审理结果

法院经审理认定如下：被告李某某于2017年5月20日到原告兴隆某速递有限公司处从事快递送件工作，双方未签订书面劳动合同。2017年7月14日，案外人郑某某接替被告的送件工作，此后被告开始使用自己的交通工具通过原告公司客服或自行联系到寄件人处取件，并按件获取20%的利润。2017年7月30日，被告在取件途中发生交通事故。

判决：原告兴隆某速递有限公司与被告李某某之间自2017年5月20日至7月14日期间存在劳动关系，2017年7月15日以后不存在劳动关系。

## 评析意见

在我国两项基本的劳动立法《劳动法》及《劳动合同法》中都未见关于劳动关系的明确定义，仅在相关部委的通知文件中作出了规定。在我国当前司法实践中，在双方未签订书面劳动合同的情况下，评判劳动关系是否成立的标准来自《劳动和社会保障部关于确立劳动关系有关事项的通知》所确立的认定劳动关系三要件：第一，用人单位和劳动者是否符合法律、法规规定的主体资格；第二，用人单位依法制定的各项劳动规章制度是否适用于劳动者，劳动者是否受用人单位的劳动管理，是否从事用人单位安排的有报酬的劳动；第三，劳动者提供的劳动是否是用人单位业务的组成部分。《上海市高级人民法院民一庭关于审理劳动争议案件若干问题的解答》中作出了较为详细的规定，即用人单位与劳动者（不论是否具有本市户籍）虽未签订书面劳动合同，但具有下列情形时，可认为双方之间形成劳动关系：（1）用人单位向劳动者支付劳动报酬；（2）劳动者付出劳动是用人单位业务的组成部分或劳动者实际接受用人单位的管理、约束；（3）用人单位向劳动者发放“工作证”或“服务证”等身份证件或填写“登记表”“报名表”，允许劳动者以用人单位员工名义工作或不为反对意见的。不接受用人单位管理、约束、支配，以自己的技能、设施、知识承担经营风险，基本不用听从单位有关工作指令，与用人单位没有身份隶属关系的，不是用人单位的劳动者，人民法院可根据双方关系的实际状况来确定双方的法律关系。通过比较以上规定可以看出，我国劳动关系认定标准过于原则化。上海市高级人民法院在解答中结合了劳动法学界常说的“控制标准论”以及“组织标准论”来判定双方是否存在劳动关系，确定了认定劳动关系的三项要素，但三项列明的要素过于形式化，在实践中进行劳动关系认定时仍要依赖法官的自由裁量权。本案中，李某某自2017年7月15日起已经不在某速递公司从事快递送达工作，其所称的取件行为系使用自己的交通工具，通过自行联络或某速递公司客服告知到寄件人处取件，并从中赚取差价。上述行为不属于某速递公司安排给员工的工作范畴，且李某某自行安排取件工作，不受某速递公司的约束和管理，不具备确立劳动关系的情形，故李某某与某速递公司之间于2017年7月15日后不应再认定存在劳动关系。某速递公司要求确认双方不存在劳动关系的诉讼请求，在本案中据实予以确认。

随着电子商务物流业的快速发展，我国快递行业采取转包、分包、承包、承揽等多种业务形式，有些大型快递公司故意或者纵容行业中的各种经营模式，使得快递公司与快递员之间的法律关系不明确，双方纠纷频发。在快递业成为市场经济的重要组成部分，从业人员的数量越来越庞大，互联网的介入使行业形态复杂化之际，一方面强调经济发展应当注重灵活用工，寻求多元化的应对策略，不能脱离法律规定和客观实际情况将劳动关系泛化，加重企业负担；另一方面也应明晰劳动关系认定标准及法律依据，依法保护快递员群体的劳动权益，这是构建和谐社会的应有之义，也是当前劳动法律应该关注和回应的问题。

在电子商务物流业下产生了新型的用工方式即“网约工”，在“网约工”劳动争议案件的审理中，法官认定劳动关系皆以《劳动和社会保障部关于确立劳动关系有关事项的通知》为依据，尽管多认为其所规定的认定标准滞后于劳动用工灵活化的现状，但对其应否适用于“网约工”劳动争议则无疑问。各地法院的判决依据都是该文件，但得出的判决结果却截然不同。原因主要为各地法院对于该文件中劳动关系认定要件二的理解不同，即劳动者是否服从用人单位的劳动管理，从事用人单位安排的有报酬的劳动。认定双方不存在劳动关系的法院认为由工作时间、工作地点、工作内容以及薪酬发放的灵活性可以得出快递员不受快递公司管理的结论；而认定双方存在劳动关系的法院则认为公司对快递员进行培训，对工作标准提出要求，向快递员发放工牌并要求佩戴工牌进行服务的行为能够说明快递公司对快递员的服务过程进行管理，而快递这份工作也是快递员主要的生活来源，其获取的薪酬可视为劳动报酬。由此可见，关于这一新型的劳动模式能否被认定为劳动关系，各地法院并未形成一致意见，且由于以上文件的规定过于原则性，导致无法统一认定标准。

（河北省承德市兴隆县人民法院　孙丽）

# 20. 新经济模式下的劳动关系认定

## 争议焦点

互联网背景下涉及外卖送餐员、代驾司机、网约车司机及网络主播等新型行业的劳动关系无法认定时，劳动者合法权益如何保护。

## 基本案情

**上诉人（原告）：邱某**

**被上诉人（被告）：天津某信息技术有限公司**

邱某称其于2018年9月6日入职天津某信息技术有限公司（以下简称信息公司）处，担任送餐骑手，2019年9月22日离职；工作初期邱某租用信息公司的电动车，后自行购买电动车用于送餐。邱某每月报酬不固定，以银行转账形式发放；每天工作满8小时送满15单且连续工作28天以上有基本工资1800元（含全勤奖），另加好评奖励，其他收入按照单量计算，500单以内3元/单，500单以上4元/单，夜宵单9元/单。工作期间双方未签订书面劳动合同，考勤记录方式为美团骑手App签到；订单由系统自行派单，每天可以转单3次，手机App可以自行上线下线，但实际上下线时间并不自由。

信息公司称该单位成立时间为2018年10月31日，自2018年11月1日开始与邱某建立法律关系；双方签订了合作协议，协议中对双方合作内容及送餐服务费的结算进行了明确约定，邱某自备工具在信息公司合作的平台接单，并按照平台的要求及标准进行配送服务；信息公司按照订单数量及完成情况给邱某结算服务费，包含冲单奖励、全勤奖励、好评奖励等，没有底薪，服务费按月发放；美团骑手App由邱某自行扫码注册，上线、下线、接单及转单等操作均由邱某在App上完成，其每日可以自行操作转单3次，特殊情况由人工处理；邱某的工作时间和工作地点并不固定，可以自行选择在早中晚三个高峰计时时段送餐。

合作协议显示，甲方为信息公司，乙方为邱某。双方约定乙方根据甲方合作平台发布的有偿任务提供送餐服务，乙方应当按照甲方合作平台关于订单配送的流程和结果标准开展送餐服务。乙方自行准备劳动工具，电动车、摩托车、配送箱、头盔、服装自行购买，其所有权属于乙方所有。乙方接取外卖配送订单并完成外卖送单任务的数量为结算服务费依据。乙方使用App软件接单，自行安排时间，自行决定是否接单，也可以选择拒绝接单。乙方接单并完成派送任务后，根据实际完成外卖派送订单数量计算服务费。邱某提供的银行转账明细中备注为信息公司转账的信息未标明是工资。信息公司对于邱某提交的微信记录、工资表的真实性不予认可，工资表中无法显示用人单位为信息公司。

2019年9月30日，邱某以信息公司为被申请人向天津市南开区劳动人事争议仲裁委员会申请仲裁，请求仲裁机构确认劳动关系。2019年11月30日，仲裁委员会裁决驳回申请人的申请请求。

邱某起诉请求确认其与信息公司存在劳动关系，并要求该公司支付休息日加班费及法定节假日加班费。

信息公司辩称，不同意邱某的诉讼请求。双方之间不存在劳动关系，认可劳动争议仲裁委员会认定的事实和结果。邱某基于劳动关系主张的相关待遇，依法应予驳回。

## 审理结果

一审法院认为，信息公司的成立时间为2018年10月31日，邱某主张在此之前与该公司存在劳动关系无事实和法律依据。双方当事人签订的是合作协议，而非劳动合同，双方并没有达成建立劳动关系的合意，判决驳回原告邱某的诉讼请求。邱某不服提起上诉。

二审法院认为，双方当事人签有合作协议，结合该协议约定内容，以及双方实际合作模式，认定上诉人邱某与被上诉人天津某信息技术有限公司之间不具备劳动合同法律关系所必需的从属性特点，劳动者和用工单位之间无人身依附性，故上诉人邱某的上诉主张理由和依据不足，不应予以支持。综上所述，邱某的上诉请求不能成立，应予驳回；一审判决认定事实清楚，适用法律正确，应予维持。依照《中华人民共和国民事诉讼法》第一百六十九条第一款、第一百七十条第一款第一项规定，判决驳回上诉，维持原判。

## 评析意见

在新的时代背景下，随着“互联网+”新经济的发展，劳动力和生产资料结合方式呈现多样化的态势，并基于此衍生出许多新行业和新职业。近年来，新兴行业从业人员数量不断上涨，各主体之间纠纷也日益增多，其中劳动关系的认定日益成为审判领域的一个疑难问题。

在互联网蓬勃发展的今天，尚无明确法律规定确定新经济模式下的劳动关系认定。目前，司法实践中认定劳动关系的最主要依据是《劳动和社会保障部关于确立劳动关系有关事项的通知》所确定劳动关系的特征，归纳起来为有偿性、组织性、从属性三个特性。有偿性是指用人单位支付劳动报酬；组织性是指从事用人单位安排的工作，在这个过程中劳动者提供的劳动力与用人单位的生产资料相结合，劳动者提供的劳动是用人单位业务的组成部分；从属性，又称依附性，是劳动关系的核心特征，是劳动关系有别于承揽关系、劳务关系的最显著特点。劳动者对用人单位有极强的人身依附性与从属性，主要表现就是劳动者必须遵守用人单位的规章制度和劳动管理，这种明显的人身依附性特征也贯穿于整个劳动法律法规体系中。因此在确定劳动关系的司法实践中，要紧扣从属性特征，结合有偿性及组织性两个特点，综合判断劳动关系构成与否的问题。

基于互联网提供劳务的行为虽然有所变化，但是劳动关系的本质没有发生变化，仍可依据劳动关系中的从属性理论并结合有偿性和组织性进行判断。本案中，结合双方当事人签订的合作协议，双方当事人之间虽然符合劳动关系中的有偿性和组织性特点，但是二者之间不具备劳动者对用人单位的明显人身依附性特征。邱某对于接单与否具有自主选择权，在提供对象、劳动时间方面均享受完全的独立性，而信息公司对邱某的劳务行为亦未实施充分的控制管理，不符合劳动关系的核心特征。因此，双方当事人之间不成立劳动关系。

（天津市第一中级人民法院　郭军伟）

# 21. 关联公司之间是否可以连续计算经济补偿金和加班工资

## 争议焦点

1. 关联公司的认定；
2. 计算经济补偿金时，不同公司工作年限的连续计算；
3. 对关联公司中前一公司的加班工资如何主张。

## 基本案情

**申请人：李某**

**被申请人：北京某公司**

李某自2018年1月至6月在北京某公司分公司工作，2018年7月至2019年12月在河北某公司工作，2020年1月至3月在北京某公司工作。在上述工作期间，李某工作地点、工作岗位均未改变。李某称，上述北京某公司分公司、河北某公司和北京某公司是关联公司，北京某公司是天津某公司的项目公司，并提交了上述企业信息公示报告、住房公积金个人查询单、工作业务联系单，其中，企业信息公示报告记载河北某公司和北京某公司分公司股东均有天津某公司，住房公积金个人查询单记载河北某公司为李某缴纳2020年1月公积金，工作业务联系单记载2018年7月至2020年4月相关工作内容，有李某的签字和河北某公司某项目部的公章。北京某公司对上述证据均不认可。李某在2020年1月之前离职时均办理了离职手续，离职原因均是个人原因。2020年3月31日，北京某公司无理由辞退李某。工作期间，李某每月休息4天。李某申请仲裁，主张北京某公司支付其2018年1月至2020年3月休息日加班工资和违法解除劳动关系赔偿金。庭审中，北京某公司对李某的主张不予认可，称其公司与李某的劳动关系存续期间是2020年1月至3月，李某之前的仲裁请求与其公司无关，其公司不同意支付。双方就劳动关系时间是否连续计算及加班工资的计算存在极大争议。

## 审理结果

裁决驳回李某主张入职北京某公司之前的仲裁请求。

## 评析意见

**（一）焦点一：北京某公司分公司、河北某公司和北京某公司是否是关联公司**

针对该问题，有两种观点。一种观点认为北京某公司分公司、河北某公司和北京某公司不是关联公司。理由如下：第一，依据法律规定，关联企业的认定应当具备在资金、经营、购销等方面存在直接或者间接的控制关系、直接或者间接地同为第三者控制、在利益上具有相关联的其他关系。本案中，李某提交的企业信息公示报告记载北京某公司和北京某公司分公司股东均有天津某公司，但北京某公司的负责人只有一人，虽然住房公积金个人查询单记载河北某公司为李某缴纳公积金，工作业务联系单记载2020年1月之后相关工作内容有河北某公司某项目部的公章，但上述证据不足以证明上述企业是关联企业。第二，李某在离职时均填写了离职申请，离职理由均是个人原因。综上所述，北京某公司分公司、河北某公司和北京某公司不是关联企业。

另一种观点认为北京某公司分公司、河北某公司和北京某公司是关联企业。理由如下：第一，从工作方面来说，李某的工作内容和工作地点未改变。第二，从北京某公司分公司、河北某公司和北京某公司人员用工方面来说，李某提交的工作联系单记载2018年7月至2020年4月相关工作内容，有李某的签字和河北某公司某项目部的公章；而李某与河北某公司已于2019年12月解除劳动关系，河北某公司为李某缴纳了2020年1月公积金。因此，结合以上事实，北京某公司分公司、河北某公司和北京某公司是关联企业。

笔者更倾向于第二种观点：首先，关联企业是指与其他企业之间存在直接或间接控制关系或重大影响关系的企业。从法律规定方面来说，北京某公司分公司和河北某公司均有股东天津某公司。北京某公司又是天津某公司的项目公司。其次，从事实方面来讲，李某的工作场所、工作内容均未改变，且李某在 2020 年 1 月之后的工作联系单上还有河北某公司某项目部的公章。最后，北京某公司的负责人同时在天津某公司任职。综上，笔者倾向于认定北京某公司分公司、河北某公司和北京某公司是关联企业。

**（二）焦点二：计算经济补偿金时，李某入职北京某公司之前的工作年限是否能够与其在北京某公司的工作年限连续计算**

《中华人民共和国劳动合同法实施条例》[①] 第十条规定："劳动者非因本人原因从原用人单位被安排到新用人单位工作的，劳动者在原用人单位的工作年限合并计算为新用人单位的工作年限。原用人单位已经向劳动者支付经济补偿的，新用人单位在依法解除、终止劳动合同计算支付经济补偿的工作年限时，不再计算劳动者在原用人单位的工作年限。"《最高人民法院关于审理劳动争议案件适用法律若干问题的解释（四）》第五条第二款规定："用人单位符合下列情形之一的，应当认定属于'劳动者非因本人原因从原用人单位被安排到新用人单位工作'：（一）劳动者仍在原工作场所、工作岗位工作，劳动合同主体由原用人单位变更为新的用人单位；（二）用人单位以组织委派或任命形式对劳动者进行工作调动；（三）因用人单位合并、分立等原因导致劳动者工作调动；（四）用人单位及其关联企业与劳动者轮流订立劳动合同；（五）其他合理情形。"根据以上规定可知，工作年限连续计算的条件是：第一，劳动者非因本人原因被安排到新用人单位工作。第二，劳动者在与原用人单位解除劳动关系时未获得解除劳动关系经济补偿。本案中，第一，李某的工作岗位、工作场所均未改变，且其任职期间的用人单位是关联企业，李某与各用人单位之间的情形符合劳动者非因本人原因从原用人单位被安排到新用人单位工作情形；第二，该案件的特殊性在于李某在 2020 年 1 月之前离职时均办理了离职手续，离职原因均是个人原因。依据法律规定，因个人原因离职，用人单位无须支付解除劳动关系经济补偿金。笔者认为无须支付经济补偿金与已经支付经济补偿金具有同等效力。因此，在计算解除劳动关系经济补偿金时，李某在入职北京某公司之前的工作年限不能与其在北京某公司的工作年限连续计算。

① 本书后文简称《劳动合同法实施条例》。

### （三）焦点三：李某是否能够主张北京某公司支付其入职该公司之前的加班工资

本案中，李某要求北京某公司支付2020年1月至3月加班工资是没有争议的，针对北京某公司是否应当支付2018年1月至2019年12月加班工资双方存在很大争议。笔者认可北京某公司不支付李某2020年1月之前的加班工资。理由如下：第一，加班工资是指劳动者按照用人单位生产和工作的需要在规定工作时间之外继续生产劳动或者工作所获得的劳动报酬。用人单位支付劳动者加班工资的前提是双方存在劳动关系。2020年1月之前，北京某公司与李某不存在劳动关系，北京某公司无须支付李某上述期间的加班工资。第二，参照相关规定，有关联关系的用人单位交叉轮换使用劳动者，根据现有证据难以查明劳动者实际工作状况的，参照以下原则处理：（1）订立劳动合同的，按劳动合同确认劳动关系；（2）未订立劳动合同的，可以根据审判需要将有关联关系的用人单位列为当事人，以有关联关系的用人单位发放工资、缴纳社会保险、工作地点、工作内容，作为判断存在劳动关系的因素；（3）在有关联关系的用人单位交叉轮换使用劳动者，工作内容交叉重叠的情况下，对劳动者涉及给付内容的主张，可根据劳动者的主张，由一家用人单位承担责任，或由多家用人单位承担连带责任。根据以上规定，劳动者在有关联关系的用人单位之间轮换使用，其主张权利的首要因素是双方签订的劳动合同。本案中，李某与北京某公司分公司、河北某公司和北京某公司均签订了劳动合同，双方的劳动关系是明确的，其应向劳动关系主体主张权利。综上，北京某公司无须支付李某入职该公司之前的加班工资。

通过本案，笔者认为，劳动者在此类用工过程中，在入职后应当及时了解公司情况并留存相关资料，在劳动关系解除时应当及时维护自己的合法权益；用人单位应当严格依法履行自己的义务，明晰劳动者的劳动关系，签订劳动合同，不能混同用工；仲裁工作者在处理此类案件过程中，应当了解清楚用人单位之间的关系，从劳动者工作情况以及用人单位的资金、经营、购销等方面全面把握劳动者和用人单位的情况，从而准确把握案件脉络，依法维护双方当事人的权益。

（北京市密云区劳动人事争议仲裁院　孙畅）

# 22. 法定代表人与公司劳动纠纷案评析

## 争议焦点

公司法定代表人与公司之间是否存在劳动关系。

## 基本案情

**上诉人（原告）：贾某**

**被上诉人（被告）：B企业管理有限公司**

贾某是北京市A经贸公司（以下简称A公司）的控股股东和法定代表人。2009年，A公司作为唯一股东设立了B企业管理有限公司（以下简称B公司），并持有B公司100%股权直至新股东于2018年1月加入。

2012年4月到2018年5月，贾某任B公司的法定代表人，职务是执行董事。之后法定代表人变更为贾某的丈夫李某，职务为经理，贾某转任董事长。2018年10月，B公司董事会免去贾某的董事长职务。

贾某自述自2009年B公司成立起就从该公司定期获取报酬。此外，B公司为贾某缴纳了2017年11月至2019年6月的社会保险费。

贾某于2018年11月26日以B公司拖欠工资和补贴为由，向北京市朝阳区劳动人事争议仲裁委员会申请仲裁。请求：(1) B公司补发其2018年6月1日至10月31日的工资；(2) B公司支付其2017年11月到2018年11月未签订书面劳动合同期间的二倍工资60万元；(3) B公司向其支付双方于2018年11月解除劳动关系的经济补偿金。仲裁委员会未作出裁决，贾某向法院起诉。

## 审理结果

一审法院结合贾某的诉讼请求对此案进行了裁判。

关于未签书面劳动合同的二倍工资的请求，一审法院认为，贾某曾担任B公司的法定代表人、执行董事及董事长等职务，负责公司财务及人事工作，因此，签订劳动合同工作属贾某的职责范围，未签订劳动合同并非B公司的过错，故贾某要求B公司支付未签订劳动合同二倍工资无法律依据，一审法院不予支持。

关于补发工资的请求，一审法院认为，贾某的工资一直由贾某及其丈夫即B公司现任法定代表人李某共同决定，公司的实际经营和财务均由贾某掌握，且贾某未就其在此期间向B公司提供了劳动进行举证，故一审法院未支持贾某关于补发工资的请求。

关于解除合同经济补偿金的请求，一审法院认为，由于B公司不存在拖欠工资、补贴的情况，且贾某系以B公司拖欠工资、补贴为由提起仲裁，主张支付解除劳动关系的经济补偿金无法律依据，不予支持。

二审法院认为，此案争议的焦点是贾某与B公司是否存在劳动关系。贾某与B公司之间的关系更为突出地表现为投资关系和控制关系，即便此期间贾某在B公司工作，其工作的目的也是为提升公司收益，继而提升其间接持有的公司股权的价值，这与劳动关系中普通劳动者与用人单位之间因受聘所体现的以追求劳动报酬为目的，以劳动力和劳动报酬的自愿交换为核心的身份隶属关系和管理关系存在明显区别。故二审法院未支持贾某提出其与B公司存在劳动关系的主张。

关于补发工资的请求，二审法院认为B公司虽曾向贾某支付相应款项，但贾某对B公司享有控制权，与用人单位根据劳动者提供的劳动发放工资的情况有所不同。贾某主张B公司补发的工资，应属公司控股股东决定公司董事、监事报酬的情况。故二审法院未支持贾某关于补发工资的请求。

关于解除合同经济补偿金的请求，二审法院认为贾某与B公司之间不成立劳动关系，因此不存在解除劳动关系，故未支持贾某关于解除劳动关系经济补偿金的请求。

关于未签订书面劳动合同的二倍工资的请求，贾某未提起上诉。

## 评析意见

本案一审法院没有直接对双方是否构成劳动关系进行明确认定，而是直接围绕贾某提出的诉讼请求进行裁判，但从裁判理由上看是以双方之间存在劳动关系为前提，只是由于贾某身份特殊（担任法定代表人、执行董事、董事长），承担了特殊的工作职责，包括签订书面劳动合同和发放工资，即便存在瑕疵也应当自行承担相应的后果，不能以自身的过失而要求B公司承担责任。

而二审法院明确指出，本案的争议焦点是贾某和B公司之间是否存在劳动关系，并最终得出双方之间不存在劳动关系的结论。由于不存在劳动关系，贾某依据劳动关系相关法律规定提出的主张均不予支持。

虽然一审和二审审理结果相同，但裁判理由不尽相同，甚至在法律关系认定上存在一定分歧。法律关系的认定（是否存在劳动关系）是分析、审理案件的前提，这将影响案件审理程序和适用法律范围。劳动关系作为劳动法立法的规范对象，如何认定是否存在劳动关系至关重要，这也是个永恒的话题。

目前我国认定劳动关系的主要依据为《劳动和社会保障部关于确立劳动关系有关事项的通知》，其中第一条规定："用人单位招用劳动者未订立书面劳动合同，但同时具备下列情形的，劳动关系成立。（一）用人单位和劳动者符合法律、法规规定的主体资格；（二）用人单位依法制定的各项劳动规章制度适用于劳动者，劳动者受用人单位的劳动管理，从事用人单位安排的有报酬的劳动；（三）劳动者提供的劳动是用人单位业务的组成部分。"

根据上述规定，我们理解，认定劳动关系需要同时具备"主体资格""存在管理与被管理关系"和"通过劳动获得报酬"几个要素，而"存在管理与被管理关系"直接体现了劳动关系的从属性特征，是认定是否存在劳动关系的核心。

**（一）主体资格**

在法律关系中，一方属于《劳动合同法》第二条、《劳动合同法实施条例》第三条规定的组织，另一方是满足就业年龄条件的自然人，就可认为双方符合建立劳动关系的主体资格。实践中涉及确认劳动关系的复杂案件时，当事人一般均符合主体资格条件，故需要通过是否符合从属性特征来认定是否存在劳动关系。

很多专家提出劳动者应当分层保护，是因为具备劳动者主体资格条件的高管与单位之间的法律关系不具备从属性特征，故不应纳入劳动关系调整范围。如果高管事实上处于控制和指挥他人的地位，而不受公司其他高管的控制或指挥，则应排除其劳动者身份。[1] 本案就是如此。

**（二）通过劳动获取报酬**

确认劳动关系的案件中，一般都存在组织向自然人支付报酬的特点。本要素核心在于自然人所取得的报酬是“通过劳动”而获得的。

本案中，双方均认可B公司曾向贾某支付过款项，但不能就此认定双方就存在劳动关系。二审法院注意到，B公司向贾某发放款项期间贾某对B公司享有控制权，并且在此期间款项的支付系由贾某本人及其丈夫共同决定的；而在贾某丧失对B公司控制权后B公司则未再向贾某支付相关款项。这与劳动者“通过劳动”获得的劳动报酬有所不同。因此，二审法院认定B公司向贾某发放款项本质上系属于公司股东决定公司董事报酬的情况，既有权决定发放也有权决定不发放，不属于用人单位应当依据劳动法向劳动者支付劳动报酬。

**（三）存在管理与被管理关系**

劳动关系区别于其他法律关系的本质属性是从属性。从属性体现的是一种管理与被管理、控制与被控制、支配与被支配、命令与服从关系。从大陆法系国家来看，虽然不同国家对从属性的具体判断标准稍有不同，各有侧重，但基于劳动者立场，人格从属、经济从属与组织从属这三方面基本一致。从英美法系国家来看，基于雇主立场，“控制性”成为普遍认同的标准。大陆法系国家坚持的“从属性”是从劳动者角度观察的被动认知结果，英美法系国家坚持的“控制性”标准则是基于雇主角度观察的主动认知结果。两者在判断劳动关系上应无本质区别。

1. 人格从属性

人格从属性是指负有劳务给付义务一方基于明示、默示或依劳动之本质，在相当期间内，对自己之习作时间不能自行支配。[2] 可见，人格从属性是劳动者对自己的人身自由所做的一种让步，同时劳务给付的具体内容并不是由劳动者自己决定的，而是要听从单位的安排，遵守单位的规章制度和劳动管理。

本案中，贾某是公司创始人，并且一直和其丈夫实际控制和管理公司的人财物，因此其本人和B公司之间不存在劳动法上的人身隶属关系，不符合建立劳动

① 谢增毅. 劳动关系的内涵及雇员和雇主身份之认定［J］. 比较法研究，2009（06）：74-83.

② 黄越钦. 劳动法新论［M］. 北京：中国政法大学出版社，2003.

关系的基本前提。法定代表人和大部分高级管理人员在很大程度上都能自主决定自己的时间，并对其他员工进行管理，其与公司之间的人格从属性特点较弱。

2. 经济从属性

经济从属性是指受雇人完全被纳入雇主经济组织与生产结构之内，重点在于受雇人不是为自己的营业而劳动，而是为达到他人的目的而劳动，受雇人既不是用自己的生产工具从事劳动，对自己从事的工作也不能用指挥性、创造性、计划性的方法加以影响。①

本案中，二审法院认为，贾某在B公司工作，其工作的目的不仅是为了获得报酬，而是为提升公司收益，继而提升其间接持有的公司股权的价值，这与劳动关系中普通劳动者与用人单位之间因受聘所体现的以追求劳动报酬为目的的情况大为不同。由此可见，贾某与B公司之间不具备经济从属性的特点，而公司法定代表人和一些具有股东身份的董事、高级管理人员从公司处获得劳动报酬的目的亦是如此，在判断是否存在劳动关系时应当区别处理。

3. 组织从属性

无论是人格从属性还是经济从属性都表现为劳动者对于用人单位组织上的依赖，服从工作指示与规则、接受检查和监督均体现在用人单位对于其组织实施控制的基础之上。

本案中，贾某不受B公司其他高管的控制或指挥。从贾某二审阶段所提供的证据可以看出，贾某作为股东代表和增资协议签约一方，依据董事身份，与新股东的代表进行的股东层面的沟通、交涉、争论，完全不是用人单位对劳动者的管理行为。新股东入股后，所有公章印鉴仍然全由其掌握，其仍然是掌握公司经营大权的决策人员，而不受其他人员管理。由此可见，贾某与B公司间并不具备劳动关系从属性特点。实践中，法定代表人对外代表公司从事民事活动，对内一般不受任何人的工作安排，仅遵守公司股东会、董事会决议，受公司股东会、董事会和监事会的监督和管理，其中的权利义务关系由公司法进行调整即可。

从目前的案例来看，涉及股东或法定代表人的劳动争议案件并不多，除本案外，在（2019）辽0112民初13903号刘某与沈阳某商贸公司劳动争议一案中有所体现。与本案相似，法院认为，劳动关系的本质特征是具有人身依附属性。刘

① 黄越钦．劳动法新论［M］．北京：中国政法大学出版社，2003.

某是某商贸公司持股比例最高的股东，之前甚至担任该商贸公司的法定代表人。刘某所承担的工作只是按照法律的规定行使股东权利，承担股东义务，无证据显示刘某接受公司任何人的管理或指派工作任务。刘某自发为公司提供劳动，公司被动接受，其目的并不是获取劳动报酬，而是推动公司发展。因此法院认为双方不存在管理与被管理的关系，仅仅依靠缴纳一段时期的社会保险费不能认定双方存在劳动关系。可见，股东或法定代表人参与公司经营管理，如果无法体现劳动关系中从属性的特点，则无法被认定为存在劳动关系。

（北京市天元律师事务所　郭威　任家桔）

# 23. 对劳动关系判断依据的思考

## 争议焦点

1. 劳动关系的成立仅以订立劳动合同为准，还是以劳动合同是否实际履行为准；

2. 基于法定或约定，劳动者在原单位的工作年限合并到新用人单位的，劳动者在原单位任职时的劳动关系能否转移至新用人单位。

## 基本案情

**申请人：单某**

**被申请人：B公司**

**第三人：A公司**

2017年4月27日，单某与A公司签订劳动合同，期限3年，岗位为罐车司机。2018年1月单某任职的混凝土搅拌站经营主体由A公司变更为B公司，A公司、B公司为同一股东控制的下属公司。2018年1月30日，单某填写个人工作调动申请书，申请将原在A公司的劳动关系转入B公司。同日，单某、A公司和B公司三方签订劳动合同补充协议，主文为："鉴于A公司与单某于2017年4月27日签订了固定期限劳动合同书（以下简称原劳动合同书），原劳动合同书约定的劳动合同期限为3年。A公司、B公司同为某公司所投资的企业，A公司、B公司与单某三方经协商一致，对于原劳动合同书相关事项变更如下。（一）自本补充协议生效之日起，单某自愿进入B公司工作，服从B公司的岗位安排。（二）除本补充协议变更的内容外，原劳动合同书的其他内容不变，用人单位的合同权利义务由B公司享有和承担，单某和B公司继续履行原劳动合同书至合同期限届满。（三）自本补充协议生效之日起，劳动关系中涉及的用人单位法律责任由B公司承担，如果发生终止或解除劳动关系经济补偿责任由B公司承担，且单某在A公司工作期间的工龄与在B公司工作期间的工龄应连续计算。(四) 本补充协议自三方签字或盖章之日起生效。未尽事宜，由三方协商另行确定。”同时，单某与B公司签订劳动合同，期限为2017年4月27日至2020年4月19日，并注明签订日期为2017年4月27日。此后，单某在原地点、原岗位继续任职，工资由B公司通过银行转账形式发放，当月26日至次月25日为一个工资核算月。单某与B公司签订的劳动合同中约定，“工资支付日一般为每月31日，发放上一个核算月的工资”；同时约定，“B公司因暂时经济周转困难或不可抗力，不能按照前款规定的时间支付工资的，可以告知单某后进行适当的延付”“若单某对B公司给其实际发放的劳动报酬有任何异议，应在收到B公司劳动报酬之日(即现金签收日或银行汇款到账日) 起3日内提出，否则视为无异议”。

2019年8月22日，单某以B公司作为被申请人申请劳动仲裁，要求：(1) 支付自2019年6月26日至8月21日拖欠工资11 879.3元；(2) 支付2017年5月3日至2019年8月21日期间解除劳动关系经济补偿金16 250元；(3) 支付2017年5月11日至2019年8月21日期间休息日加班费69 333元；(4) 确认2017年4月27日至2019年8月21日与B公司存在劳动关系。

B公司辩称：已支付2019年6月26日至7月25日工资；2019年7月26日至8月21日的工资因单某与其他单位同时存在劳动关系，被公司扣发，并通知其本人，其未提出异议视为认可；单某于2019年8月20日提交辞职申请表，载明因个人原因辞职，并办理了离职手续，无须支付补偿；平时支付给单某的工资中包含加班费，单某在领取工资后3日内未提出质疑，视为认可支付的加班费用；认可2018年1月30日至2019年8月20日期间与单某存在劳动关系。

庭审中，A公司认可2017年4月27日至2018年1月29日期间与单某存在劳动关系，称在与单某解除劳动合同时未支付经济补偿金。单某认为，与B公司的劳动合同生效日期为2017年4月27日，自此建立劳动关系，即使2018年1月30日建立劳动关系，依据劳动合同补充协议第二条“用人单位的合同权利义务由B公司享有和承担”的约定，单某在A公司工作期间的劳动关系归属、休息日加班费、年休假工资都应向B公司主张。B公司辩称，劳动合同生效日期往前推至2017年4月27日，是为了承接单某在A公司的工作年限，劳动关系的认定应以实际情况为准，劳动合同补充协议已明确约定生效日期为签字盖章之日，即2018

年1月30日，此后用人单位的合同权利、义务和责任才由B公司享有和承担。

单某提交“被迫解除劳动关系通知书”、邮件回执，证明因B公司拖欠2019年6月26日之后工资未发，于2019年8月21日口头辞职，并于次日邮寄“被迫解除劳动关系通知书”。B公司申请庭后核实是否收到“被迫解除劳动关系通知书”，但未在指定时间进行回复；B公司提交员工辞职申请表复印件，证明2019年8月20日单某因家中有事辞职，单某不认可该证据真实性。单某否认收到2019年6月26日至2019年7月25日工资，认可收到扣罚通知，不认可证明目的，否认与其他公司存在劳动关系。

单某主张每天工作超过8小时，周六日不休息，未安排调休也未支付加班费，单某未就此举证。B公司主张工资中已包含加班费，单某未提出质疑即为认可，同时提交2018年1月至2019年7月工资表。单某认可工资表中应发工资及实发工资项，称加班工资实际是岗位工资，数额是固定的，认为劳动合同中关于工资申诉的规定与法律相悖。

## 审理结果

仲裁委员会经审理后认为，尽管单某与B公司劳动合同起始时间为2017年4月27日，但有单某签字的个人工作调动申请书和劳动合同补充协议均显示，2017年4月27日至2018年1月29日期间单某与A公司签有劳动合同，单某为A公司提供劳动，双方之间存在劳动关系，A公司亦认可上述事实，结合劳动合同补充协议关于工龄连续计算的约定，仲裁委员会采纳B公司关于劳动合同生效日期约定为2017年4月27日是为工作年限连续计算的解释，认定单某2017年4月27日至2018年1月29日期间与A公司存在劳动关系、2018年1月30日起与B公司建立劳动关系。仲裁委员会认为劳动合同中关于劳动者对工资数额异议提出申诉的期限约定与劳动法律法规相违背，约定无效。单某不认可工资表实发工资及应发工资外的其余项，但未提交相反证据，仲裁委员会采纳工资表。工资表列有加班工资项，但数额相对固定，单某未能证明B公司存在欠付加班工资的事实，其要求支付2018年1月30日至2019年8月21日期间休息日加班工资，证据不足，仲裁委员会不予支持。

B公司未出示员工辞职申请表原件，无法核实复印件的真实性，故不采纳B

公司提出的单某因个人原因辞职的主张。对于是否收到单某的被迫解除劳动关系通知书，B 公司未在指定时间作出回复，应承担不利后果，视为其承认收到。B 公司未能证明已支付单某 2019 年 6 月 26 日至 2019 年 7 月 25 日工资，违反劳动合同中关于工资发放日期的约定，也未能证明符合延迟发放条件，属于未及时支付劳动报酬，2019 年 8 月 22 日单某因此辞职，B 公司应支付单某经济补偿，单某在 A 公司的工作年限与在 B 公司的工作年限连续计算。单某认可 B 公司在工资表中核算的 2019 年 6 月 26 日至 7 月 25 日工资数额，B 公司应足额支付。2019 年 7 月 26 日至 2019 年 8 月 21 日期间，单某正常提供劳动，B 公司未能证明单某同时与其他单位存在劳动关系，且严重影响本单位工作任务的完成，并造成损失，故据此扣除单某工资的主张，仲裁委员会未予采纳，裁决 B 公司支付单某此期间工资。

裁决：（1）单某与 B 公司于 2018 年 1 月 30 日至 2019 年 8 月 21 日存在劳动关系；（2）B 公司支付单某 2019 年 6 月 26 日至 2019 年 7 月 25 日工资 686.42 元、2019 年 7 月 26 日至 2019 年 8 月 21 日工资 3 185.16 元；（3）B 公司支付单某解除劳动合同经济补偿金 11 345.03 元；（4）驳回单某其他仲裁请求。

## 评析意见

实践中，由于企业管理不规范等问题，存在劳动合同实际未履行而又未办理解除手续的情况。如果在劳动合同履行过程中，劳动者被安排到其他单位工作，与新单位签订劳动合同，与原单位之间的劳资权利义务关系事实终止，或因具体的薪资待遇、工作时间协商不成，办理入职手续并签订劳动合同后，劳动者没有提供劳动。这种情况下，劳动合同主体之间是否存在劳动关系？笔者认为，在法律缺乏明确规定的情况下，对于劳动关系的认定，劳动合同的签订是首先要考查的因素，但不能因此作出必然存在劳动关系的结论，劳动合同的订立只是确定劳动关系最主要的事实，除此之外，还要审查劳动者是否受单位规章制度制约，是否提供劳动，工资待遇由谁发放等其他因素，要综合考虑，仔细甄别。对于证据与客观事实矛盾、形式与实质存在冲突的情况要尤其注意，审判人员可在合理性原则指导下行使自由裁量权。

本案中，2017 年 4 月 27 日至 2018 年 1 月 29 日，单某与 A 公司、B 公司同时签有劳动合同，但考虑到此期间单某仅向A公司提供劳动，受A公司管理，由A公司发放报酬，B公司为了承接单某的工作年限才将劳动合同生效日期往前推，仲裁委员会秉承实质要件优于形式要件的标准，考虑到此期间单某与B公司之间无劳动者与用人单位之间的权利义务关系，因此认定单某与B公司无劳动关系。

至于已履行的劳动关系的归属能否基于法定或约定转移，劳动法律、法规、规章对已履行劳动关系的转移无相关规定。对于劳动合同主体发生变化的特殊情况，《最高人民法院关于审理劳动争议案件适用法律若干问题的解释（四）》（以下简称司法解释四）第五条第一款规定："劳动者非因本人原因从原用人单位被安排到新用人单位工作，原用人单位未支付经济补偿，劳动者依照劳动合同法第三十八条规定与新用人单位解除劳动合同，或者新用人单位向劳动者提出解除、终止劳动合同，在计算支付经济补偿或赔偿金的工作年限时，劳动者请求把在原用人单位的工作年限合并计算为新用人单位工作年限的，人民法院应予支持。"从字面解读，该条款也未提及对于工作年限合并计算的情况下，劳动者在原用人单位劳动关系的归属问题。

从立法本意上讲，劳动者因与用人单位存在人身依附关系，通常处于弱势地位。劳动合同法对经济补偿金等众多事项与标准已有明确规定，但某些单位为了躲避责任，多个关联企业轮番与劳动者签订劳动合同，待最终解除劳动合同，劳动者向原单位主张经济补偿金或赔偿金时，已过时效。司法解释四对此作出明确的规定，是为了保证非本人原因工作调动未从原单位得到补偿的劳动者，不丧失就原单位工作年限获得解除劳动关系补偿或赔偿权利。该规定是在认定劳动者的劳动关系不因工作单位发生变化而转移的前提下，为保障劳动者的权益而做的制度设计，不能因此反推出劳动关系发生转移。综上，劳动关系的归属不能基于法定转移。

至于劳动关系的归属能否约定转移，笔者认为，是否存在劳动关系是事实状态，不能协议转移，协议转移的仅是劳动关系存续期间责任的承担。本案中，单某与A公司、B公司签署劳动合同补充协议，单某基于劳动关系应从A公司获得解除劳动关系经济补偿金的权利转移至B公司，单某在A公司工作期间的劳动关系并不因此转移。

（北京市大兴区劳动人事争议仲裁院　呼小叶）

# 24. 以劳务外包形式掩盖真实劳动关系的法律性质认定

## 争议焦点

谢某某与三融公司之间劳动关系是否成立。

## 基本案情

**申请人（原告）：谢某某**

**被申请人（被告）：三融公司**

三融公司是2007年4月11日注册成立的一家主要从事畜禽饲养、收购、屠宰加工和销售的企业。谢某某从2007年7月19日开始作为货车司机，在三融公司的车队中从事毛鸡运输工作，直到2019年12月6日因谢某某年满60周岁驾驶证由A本降为C本不能继续驾驶车辆被辞退。在此期间三融公司未与谢某某签订劳动合同，未为其缴纳社会保险费。谢某某认为，自己一直作为企业员工领取工资，接受管理，从事单位指派的工作任务，应认定双方建立了劳动关系。而三融公司主张，毛鸡运输不在本公司注册的经营范围内，是外包业务，公司的车队实际上属于杨新岭货运经营部管理；其与杨新岭货运经营部签订了运输合同，约定由杨新岭雇用司机；谢某某由杨新岭雇用并支付报酬，并未与三融公司建立劳动关系。双方因此产生争议。

## 审理结果

仲裁阶段：仲裁委员会认为，申请人不受被申请人管理，其工资不由被申请人支付，且提供的劳动不是被申请人业务的组成部分，申请人与被申请人之间不存在符合劳动关系权利外观的形式要件，故申请人提出与被申请人之间存在劳动关系的主张仲裁委员会不予支持。

一审阶段：一审法院认为，因为原告提供的劳动不是被告业务的组成部分、原告不受被告管理、原告的工资不由被告支付、原告的社会保险费不由被告缴纳、原告不持有被告单位派发的“工作证”等情形，所以原告要求认定与被告之间存在劳动关系的诉讼请求法院不予支持。

## 评析意见

随着市场经济的发展，现代公司逐渐进入了集约化、系统化的发展阶段，一家公司涉及的业务范围往往会超越传统的企业形态，从而横跨各种领域。例如，一家电商企业可能拥有自己的物流队伍，一家食品厂家可能会组建外卖配送部门。面对日渐庞大的职工队伍，企业一方面希望自己能对其进行充分的管理、控制、调度，另一方面又不想承担作为用人单位应尽的义务，因此往往会通过所谓的外包协议等方式掩盖真实的劳动关系，从而使得广大劳动者的权益陷于一种极大的风险之中。本案即为企业以劳务外包为由抗辩劳动关系存在的案例，具有一定的典型意义。

本案最重要的争议焦点是谢某某和三融公司之间劳动关系能否成立的问题，即谢某某在十多年间一直为三融公司运输毛鸡的行为在法律性质上究竟应当如何认定。

对于这一问题，本案中仲裁庭和一审法院从以下几个角度进行了判断。

**（一）谢某某提供的劳动是不是被申请人业务的组成部分**

三融公司认为，公司在注册时的业务范围并不包括毛鸡运输，自己的经营范围只限于畜禽饲养、收购、屠宰加工、销售等内容，并没有运输业务，可见这一部分业务属于公司的外包业务。而谢某某认为，毛鸡运输是连接饲养、收购、屠宰加工、销售等环境的必要环节，公司业务开展必须依赖于车队运输，不能因为营业执照上未记入畜禽运输就认为这不属于公司的业务范围。

**（二）谢某某是否受三融公司管理**

三融公司认为，车队虽然服务于公司，但是并不受公司管理，公司与杨新岭货运经营部签署了运输合同，再由杨新岭将任务安排给谢某某，与公司本身无关。另外，谢某某本人的工资不由三融公司支付、谢某某的社会保险费不由三融公司缴纳、在三融公司员工名单上也找不到谢某某的名字，可见双方并无劳动关系。但谢某某认为，其所驾驶的运货汽车是三融公司的财产，本人也是在公司设立之初由董事杨永岭面试招录的第一批司机。在工作当中，谢某某和三融公司的其他员工一样，遵守公司制度，接受公司的管理；公司还为其办理了出入证并要求其依照员工规范挂证出入；关于公司内部的计划安排和管理规范，也会告知谢某某，并要求其服从，这说明谢某某在事实上居于公司的管理之下。

至于所谓运输合同，应当看到合同的签订方，即车队所谓的负责人杨新岭本身与三融公司董事杨永岭为兄弟关系。三融公司与本公司董事直系血亲之间的关联交易并没有实质上的业务往来和交易内容。另外，杨新岭货运经营部仅注册有一台从事运输业务的车辆，根本无法满足三融公司的运输需求，谢某某等十几名司机驾驶的十几辆货车皆属于三融公司的财产，这充分说明了运输合同本身是三融公司法人内部的自我交易，其实质是通过虚构运输合同的内容来掩盖公司与车队司机之间的劳动关系，这种合同关系有合同之名，而无合同之实，是合同双方为了掩盖其真实目的，逃避法律责任而设立的虚假合同，属于《中华人民共和国合同法》[①] 第五十二条第（二）款所称的“恶意串通，损害国家、集体或者第三人利益”和第（三）款所称的“以合法形式掩盖非法目的”的情形，应当视为无效的合同。

同时，根据《中华人民共和国民法典》[②] 第一百四十六条的规定，行为人与相对人以虚假的意思表示实施的民事法律行为无效，以虚假的意思表示隐藏的民事法律行为的效力，依照有关法律规定处理。因此，在确认双方运输合同无效的同时，还应当揭露其隐藏的真实意思，从而确认谢某某与三融公司的劳动关系。

笔者认为，要想厘清本案中的劳动争议，应当明确以下几个观点。

1. 不能以某项业务不在公司注册的业务范围内为由主张此业务不属于本公司业务

无论在仲裁阶段还是在一审阶段，三融公司的一个重要观点都得到了支持，即三融公司认为畜禽运输不在自己公司注册的业务范围以内，所以它不是其公司

① 本书后文简称《合同法》。

② 本书后文简称《民法典》。

的业务组成部分，由此得出结论，谢某某从事的并不是其公司的业务。这一论断显著缺乏合理性，理由有三。

（1）公司注册时注明的业务范围并不等于公司实际涉及的业务范围。公司超越自己的业务范围从事商业活动，这在实践中是非常常见的。公司指派员工从事的业务即便不在其业务范围内，也不会影响其商事行为的法律效力，《最高人民法院关于适用〈中华人民共和国合同法〉若干问题的解释（一）》第十条规定："当事人超越经营范围订立合同，人民法院不因此认定合同无效。但违反国家限制经营、特许经营以及法律、行政法规禁止经营的除外。"可见，劳动者从事的业务不在用人单位的业务范围以内，并不会导致用人单位民事法律行为的无效，其对于公司业务范围的限定只有参考价值而无民法意义上的强制性。因此，不能以劳动者从事的工作不在用人单位的业务范围内而否认真实劳动关系的存在。只要劳动者提供的劳动实际属于用人单位日常业务的组成范围，就应当对其予以承认。

（2）职工没有义务和能力审查自己从事的业务是否在公司注册的业务范围内，其职责只是完成单位指派的任务。如果单位故意要求员工超越经营范围开展业务，自身反而能以此为由否认劳动关系的存在，岂非鼓励用人单位积极跨越自身业务范围从事生产经营。法谚有云，任何人不能从自己的过错中受益。如果认为用人单位超越经营范围开展业务不合法，这一行为所产生的不利后果也应当由用人单位自身来承担，而不能将其作为证明劳动关系不存在的证据。

（3）回归案情，本案情形具有相当的参考价值。三融公司本身是一家以畜禽处理为核心业务的企业，但是既然要养殖、屠宰加工和销售畜禽，就必然要对其进行运输，否则企业的正常业务根本无法开展，因此，企业登记注册的营业范围中本来就应当包括为实现这一业务而必须具备的辅助性工作内容。三融公司以自己的营业范围没有畜禽运输为由进行抗辩，显然是机械地理解了营业范围的含义。而这种推论将会在劳动保护领域造成对劳动者非常不利的影响，因为企业招聘大量辅助性岗位支持其主体业务的展开，在现代商业活动，尤其是网络用工中是非常常见的。例如，电商购物平台本身的营业范围也不包括线下的物流配送，但是随着其业务的不断拓展，可能会衍生出送货上门、专人配送、VIP送货到家等服务，大量的外卖配送员、物流快递员的工作可能都不在其公司原本注册的经营范围以内，这个时候如果仅仅因为运输配送服务不在其营业范围内就否认这部分员工的劳动关系，那将使得大量劳动者的合法权益得不到保护，这和现实情况也是严重脱节的。

2. 不能以公司不为其缴纳社会保险费等理由倒推出劳动关系不存在的结论

本案中，仲裁机关认为，根据《劳动和社会保障部关于确立劳动关系有关事项的通知》，在用人单位招用劳动者未订立书面劳动合同的情况下，要确认劳动关系成立，必须满足劳动者“从事用人单位安排的有报酬的劳动”之要件，而三融公司没有给谢某某缴纳社会保险费、发放工资的记录，可以印证三融公司并未与谢某某建立劳动关系。这一推论在逻辑上存在倒果为因的问题。正是因为用人单位希望掩盖建立劳动关系的事实，逃避自己应尽的义务，才通过形式上的转包等方式，建立复杂的资金流动结构和交易框架，并以其他非正常的方式支付工资。同时，劳动者由于获取信息的能力有限，维权意识不足，往往抱有只要能收到工资就行的态度，无意也无从查证工资是否直接由本公司发放，尤其是本案中公司董事直接参与人事考察，劳动者长期与其他职工处于相同的工作环境中，则更加具有迷惑性，往往能够让劳动者不疑有他。在公司人事结构日益复杂的现代商业环境中，如果单纯地依据是否发放工资等形式特征进行判断推理，将会在很大程度上影响劳动者合法权益之实现。用人单位没有给劳动者正常发放工资、缴纳社会保险费，有可能恰恰是其存在违法行为的证据，而不能以此作为判断劳动关系是否存在的依据。

3. 对劳动关系存在与否应作实质性判断，勇于破除用人单位的“斯芬克斯之谜”

在此类案件中，用人单位会利用空壳公司、层层转包等形式使得真实的劳动关系不易为人所察觉，犹如希腊神话中的“斯芬克斯之谜”，如果仍然延续传统劳动法学上对于劳动关系成立与否的判断标准，很容易出现水土不服的情形。因此，笔者认为，在实践中应当勇于突破一般劳动关系是否存在的判断方式，抓住劳动关系存续最核心的标准来进行实质性判断。其中核心的判断点在于：

（1）以掩盖真实劳动关系为目的的关联交易或虚假合同应作无效处理，并作为劳动关系存在的反证。企业在经营活动中虚构交易的现象并不是个例，有许多企业通过虚构交易的方法来实现偷逃税款、粉饰经营状况等目的，这种行为一经查实，往往会遭到监管机关和执法部门的严厉处罚，甚至可能构成刑事犯罪。同样的，利用虚假交易虚构所谓“劳务外包”，在性质上同样是试图损害正常的市场秩序和他人的合法权益，应当参照税法、公司法、证券法等法律现有规定进行处理。

（2）以从属性作为劳动关系存在的核心判断标准。随着互联网经济的发展，劳动用工越来越呈现松散化的趋势，此时传统的单位组织架构未必适用于劳动关系的判断。劳动关系的核心特征是从属性，而从属性尤以“人格从属”为要旨，以“经济从属”为特征。判断劳动者是否具有人格从属性，要着重考察雇主对劳动者的控制权究竟有多大，能否对劳动者的工作内容和工作方式形成排他的控制和主导；反言之，也要看劳动者自身是否必须服从雇主的指导，遵守单位的用工、奖惩、升降、调配和日常工作的规章制度等，这一点可以从劳动者与用人单位日常的沟通交流、工作方式等证据中得到佐证，包括但不限于工作聊天记录、邮件记录、考勤记录、工作录音录像、单位给予的奖励证书、惩罚通知以及劳动者代表公司对外沟通的记录等。

（3）不能忽略用人单位以外包形式掩盖劳动关系目的时劳动者举证能力的天然劣势。劳动合同是一种特殊的民事合同，劳动法本身也是一种具有社会法属性的部门法。在实践中，有些基层法官还是审理普通民事案件的思维，很容易忽略劳动者在劳动争议中的天然弱势而要求劳资双方履行同样的举证责任。在此种情况下，无疑将会使得劳动者处于更为不利的处境。因此，在劳动者因举证能力不足无法充分证明劳动关系存在时，司法机关应当注意把握举证责任的尺度，或者积极行使法定权力，要求调取证据，查清事实。在双方举证情况相当的情况下，应采纳有利于劳动者的解释。

（4）注意辨析合法劳务外包合同与虚假劳务外包合同。在劳动力市场中，笔者注意到一些大型企业已经建立了完善的劳务外包机制，其劳务用工确实脱离于公司的主要业务范围之外，且外包公司能够独立与劳动者建立劳动关系，依法保障其相应的权利。这样的劳务外包形式不管在形式上还是在实质上都不会损害劳动者的实体利益，是社会分工复杂化的必然产物，应当与本案中的虚假外包行为相区分。

综上所述，在以网络用工为代表的新型劳动关系领域，不能单纯依靠外包合同等证据进行形式上的判断，而应当抓住劳动关系之实，刺破虚假合同之面纱，以实现劳动法“保护劳动者的合法权益，调整劳动关系促进经济发展和社会进步”之宗旨。

（北京市盈科律师事务所　高红）

# 劳动合同的签订与履行

# 25. “倒签”劳动合同后，员工索要二倍工资差额能否支持

## 争议焦点

用人单位与劳动者补签劳动合同至实际用工之日后，劳动者主张“倒签”劳动合同期间二倍工资差额可否支持。

## 基本案情

**申请人：于某**

**被申请人：某贸易公司**

于某于2019年4月15日入职某贸易公司，岗位为顾问，口头约定月工资6 000元。双方于2019年10月24日签订了期限自2019年4月15日起至2022年4月14日止的劳动合同。

2019年12月3日，于某向劳动争议仲裁委员会提出仲裁申请，主张该劳动合同是某贸易公司以欺诈手段要求签订的，原因是自己发现公司没有缴纳社会保险费，公司与其协商该事宜并同意支付未缴纳社会保险补偿金，条件是自己与公司签订劳动合同，且签订的期限提前至2019年4月15日；但实际签订劳动合同时公司已经为自己补缴了社会保险费，自己在不知情的情况下签订了劳动合同；劳动合同签订之后，公司又以补缴了社会保险费为由要求退还该笔社会保险补偿费用。因此于某认为，是公司以欺诈手段要求自己签订的劳动合同，该劳动合同应属无效，故要求支付2019年4月15日至2019年11月12日未签订劳动合同二倍工资差额。某贸易公司认可入职时双方没有签订劳动合同，后于2019年10月24日双方协商一致签订了《关于于某劳动关系处置与保密条款的协议》及劳动

合同；签订劳动合同是于某真实意思表示，公司不存在欺诈行为，应当认定双方自用工之日起签订了劳动合同，不同意支付未签订劳动合同二倍工资差额。为此，某贸易公司提交《关于于某劳动关系处置与保密条款的协议》及劳动合同予以证明。于某认可《关于于某劳动关系处置与保密条款的协议》及劳动合同是其本人签字，但称某贸易公司存在欺诈行为。

## 审理结果

仲裁委员会经审理后驳回了于某的仲裁请求。

## 评析意见

劳动合同是用来明确用人单位与劳动者之间各自应该履行的义务以及应当享有的权利的一种协议。在实践中，用人单位与劳动者签订劳动合同时“倒签”合同的现象普遍存在，对于“倒签”劳动合同的效力，我国法律法规并未作出规定。那么用人单位与劳动者补签劳动合同至实际用工之日后，劳动者主张“倒签”劳动合同期间二倍工资差额可否支持？

首先，签订劳动合同是双方意思自治的体现。根据劳动法律法规的基本原理，订立劳动合同，应当遵循合法、公平、平等自愿、协商一致、诚实信用原则。劳动合同由用人单位和劳动者协商一致，并经用人单位与劳动者在劳动合同文本上签字或者盖章生效。这些规定是用人单位与劳动者订立劳动合同应遵循的基本原则，也是劳动合同产生法律效力的前提所在。用人单位与劳动者订立劳动合同的过程，是双方自愿协商并达成共识的过程，不仅包括从用工之日开始就订立的劳动合同，还应包含事实劳动关系成立后补签的劳动合同（即“倒签”合同），只要劳动合同内容不违反法律法规的强制性规定，都应该受到法律的保护。

其次，二倍工资差额请求权提出的基础必须是用人单位实质上并未与劳动者签订书面劳动合同。《劳动合同法》第十条规定，建立劳动关系，应当订立书面劳动合同。已建立劳动关系，未同时订立书面劳动合同的，应当自用工之日起一个月内订立书面劳动合同。第八十二条规定，用人单位自用工之日起超过一个月不满一年未与劳动者订立书面劳动合同的，应当向劳动者每月支付二倍的工资。《劳动合同法实施条例》第六条第一款规定，用人单位自用工之日起超过一个月不满一年未与劳动者订立书面劳动合同的，应当依照《劳动合同法》第八十二条的规定向劳动者每月支付二倍工资，并与劳动者补订书面劳动合同。据此可知，在劳动者提出二倍工资差额请求时，用人单位一直没有与劳动者签订劳动合同的意思和行为，双方只存在事实劳动关系。反之，如果双方已经签订了书面劳动合同，劳动者就不能再要求支付二倍工资差额。除此之外，北京市高级人民法院、北京市劳动争议仲裁委员会《关于劳动争议案件法律适用问题研讨会会议纪要(二)》第二十九条第一款规定，用人单位与劳动者建立劳动关系后，未依法自用工之日一个月内订立书面劳动合同，在劳动关系存续一定时间后，用人单位与劳动者在签订劳动合同时将日期补签到实际用工之日，视为用人单位与劳动者达成合意，劳动者主张二倍工资可不予支持，但劳动者有证据证明补签劳动合同并非其真实意思表示的除外。即如果补签劳动合同的行为系双方真实意思表示，不存在欺诈、胁迫等违法情形，补签的劳动合同将用工期限追溯到了用工之日，可以视为劳动者已自愿放弃索要二倍工资差额的权利。

最后，二倍工资差额的性质并非劳动者的劳动所得，而是对用人单位违反法律规定的一种惩戒。其立法目的在于通过书面方式固定双方的权利义务，敦促用人单位与劳动者及时签订劳动合同，惩罚不签订或不及时签订的行为，以提高书面劳动合同的签订率，保护劳动者的合法权益，建立健全有序的劳动用工制度，而非劳动者可以从中谋取超出劳动报酬的额外利益。如果用人单位已经尽到了签订劳动合同的义务，就不应该对其进行再次追究，否则有悖于立法目的，也对健全有序的劳动用工制度产生伤害。

本案中，2019 年 10 月 24 日某贸易公司与于某签订了劳动合同，劳动合同的起始时间为 2019 年 4 月 15 日，双方系“倒签”劳动合同。于某虽主张签订劳动合同时某贸易公司存在欺诈行为并非其真实意愿签订劳动合同，但其并未提交确实充分有效证据予以证明，也未在补签劳动合同时提出要求该公司支付未签订劳动合同的二倍工资差额。故仲裁委员会未支持于某要求某贸易公司支付未签订劳动合同二倍工资差额的请求。

（北京市顺义区劳动人事争议仲裁院　李妹）

# 26. 劳动合同能否以约定方式自动顺延

## 争议焦点

1. 劳动合同中约定“到期后自动延续三年”是否可以视为已续签劳动合同；
2. 劳动者主张未签订劳动合同双倍工资是否支持。

## 基本案情

**申请人：吴某**

**被申请人：某造价咨询公司**

吴某于 2015 年 9 月 6 日入职某造价咨询公司，职务为行政司机，双方于 2015 年 10 月 1 日签订了自 2015 年 10 月 1 日起至 2017 年 3 月 31 日止的固定期限劳动合同。吴某每月工资 2 800 元，2020 年 4 月起工资调整为 3 800 元，每月 15 日以银行转账方式发放上一个自然月工资。2020 年该公司通知吴某自 2020 年 5 月 6 日起调整工作地点，吴某表示自 2015 年 9 月入职以来均在某造价咨询公司总部工作且家庭负担较重，双方未就变更工作地点达成一致意见。2020 年 5 月 9 日该公司以吴某驾驶车辆严重超速、乱说忌语、严重威胁乘车人安全、严重违反用人单位规章制度为由，与吴某解除了劳动合同。吴某主张某造价咨询公司支付违法解除劳动合同赔偿金及 2018 年 11 月 1 日至 2019 年 9 月 30 日未签订书面劳动合同的二倍工资差额，并提交解除劳动合同证明书及通话记录予以证明。某造价咨询公司表示双方签订的劳动合同中约定“本合同期限届满后，如甲乙双方均未提出书面异议，本合同自动延续三年”，应视为双方已续签劳动合同，且吴某的仲裁请求已超过仲裁申请时效。吴某严重违反公司规章制度且严重威胁乘车人安全，与吴某解除劳动合同符合法律规定。

## 审理结果

仲裁委员会认为，双方2015年10月1日签订的劳动合同于2017年3月31日到期后，某造价咨询公司仍然与吴某保持劳动关系继续用工，某造价咨询公司至迟应当于2017年4月30日前与吴某续订劳动合同，否则应当向吴某支付2017年5月1日至2018年3月30日期间未签订书面劳动合同的二倍工资，自2018年3月31日起应视为双方已订立无固定期限劳动合同。因此，吴某可以主张二倍工资的期间为2017年5月1日至2018年3月30日。而吴某主张二倍工资期间已超过一年仲裁时效，鉴于某造价咨询公司提出时效抗辩，仲裁委员会予以采信。吴某实际主张的2018年11月1日至2019年9月30日期间应属于视为双方已签订无固定期限劳动合同期间，吴某再主张未签订劳动合同二倍工资无事实和法律依据，仲裁委员会不予支持，故裁决驳回吴某的仲裁请求。

## 评析意见

根据有关法律规定，建立劳动关系，应当订立书面劳动合同。已建立劳动关系，未同时订立书面劳动合同的，应当自用工之日起一个月内订立书面劳动合同；用人单位自用工之日起满一年未与劳动者订立书面劳动合同的，自用工之日起满一个月的次日至满一年的前一日应当向劳动者每月支付两倍的工资，并视为自用工之日起满一年的当日已经与劳动者订立无固定期限劳动合同；用人单位自用工之日起满一年因己方原因未与劳动者订立书面劳动合同的，视为用人单位与劳动者已经订立无固定期限劳动合同，劳动者请求用人单位支付未订立书面劳动合同二倍工资的，不予支持；劳动合同期满未续签书面劳动合同，劳动者继续在原用人单位工作，原用人单位未表示异议，劳动者主张用人单位支付未与其签订书面劳动合同二倍工资的，应予支持。本案因吴某申请的未签订劳动合同双倍工资的期间为“视为双方已签订无固定期限劳动合同的期间”且已超过仲裁时效，故仲裁请求被驳回。但本案存在的一个较大的争议焦点在于双方劳动合同中约定到期自动延续是否有效，是否免除签订书面劳动合同的责任。笔者认为，劳动合同自动延续不具备法律效力，原因如下。

1.《劳动合同法》第十七条规定，“劳动合同应当具备以下条款：（一）用人单位的名称、住所和法定代表人或者主要负责人；（二）劳动者的姓名、住址和居民身份证或者其他有效身份证件号码；（三）劳动合同期限；（四）工作内容和工作地点；（五）工作时间和休息休假；（六）劳动报酬；（七）社会保险；（八）劳动保护、劳动条件和职业危害防护；（九）法律、法规规定应当纳入劳动合同的其他事项。”自动顺延仅对劳动合同期限作了初步约定，对劳动报酬、工作时间等必备条款均未进行明确约定，是按原条件继续执行还是履行新的标准，容易引起双方对劳动合同条款理解的不一致。

2.《劳动合同法》第十四条规定，“有下列情形之一，劳动者提出或者同意续订、订立劳动合同的，除劳动者提出订立固定期限劳动合同外，应当订立无固定期限劳动合同：……（三）连续订立二次固定期限劳动合同，且劳动者没有本法第三十九条和第四十条第一项、第二项规定的情形，续订劳动合同的。”劳动合同自动延续无法界定是对原劳动合同期限的变更还是续签劳动合同，若本次延续期满后双方均表示愿意继续用工，那是否视为双方已订立二次固定期限劳动合同，符合应当签订无固定期限劳动合同的法定情形。

3.《劳动合同法》第四十五条规定，“劳动合同期满，有本法第四十二条规定情形之一的，劳动合同应当续延至相应的情形消失时终止”，即劳动者存在孕期、产期、哺乳期、医疗期等情形的，劳动合同法定顺延。《劳动合同法》已对劳动合同顺延的情况进行了明确规定，双方在劳动合同中不宜进行约定，此类劳动合同中约定的“自动延续”不具备法律效力。

4. 劳动合同期限系劳动合同签订时非常重要的条款，《劳动合同法》第十二条规定，“劳动合同分为固定期限劳动合同、无固定期限劳动合同和以完成一定工作任务为期限的劳动合同”，自动延续无法确定此份合同属于固定期限还是无固定期限劳动合同，容易引起双方对劳动合同期限的争议。

综上，劳动合同自动延续无论是否约定了自动延续期限均存在较多争议，此种自动延续无法体现出劳动者作为劳动合同签订一方的主体权利，同时也是用人单位为了免除其签订书面劳动合同的程序及签订两次固定期限劳动合同需签订无固定期限劳动合同的责任。因此，劳动合同约定自动延续不应具备法律效力。

（天津市滨海高新技术产业开发区人力资源和社会保障局　程艳荣）

# 27. 劳动者国籍变化对劳动合同履行的影响

## 争议焦点

劳动者国籍变化是否影响劳动合同的履行。

## 基本案情

**申请人：王某**

**被申请人：某公司**

王某于2014年取得美国国籍，但并未注销国内户籍身份。2016年王某以中国国籍身份入职某公司，并签订了劳动合同，且未告知某公司其双重国籍的情况。国家对双重国籍人员进行清查时，王某放弃了中国国籍。某公司表示不清楚王某原为双重国籍，现王某已经并非中国国籍，故以客观情况发生重大变化为由与王某解除了劳动关系。王某表示某公司可以继续以聘用外国劳动者的方式与其履行劳动合同，故认为某公司系违法解除，要求继续履行劳动合同。

## 审理结果

仲裁委员会裁决驳回王某要求继续履行劳动合同的仲裁请求。

## 评析意见

依据《中华人民共和国国籍法》的规定，定居外国的中国公民，自愿加入或取得外国国籍的，即自动丧失中国国籍。而出国定居或者加入外国国籍的人员，需要办理注销户口登记。王某取得了外国国籍，虽然自动丧失中国国籍，但由于未办理退出中国国籍的手续，其在中国的身份信息依旧可以使用，仍能够像本国劳动者一样与公司订立劳动合同，用人单位在用工时亦无法查证其双重国籍的情况。因此，当王某放弃中国国籍后，公司的处理方式就成为最大的争议焦点。

对于王某放弃中国国籍，是否影响到劳动合同的履行，某公司的解除理由是否成立有两种不同的意见：一种观点认为应当继续履行劳动合同，因王某依旧符合建立劳动关系的主体资格，王某国籍的改变并不影响双方劳动合同的履行，公司可以按照聘用外国人的法律规定继续聘用王某；另一种观点认为不应当支持继续履行劳动合同，王某在放弃中国国籍后，作为建立劳动关系的主体一方，其本人主体信息的重要事项变更，属于客观情况发生重大变化，不管是用人规则、社保缴纳，还是后续劳动争议适用法律，均存在显著区别。对此，笔者更认同第二种观点。

首先，从责任主体方面来看，王某取得外国国籍却未注销中国国籍，已经违反了我国的法律规定，其还继续使用中国国籍与某公司建立劳动关系，既违反法律规定，也违背了诚信原则。而双重国籍身份及放弃中国国籍的行为系王某个人行为导致，其亦应对国籍改变后引发的劳动关系纠纷承担更主要的责任。

其次，从用人单位的用工方面来看，聘用本国劳动者和外国劳动者所依据的法律规定是不一致的。与外国劳动者建立劳动关系要符合《外国人在中国就业管理规定》的相关规定，该规定对于外国人从事的岗位及劳动合同期限等均有特殊要求，与聘用本国劳动者存在明显的区别。王某的行为导致某公司聘用王某时的客观条件已经不具备，公司对其用工发生了本质变化。在双方已经履行过的劳动合同期间，公司按照本国劳动者为其缴纳的社会保险和住房公积金等是否合法以及如何处理，也存在很大争议，这必然给某公司的用工管理造成严重影响。

最后，从“客观情况发生重大变化”方面来看，《北京市高级人民法院　北京市劳动人事争议仲裁委员会关于审理劳动争议案件法律适用问题的解答》中对“劳动合同订立时所依据的客观情况发生重大变化”进行了定义，是指劳动合同订立后发生了用人单位和劳动者订立合同时无法预见的变化，致使双方订立的劳动合同全部或者主要条款无法履行，或者若继续履行将出现成本过高等显失公平的状况，致使劳动合同目的难以实现。下列情形一般属于劳动合同订立时所依据的客观情况发生重大变化：（1）地震、火灾、水灾等自然灾害形成的不可抗力；（2）受法律、法规、政策变化导致用人单位迁移、资产转移或者停产、转产、转（改）制等重大变化的；（3）特许经营性质的用人单位经营范围等发生变化的。

王某与某公司订立劳动合同时所依据的是中国劳动者适用的相关法律法规，其双重国籍及放弃中国国籍都应当属于用人单位无法预见的变化。且王某此前在中国境内使用原有的身份证件，在其中国的身份证件注销后，其在中国境内的居留、从业等都需要办理一系列的相关手续，对某公司的用工产生了诸多变数。因此，这就直接导致某公司与王某订立的劳动合同极有可能无法履行，即使可以履行，也需要付诸许多原先不会遇到的努力方能实现。综上，笔者认为可以认定属于劳动合同订立时所依据的客观情况发生重大变化的情形，某公司以客观情况发生重大变化为由与王某解除劳动合同并无不妥。

通过上述案件，也引发了更多的思考。一个是王某隐瞒国籍所签订的劳动合同是否有效？《劳动合同法》第二十六条规定，“下列劳动合同无效或者部分无效：（一）以欺诈、胁迫的手段或者乘人之危，使对方在违背真实意思的情况下订立或者变更劳动合同的；（二）用人单位免除自己的法定责任、排除劳动者权利的；（三）违反法律、行政法规强制性规定的。”王某的行为是否可以认定为以欺诈的手段使某公司在违背真实意思的情况下订立劳动合同？因王某隐瞒双重国籍及未注销本国国籍，导致某公司按照本国劳动者的情形与其订立劳动合同，应当认定该份劳动合同整体无效，也就不存在双方继续履行劳动合同的基础。

另一个是某公司的解除理由和解除依据是否可以有其他更适合的选择？《劳动合同法》第四十四条规定，“有下列情形之一的，劳动合同终止：（一）劳动合同期满的；（二）劳动者开始依法享受基本养老保险待遇的；（三）劳动者死亡，或者被人民法院宣告死亡或者宣告失踪的；（四）用人单位被依法宣告破产的；（五）用人单位被吊销营业执照、责令关闭、撤销或者用人单位决定提前解散的；（六）法律、行政法规规定的其他情形。”王某的情况可以适用该条款的第六项，由于王某国籍身份的转变，导致其当初订立劳动合同时的主体资格已经丧失，与依法享受基本养老保险待遇和死亡、失踪等情况一样属于已经不存在建立劳动关系时的主体，某公司与王某签订的劳动合同应当依法终止，且无须支付经济补偿金。

（北京市顺义区劳动人事争议仲裁院　张偌晗）

# 28. 劳动合同条款的解释规则与适用

## 争议焦点

劳动合同相关条款的文字含义与双方明确表达的目的相悖时，如何理解相关条款。

## 基本案情

**上诉人：许某某**

**被上诉人：北京某某医院**

许某某曾就职于北京某某医院，职务为宫腹腔镜手术专家，双方签订了期限自2017年6月19日起至2020年6月18日止的劳动合同。约定：试用期至2017年9月18日；许某某试用期的基本工资（税后）为15 000元/月，保底工资按补充协议约定；许某某的工资标准为15 000元/月，提成及保底工资按补充协议约定计算。2017年6月20日，双方签署劳动合同补充协议，约定：北京某某医院（甲方）每月支付许某某（乙方）基本工资15 000元，另加提成；乙方在医院工作期间每月税后保底收入38 000元（包括基本工资，不包括社会保险和住房公积金）；如果乙方的基本工资加上提成达不到保底收入，甲方将不足部分补足，如果超出保底收入，都给乙方；甲方如果提前解除合同，则赔偿乙方6个月工资（月工资按每个月总收入的平均数计算）。许某某出勤至2017年8月22日，当日北京某某医院向许某某出具《解除劳动合同通知书》，解除双方之间的劳动关系。其中载明的解除原因包括“不经请假批准，旷工”。经核实，许某某在职期间旷工4天，北京某某医院曾于2017年7月24日转账支付其18 558.44元。

许某某向北京市海淀区劳动人事争议仲裁委员会（以下简称仲裁委员会）提起劳动仲裁，要求北京某某医院支付工资、违法解除劳动合同赔偿金、住房公积金补贴、赔偿6个月工资。仲裁委员会裁决：北京某某医院支付许某某（1）2017年6月19日至2017年8月22日工资差额56 568元；（2）按照劳动合同补充协议的约定支付6个月的工资赔偿22.8万元；（3）驳回许某某的其他申请。许某某认可仲裁裁决结果第（1）和第（2）项，不服其他项，北京某某医院不服仲裁裁决结果，分别诉至法院。

许某某主张北京某某医院违法解除劳动合同，应支付其违法解除劳动合同赔偿金、未提前30日以书面形式通知解除劳动合同代通知金及按照劳动合同补充协议的约定赔偿6个月工资。

北京某某医院主张系合法解除劳动合同。虽然双方签订的劳动合同补充协议中约定如果公司提前解除合同，则赔偿许某某6个月工资，但显然不包括员工过失性辞退这一情形。公司根据法律规定行使解除权，无须支付赔偿金。

## 审理结果

北京市海淀区人民法院经审理认为：北京某某医院以"不经请假批准，旷工"为由与许某某解除劳动合同，许某某2017年7月14日、7月26日、8月8日及8月11日存在旷工的情况，许某某作为一名医生，在试用期内存在一个月之内旷工4天的情况，属于严重违反劳动纪律的行为，北京某某医院以此解除劳动合同且征求了工会的意见，系合法解除劳动关系。许某某要求北京某某医院支付违法解除劳动合同赔偿金、未提前30日以书面形式通知解除劳动合同代通知金的诉讼请求，于法无据，不予支持。

针对北京某某医院是否需向许某某支付6个月的工资赔偿一事，虽然双方在劳动合同补充协议中约定"甲方如果提前解除合同，则赔偿乙方6个月工资"，但北京某某医院与许某某提前解除劳动合同，是因为许某某存在旷工这项违反劳动纪律的行为，根据公平原则，许某某不应因自身过错而获得利益，故对其主张的6个月的工资赔偿，法院不予支持。判决后，许某某提起上诉。

北京市第一中级人民法院经审理认为：许某某短期内多次旷工的行为，严重违反了劳动纪律和职业道德。北京某某医院以此为由解除劳动合同，不违反法律规定。北京某某医院因许某某自身的过错合法解除劳动合同，无须向其赔付6个月工资。一审法院认定事实清楚，适用法律正确，应予维持。

## 评析意见

本案争议焦点指向对双方劳动合同补充协议中“甲方如果提前解除合同，则赔偿乙方 6 个月工资”条款的解释与适用。

作为对当事人有约束力的规范，合同条款往往因语言表达的多样性和局限性，在司法实践中会遇到适用上的障碍，可能表现为必要条款阙如、条款内容语焉不详和按照字面文义解释显失公平等。在此情况下，需要裁判者对争议条款进行解释与适用。根据《合同法》第一百二十五条规定，当事人对合同内容的理解有争议的，应当按照合同所使用的词句、合同的有关条款、合同的目的、交易习惯以及诚实信用原则，确定该条款的真实意思，即常说的文义解释、体系解释、目的解释、交易习惯解释和公平解释。上述解释方法亦有一定的规则。对合同进行解释首先应考虑对合同的用语按照通常的理解进行解释。只有这种方法不能确定当事人真实意思的时候才能采用其他的方法进行解释。合同本身只是当事人实现其目的的手段，因此解释合同时应当考虑双方当事人订约时的目的来确定条款的真实意思。如果合同条款所使用的文字含义与当事人所明确表达的目的相违背，当双方对该条款发生争议时，可以按照合同的目的予以解释，而不必拘泥于文字。在采用文义解释和目的解释仍不能解决双方的分歧矛盾时，则应考虑整体解释。整体解释就是要把整个合同包括组成合同的往来信笺、传真、电子邮件甚至会议记录等全部内容看作一个统一的整体来考虑分析当事人有争议的合同用语的含义，对当事人在合同中使用的语言文字，必须结合上下文及其他条款所使用词语综合考虑以确定其真实意思，不能将合同的片言只语作为当事人的真实意思，断章取义。在其他规则适用不足以解决问题时才能适用比较抽象的诚信原则。

本案中，虽然双方约定“甲方如果提前解除合同，则赔偿乙方 6 个月工资”，从文义解释，该条款并未对解除劳动合同的原因有所限制，但直接采用文字意思适用条款，则导致劳动者因为其自身过错导致用人单位解除劳动关系而获取重大利益，对用人单位来说显失公平。此时应当考虑订立合同条款的目的、合同的整体来解释，“甲方如果提前解除合同”的条款隐含了因甲方的自身原因提前解除合同，需对乙方的信赖利益、可得利益等进行赔偿。如果甲方因乙方的过错而解除合同却仍需对乙方进行赔偿，则极易诱使乙方故意不履行或者不完全履行劳动合同，以迫使甲方解除合同，从而获取赔偿。这种局面不仅有悖于该约定的本来目的，也有违诚实信用原则。故法院在依据文义解释无法判定当事人真实意思表示时，分别根据目的解释、诚信原则的方法，对该条款进行解释，最终判决北京某某医院无须赔付许某某6个月工资。

（北京市海淀区人民法院　龚莉婷　董洪辰）

# 29. 被派遣劳动者与劳务派遣单位无强制签订无固定期限劳动合同义务

## 争议焦点

被派遣劳动者能否要求劳务派遣单位签订无固定期限劳动合同。

## 基本案情

**上诉人（申请人、原告）：王某**

**被上诉人（被申请人、被告）：天津市某人力资源管理顾问公司**

**被上诉人（被申请人、被告）：天津某某医院**

王某于2013年4月1日与天津市某人力资源管理顾问公司签订《天津市劳务派遣单位劳动合同书》，合同期限自2013年4月1日起至2015年3月31日止，用工单位为天津某某医院；2015年3月1日王某与天津市某人力资源管理顾问公司经协商同意变更劳动合同，约定本合同固定期限变更为4年，自2013年4月1日至2017年3月31日止；2017年3月25日双方再次变更劳动合同，载明“本人自愿将合同期限变更为2013年4月1日至2019年3月31日”。王某在职期间，天津某某医院每月11日通过工商银行转账形式支付王某上月工资，每月月底通过建设银行支付王某当月午餐、值班费及上月奖金。2019年3月28日王某向天津市某人力资源管理顾问公司、天津某某医院提出申请，要求与天津市某人力资源管理顾问公司、天津某某医院签订无固定期限劳动合同。2019年3月29日天津某某医院向王某出具告知书，言明与王某终止派遣用工关系；2019年3月31日天津市某人力资源管理顾问公司向王某出具终止劳动合同告知函，载明王某与天津市某人力资源管理顾问公司间的劳动合同于2019年3月31日终止。2019年

4 月 1 日起王某未再到天津某某医院处工作。2019 年 8 月 5 日王某以天津市某人力资源管理顾问公司为第一被申请人、以天津某某医院为第二被申请人向天津市和平区劳动人事争议仲裁委员会申请劳动仲裁。后经过一审、二审结案。天津某某医院提交天津市南开区人力资源和社会保障局于 2019 年 7 月 23 日出具的天津市劳动保障监察限期整改指令书，证明天津某某医院不存在欠付王某工资的情形。另查，王某离职前 12 个月月平均工资为 6 159 元。

## 审理结果

2019 年 11 月 14 日，仲裁委员会作出仲裁裁决书，裁决天津市某人力资源管理顾问公司支付申请人解除劳动合同经济补偿 36 954 元，天津某某医院承担连带赔偿责任。天津市某人力资源管理顾问公司、天津某某医院对仲裁裁决均无异议。

一审法院认为，王某与天津市某人力资源管理顾问公司签订了《天津市劳务派遣单位劳动合同书》。双方于 2015 年 3 月 1 日协商一致变更合同期限；2017 年 3 月 25 日双方再次协商一致，将合同期限变更为 2013 年 4 月 1 日至 2019 年 3 月 31 日。双方对劳动合同期限的延续采取的是变更的方式而非续签的方式，但不能由此排除法律赋予天津市某人力资源管理顾问公司订立无固定期限劳动合同的法定义务，且王某提供证据证明其向天津市某人力资源管理顾问公司、天津某某医院提出申请要求签订无固定期限劳动合同，故天津市某人力资源管理顾问公司应当与王某订立无固定期限劳动合同。现天津市某人力资源管理顾问公司以劳动合同到期为由与王某终止劳动合同显系不当，应支付王某违法终止劳动合同赔偿金；天津市某人力资源管理顾问公司应支付王某违法解除劳动合同赔偿金 73 908 元，天津某某医院承担连带给付责任。

二审法院认为，劳务派遣公司没有与被派遣劳动者签订无固定期限劳动合同的法定义务。在各方劳动合同到期后，天津某某医院终止派遣关系，天津市某人力资源管理顾问公司终止劳动合同关系并无不当。一审法院适用法律错误，应当予以纠正。天津市某人力资源管理顾问公司、天津某某医院应支付经济补偿且均认可支付，故双方应当连带支付经济补偿 36 954 元。

## 评析意见

关于被派遣劳动者能否要求劳务派遣单位签订无固定期限劳动合同问题，司法实践中存在两种截然相反的观点。

第一种意见认为，劳务派遣合同属于特殊合同，被派遣劳动者不能要求劳务派遣单位签订无固定期限劳动合同。我国的企业基本用工形式是劳动合同用工。劳务派遣是其补充形式，只能在临时性、辅助性或者替代性的工作岗位上实施。鉴于劳务派遣用工的特殊性，《劳动合同法》专门在第五章第二节对劳务派遣用工进行了规定。按照优先适用特殊规则的原则，应当根据《劳动合同法》第五十八条第二款“劳务派遣单位应当与被派遣劳动者订立二年以上的固定期限劳动合同，按月支付劳动报酬；被派遣劳动者在无工作期间，劳务派遣单位应当按照所在地人民政府规定的最低工资标准，向其按月支付报酬”的规定，确定劳务派遣单位与被派遣劳动者订立劳务派遣合同的期限。现该条并无劳务派遣单位应与被派遣劳动者签订无固定期限劳动合同的强制性内容，故应当按照条文含义确定劳务派遣单位应与被派遣劳动者订立二年以上固定期限劳动合同。

第二种意见则认为，第一种意见对《劳动合同法》第五十八条第二款理解存在偏差，在符合签订无固定期限劳动合同的条件下，应当签订无固定期限劳动合同。首先，《劳动合同法》第五十八条应当放到整个劳动合同法体系中理解，虽然《劳动合同法》第五章特别规定中规定了劳务派遣，但只能说明劳务派遣具有自身特点，不能认为劳动派遣合同独立于劳动合同之外。根据《劳动合同法》第五十八条第一款规定，劳务派遣单位是劳动合同法所称的用人单位，应当履行用人单位对劳动者的义务。也就是说劳动合同法规定的用人单位的义务，派遣单位均应当执行，其中当然包括了符合无固定期限劳动合同签订条件时，应当签订无固定期限劳务合同的义务。《劳动合同法》第五十八条第二款规定的应当是劳务派遣单位与被派遣劳动者不符合签订无固定期限劳动合同条件时，双方签订固定期限劳动合同的情形，即考虑到劳务派遣行业自身的特点，劳务派遣单位与被派遣劳动者签订的固定期限劳动合同期限应当在二年以上。其次，《劳动合同法》规定无固定期限劳动合同的目的在于解决劳动合同短期化问题，以保障劳动者的合法权益。如果将第五十八条第二款理解为特殊规定，即在劳务派遣中不存在无固定期限劳动合同，这样无疑会加剧企业通过劳务派遣形式规避与劳动者签订无固定期限劳动合同的义务，明显与立法原意相悖。最后，法律规定劳务派遣应当在临时性、辅助性、替代性的工作岗位上实施，与签订无固定期限劳动合同并不冲突。临时性、辅助性、替代性的工作岗位是针对用工单位而言，而签订无固定期限劳动合同则针对用人单位而言。被派遣劳动者与派遣单位签订无固定期限劳动合同后，可以被派遣到好多个用工单位，并不影响合同的履行。

两种意见分歧的关键在于对《劳动合同法》第五十八条第二款的理解不同。第一种意见认为，该条款对劳务派遣合同期限问题已经有了明确的规定，那么就应当按照法律规定执行。第二种意见认为，该条款规定的只是劳务派遣合同中订立固定期限劳务派遣合同的情形，对于符合订立无固定期限劳动合同的情形，需要适用劳动合同法关于无固定期限劳动合同的规定，也即《劳动合同法》第十四条的规定。可以看出两种意见不同的根本原因在于价值立场，即对《劳动合同法》第一条中“保护劳动者的合法权益，构建和发展和谐稳定的劳动关系”的理解不同。

在劳务派遣关系中，保护被派遣劳动者的合法权益，构建和发展和谐稳定的劳务派遣关系，关键在于对被派遣劳动者整体权益的保护。《劳动合同法》关于劳务派遣的规定调整的是已经签订劳务派遣合同的劳动者与用人单位、用工单位之间的关系，但对劳务派遣市场有重大影响。劳务派遣市场，由用工单位、用人单位、寻找劳务派遣职位的劳动者组成。用工单位出资获得劳动者提供劳动，劳动者提供劳动获得用工单位的回报，双方行为均受价值规律的约束。被派遣劳动者工资升高，相应的用工单位用工成本增加，提供的职位就会变少，被派遣劳动者的就业机会就会减少。上述第二种意见，即确定在符合《劳动合同法》第十四条规定条件下，被派遣劳动者能强制要求用人单位签订无固定期限劳动合同，相当于以法律形式提高了被派遣劳动者的待遇，其关注的侧重点是已经签订劳务派遣合同的劳动者的权益，但是忽视了在劳务派遣市场上寻找劳务派遣职位的求职者的利益——他们因为工资待遇的提高而减少了相应的就业机会。

另外，无法回避的是，实践中劳务派遣这种用工形式存在的根本原因在于用工单位为了精简组织机构，节约用工成本，解决一部分临时性、辅助性和替代性的工作岗位问题。用人单位也是为用工单位服务。用工单位、用人单位均没有直接与劳动者建立劳动关系的意愿，即使以法律的形式确定了用人单位与被派遣劳动者签订无固定期限劳动合同的义务，用工单位也会采取其他形式规避相关问题，这并不利于被派遣劳动者的权益保护。

综上，第一种意见，即劳务派遣合同属于特殊合同，被派遣劳动者不能要求派遣单位签订无固定期限劳动合同，既不违反法律解释的基本原理，又平衡了潜在的被派遣劳动者和已获得劳务派遣职位的劳动者之间的权益，也更能为用工单位、用人单位所接受，总体上亦能增加被派遣劳动者的就业机会，助力构建和发展和谐稳定的劳动关系，故在现有情况下更为可取。

（天津市第一中级人民法院　魏道博）

# 30. 履职中受骗劳动者应适当赔偿因故意或重大过失给用人单位造成的经济损失

## 争议焦点

劳动者遭遇网络诈骗而实施的会计转账行为是否属于重大过失导致的失职行为，是否应当赔偿公司因此而遭受的经济损失及承担赔偿责任的范围。

## 基本案情

**原告：某广告公司**

**被告：李某**

2001 年 10 月 20 日，李某取得会计从业资格证书，一直在传媒行业从事会计工作。某广告公司与海南某传媒公司共用一个办公地点，人员混同。2010 年 3 月 1 日，李某入职某广告公司，负责该公司的财务工作。2011 年 4 月 1 日，李某又与海南某传媒公司签订劳动合同，约定李某担任广告经营中心财务部门会计主管，并同时处理某广告公司的财务工作。某广告公司未制定财务管理制度，2011 年 3 月开始该公司未再设置专职财务人员，在日常转账中存在管理人员仅口头同意、后补签字的情况。李某现仍在职，月工资标准为 1.28 万元。

2018 年 5 月 29 日，某广告公司法定代表人李华出差不在北京。当日 10 时左右，李某收到一封署名为“李华”的 QQ 邮件，让李某添加“李华”工作 QQ 号。李某便添加了此 QQ 号，“李华”开始与李某对话。后李某在“李华”的指示下使用一级网银 U 盾，通过网上银行将某广告公司账户名下的 38 万元分 8 笔转至“邓钦仁”个人账户，并将转账截屏发给“李华”。上述期间，QQ 系统共四次向李某发出安全警示，李某未直接与李华取得联系予以确认。当日 14 时左右，“李华”通过QQ再次指示李某以违约金的名义向“邓钦仁”个人账户支付38万元时，李某意识到遭遇了网络诈骗，遂拨打110进行报警，警方已立案，但该刑事案件尚未侦破。

某广告公司认为，李某会计从业经验丰富，却遭受网络诈骗导致公司造成巨大损失，主观上存在重大过失，要求李某赔偿经济损失38万元。李某认为其不存在故意违法付款的行为或失职行为，没有赔偿义务。

## 审理结果

2019年6月26日，一审法院依据《劳动法》第三条、第四条、第七十八条，《劳动合同法》第三条、第二十九条，《劳动争议调解仲裁法》第六条，《中华人民共和国侵权责任法》第六条、第二十六条之规定，判决如下：（1）李某于本判决生效之日起七日内赔偿某广告公司经济损失38 000元；（2）驳回某广告公司的其他诉讼请求。

某广告公司不服一审判决，提起上诉。2019年9月26日，二审法院同意一审法院裁判意见，依照《中华人民共和国民事诉讼法》第一百七十条第一款第（一）项之规定，判决如下：驳回上诉，维持原判。

## 评析意见

本案应从两方面考察。

一方面，劳动者在履行职务行为过程中，因重大过失给用人单位造成经济损失，应予以适当赔偿，李某是否应该赔偿某广告公司的经济损失，应考察李某是否构成重大过失。

劳动者对用人单位负有忠实义务，在履行职务行为的过程中，应避免给用人单位造成损失。因劳动者过错，给用人单位造成经济损失的，应予适当赔偿。考虑到劳动关系的特殊性，劳动者的过错程度应达到故意或重大过失的程度。

李某已从事媒体行业的财务会计相关工作十余年，具有丰富的媒体行业财务会计工作经验，其理应知晓一名专业会计人员在相关工作岗位的工作职责和流程要求。但在案外人通过QQ加其为好友，并冒充领导向其发出汇款指令时，其既未注意到QQ后台屡次向其发送的安全警示信息，亦未及时采取更直接有效的方式与公司相关负责人员沟通核实情况，而是在违反正常转账流程的情况下草率向他人个人账户进行大额汇款。此外，当前电信、网络类诈骗模式已得到各类社会媒介的广泛宣传和曝光，一般人均应具有一定的防范心理。因此，对李某关于其不存在过错不应赔偿的主张，法院不予采纳；对某广告公司关于李某存在重大过失应予赔偿的主张，法院予以采纳。

另一方面，赔偿金额应综合考量李某的工作性质、工作经验及工资收入，某广告公司及李某的过错程度、损害后果，以及双方风险防范、损失负担能力等情况，根据公平原则、诚实信用原则，酌情予以确定。

第一，考虑到劳动关系的特殊性，在确定损害赔偿责任时，应在用人单位和劳动者之间合理分配风险和损失。某广告公司作为用人单位，负责提供生产资料和劳动条件，享有劳动成果，劳动者在履行劳动合同过程中给用人单位造成损害，在一定程度和范围内属于用人单位的经营风险，应当由用人单位承担。

第二，被侵权人对损害的发生也有过错的，可以减轻侵权人的责任。某广告公司未设置专门的财务规章制度，其公司日常转账中存在管理人员仅口头同意、后补签字的情况，无严格的审批手续，缺乏监督制约，在制度设计和操作规范方面均存在漏洞，是本案发生的重要原因。某广告公司缺乏专职财务人员，与关联公司对李某混同用工，亦应承担人员及财务管理不当的法律责任。如果将公司制度不健全、管理松散带来的经营风险全部由劳动者负担，显然有失公平。

综上，对某广告公司要求李某全额承担经济损失的主张，法院不予采纳。

李某的失职行为已构成重大过失，已达到应当承担一定赔偿责任的程度，理应对给某广告公司造成的经济损失承担适当的赔偿责任。综合考量前述各种因素，法院判决某广告公司的损失由李某承担10%。

用人单位诉求劳动者赔偿损失的案件，常见情形为劳动者履职期间损坏单位财物或泄漏工作秘密造成用人单位损失。近年来，因劳动者履职中遭受网络诈骗给用人单位造成损失而引发的赔偿纠纷，也时有发生。劳动者遇到的网络电信诈骗，主要有通过电话骗取账户信息后将钱款转走和通过社交软件冒充领导下达转款指令实施诈骗两种类型。此类案件主要特点为：案件多发于中小型民营企业的财务岗位；损害以直接钱款损失为主且数额巨大；争议焦点集中于劳动者在何种情况下需承担责任以及承担多大比例的责任；劳动者被判担责的案件占比高，但赔偿的数额比例并不高，通常都是在损失数额的50%以下。造成此类案件发生的原因主要有当前信息安全风险增大，当事人安全防范意识不足，以及双方对损失承担的认知差异较大等。

履职中受骗劳动者在何种情况下应赔偿用人单位的损失以及具体赔偿额度如何确定，本案是一个典型的分析样本。

**（一）履职中受骗劳动者因故意或重大过失给用人单位造成经济损失的，应予以赔偿**

劳动者对用人单位负有忠实义务，在履行职务行为的过程中，应避免给用人单位造成损失。若劳动者存在过错给用人单位造成重大损失，应承担相应赔偿责任，这符合过错责任的一般原理，通常也符合用人单位规章制度的规定和双方劳动合同的约定。但履职中受骗劳动者的过错达到何种程度才应被追究赔偿责任，这一问题需要严格界定。

故意是过错程度最高的一种主观过错，劳动者明知不可为而为所导致的用人单位损失，显然应予赔偿。按照注意程度不同，过失分为重大过失、一般过失和轻微过失。重大过失即行为人欠缺一般人具有的起码注意，其只要稍加注意，损失本不会发生，其漠不关心的冷漠态度已达到极致，从而与故意在法律和道德的应受谴责程度上已相差无几。一般过失即行为人缺乏一般知识、智力和经验的人诚实处理事物所应有的注意。轻微过失即行为人缺乏极谨慎而精细的管理人的注意。对于一般过失或轻微过失，由于所要求的注意程度极高，在一般情况下的一般人可能都会犯此过失。履职中受骗的劳动者若仅是一般过失或轻微过失也要承担赔偿责任，则是一种苛责。考虑到劳动关系的隶属性以及劳动法律倾斜保护劳动者的一般原则，履职中受骗的劳动者承担赔偿责任的过错程度应以达到故意或重大过失为限。

当然，用人单位可以通过制定员工手册等规章制度，对存在一般过失或轻微过失的劳动者进行适当合理的规制，以便督促劳动者提高履职过程中的注意程度，防止产生或扩大损失。

对于劳动者是否构成重大过失，需在个案中具体审查，根据劳动者的工作性质、工作经验、知识水平、受骗细节等综合判断劳动者是否尽到了一般人的注意义务。

**（二）赔偿金额应以实际损失为基础，兼顾当事人的过错程度以及风险防范、损失负担能力等综合因素，根据公平原则、诚实信用原则予以确定**

用人单位负责提供生产资料和劳动条件，享有经营利益，劳动者在履行劳动合同过程中给用人单位造成损害，在一定程度和范围内属于用人单位的经营风险，应当由用人单位承担。用人单位对损害的发生也有过错的，可以减轻劳动者的责任。如果将公司制度不健全、管理松散带来的经营风险全部由劳动者负担，显然有失公平。用人单位的风险防范、损失负担能力一般均高于劳动者，在确定具体损害赔偿金额时，应在用人单位和劳动者之间合理分配风险和损失。

因此，劳动者需要赔偿的损失应在用人单位实际遭受的经济损失范围内确定。对于产生的实际损失，应由用人单位进行举证证明，无法证明产生的实际损失金额的，应承担举证不能的不利后果。在实际损失确定后，还需考虑双方的过错程度以及风险防范、损失负担能力等情况，根据公平原则、诚实信用原则，综合衡量后予以确定。

（北京市朝阳区人民法院　肖唯）

# 31. 法定最长试用期内延长试用期的认定

## 争议焦点

1. 法定最长试用期内延长试用期是否属于二次约定试用期；
2. 法定最长试用期内延长试用期是否应支付违法约定试用期赔偿金。

## 基本案情

**原告（上诉人）：某教育公司**
**被告（被上诉人）：王某某**

王某某于 2018 年 3 月 26 日入职某教育公司，担任渠道总监，双方签订有期限自 2018 年 3 月 26 日起至 2021 年 3 月 25 日止的劳动合同，其中试用期至 2018 年 6 月 25 日止。

某教育公司主张其公司与王某某在劳动合同中约定了 3 个月试用期，但因王某某销售业绩为零，与简历所介绍的优异销售能力不符，因此其公司延长 3 个月试用期，王某某对此明确认可，且总计 6 个月试用期符合法律规定，其公司无须支付王某某违法约定试用期赔偿金及 2018 年 6 月 26 日至 2018 年 9 月 30 日期间的工资差额。

为此某教育公司提交了王某某个人简历、聘用通知书、延迟考察期通知书复印件以及某教育公司人事专员赵俊霞与王某某的微信截屏作为证据。个人简历内容显示王某某的基本资料、求职意向、工作经历等内容。聘用通知书内容包括任职部门、工作地点、薪酬福利、职责与工作任务等内容，试用期为 3 个月。延期考察通知书内容显示，“王某某先生：3 个月试用期间，王某某表现较好，能够完成基本工作，但作为公司营销部门来说，‘出单’是结果导向，在 3 个月试用期间没有签单，按照公司《营销人员绩效激励办法》，不予转正……现经公司决议，将王某某的考察期延长3个月，日期为2018年6月26日至2018年9月25日。届时，公司、团队负责人综合评定你在此期间的表现后，另作安排。”微信聊天记录内容显示，“赵俊霞：某某早。你的转正还是想等你有了第一份合同回来哈，觉得你快了。加油。合同签了就第一时间告诉我。王某某：嗯嗯，好。谢谢俊霞。”王某某对延迟考察期通知书复印件的真实性不予认可，称其没有收到过，对其余证据的真实性予以认可。同时，王某某主张其再次约定的试用期至2018年9月30日，为证明其主张，王某某提交了试用期转正通知书予以佐证，该通知书载有：“王某某……经过试用期的综合考评，您已经顺利地通过了公司的转正审核，自2018年10月1日起成为公司的一名正式员工。”该通知书的落款时间为2018年9月30日。某教育公司对试用期转正通知书的真实性无异议。

其余与争议焦点无关的事实此处不再赘述。

王某某以要求某教育公司支付违法解除劳动合同赔偿金、违法约定试用期赔偿金、工资差额、绩效工资差额、工资以及加班工资为由向北京市海淀区劳动人事争议仲裁委员会申请仲裁。仲裁委员会裁决：（1）某教育公司支付王某某2018年11月26日至2018年12月28日期间工资差额3 875.5元；（2）某教育公司支付王某某2018年6月26日至2018年9月30日期间违法约定试用期赔偿金42 027.59元；（3）某教育公司支付王某某2018年6月26日至2018年9月30日期间税后工资差额9 029.35元；（4）某教育公司支付王某某2018年10月1日至2018年11月25日期间绩效工资差额5 800元；（5）某教育公司支付王某某违法解除劳动合同赔偿金23 331.8元；（6）某教育公司支付王某某2018年3月26日至2018年12月28日期间延时加班工资1 777.45元；（7）驳回王某某其他仲裁请求。某教育公司不服仲裁裁决，向北京市海淀区人民法院提起诉讼。

## 审理结果

北京市海淀区人民法院作出一审判决：（1）某教育公司于判决生效之日起7日内支付王某某2018年11月26日至2018年12月28日期间工资差额2 982.3元；（2）某教育公司于判决生效之日起7日内支付王某某2018年10月1日至2018年11月25日期间绩效工资差额5 406.9元；（3）某教育公司于判决生效之日起7日内支付王某某2018年6月26日至2018年9月30日期间违法约定试用

期赔偿金 42 027.59 元；（4）某教育公司于判决生效之日起 7 日内支付王某某 2018 年 6 月 26 日至 2018 年 9 月 30 日期间工资差额 6 480.04 元；（5）某教育公司于判决生效之日起 7 日内支付王某某违法解除劳动合同赔偿金 22 557.47 元；（6）某教育公司于判决生效之日起 7 日内支付王某某 2018 年 3 月 26 日至 2018 年 12 月 28 日期间延时加班工资 1 777.45 元。某教育公司不服一审判决，向北京市第一中级人民法院提起上诉。

北京市第一中级人民法院作出二审判决：驳回上诉，维持原判。

## 评析意见

《劳动合同法》第十九条规定："劳动合同期限 3 个月以上不满 1 年的，试用期不得超过 1 个月；劳动合同期限 1 年以上不满 3 年的，试用期不得超过 2 个月；3 年以上固定期限和无固定期限的劳动合同，试用期不得超过 6 个月。同一用人单位与同一劳动者只能约定一次试用期。"本案中，双方劳动合同期限为 3 年，故双方约定的试用期不得超过 6 个月。双方在劳动合同中约定试用期为 3 个月，用人单位在试用期届满前延长 3 个月试用期，总试用期为 6 个月，并未超过法定最长使用期限，该行为应当如何处理？笔者认为，该问题应当从以下两个层面进行分析。

一方面，根据《劳动合同法》第十九条规定，同一用人单位与同一劳动者只能约定一次试用期。虽然本案中用人单位与劳动者约定的试用期期间没有超过法定最长试用期限，但延长试用期的行为属于二次约定试用期，违反同一用人单位与同一劳动者只能约定一次试用期的规定，故该行为违法。

另一方面，《劳动合同法》第十九条规定同一用人单位与同一劳动者只能约定一次试用期，这意味着法律赋予劳动合同订立双方在法定最长试用期限范围内享有一次选择试用期的权利，双方通过这项权利可以在法定最长试用期限范围内确定试用期，但双方仅有一次这样的权利，一旦行使该权利，除特殊情况外，双方不得再次约定试用期。在此情况下，即使双方约定的试用期短于法定最长试用期限，由于不能二次约定，导致双方的"意定"即为"法定"，也就是说，双方通过"意定"的方式在法定最长期限内确定了属于双方的"法定试用期"，在此期间外当然不属于法定试用期，应当支付违法约定试用期赔偿金。

**（一）法定最长试用期内延长试用期是否属于二次约定试用期**

一种观点认为，该行为属于二次约定试用期。《北京市高级人民法院 北京市劳动人事争议仲裁委员会关于审理新型冠状病毒感染肺炎疫情防控期间劳动争议案件法律适用问题的解答》第5条规定："劳动者在试用期内因客观原因不能返岗上班，用人单位可以采取灵活的试用考察方式考核劳动者是否符合录用条件。无法采取灵活考察方式实现试用期考核目的的，用人单位与劳动者协商顺延试用期，不违反劳动合同法第十九条第二款关于'同一用人单位与同一劳动者只能约定一次试用期'的规定精神。劳动者因上述原因导致无法正常提供劳动的期间不应计算在原约定的试用期内，不应视为延长了原约定的试用期。"其中强调在疫情防控这一特殊客观情况下，双方协商顺延试用期，不违反同一用人单位与同一劳动者只能约定一次试用期，由此反推，在无特殊情况下，双方协商顺延试用期违反同一用人单位与同一劳动者只能约定一次试用期的规定，属于二次约定试用期。

另一种观点认为，该行为不属于二次约定试用期。《浙江省高级人民法院民事审判第一庭、浙江省劳动人事争议仲裁院关于审理劳动争议案件若干问题的解答（五）》第6条规定："用人单位与劳动者约定了试用期，试用期内双方协商一致以书面形式约定延长试用期，延长后累计的试用期仍在法定期限内的，不属于同一用人单位与同一劳动者多次约定试用期的情形，该约定合法有效。"

**（二）法定最长试用期内延长试用期是否应当支付违法约定试用期赔偿金**

一种观点认为，该行为即使属于二次约定试用期，但延长的试用期仍在法定最长试用期范围内，因此不应支付违法约定试用期赔偿金。该观点认为，第一，法律规定支付违法约定试用期赔偿金的前提是"违法约定的试用期已经履行的……按已经履行的超过法定试用期的期间向劳动者支付赔偿金"，其中超过法定试用期的期间应当理解为法定最长试用期期间。故延长的试用期期间在法定最长试用期期间范围内，不应支付违法约定试用期赔偿金。第二，惩罚性赔偿的适用应当谨慎，即在用人单位严重侵害劳动者合法权益，有法律明文规定的违法行为和责任后果的情况下，才可适用。就本问题而言，法定最长试用期是法律限制用人单位滥用试用期、保护劳动者合法权益的界限。超过这一界限，劳动者合法权益可能会受到严重损害，因此法律通过设置惩罚性赔偿的措施来惩罚突破最长期限的行为。而在法定最长期限内延长，即使属于二次约定，但违法性和可能对劳动者造成的损害也相对较低，因此不应适用支付违法约定试用期赔偿金，补足工资即可。

另一种观点认为，该行为属于二次约定试用期，违反法律强制性规定，应当支付违法约定试用期赔偿金。从法律条文内容来看，《劳动合同法》第八十三条规定："用人单位违反本法规定与劳动者约定试用期的，由劳动行政部门责令改正；违法约定的试用期已经履行的，由用人单位以劳动者试用期满月工资为标准，按已经履行的超过法定试用期的期间向劳动者支付赔偿金。"其中写的是"超过法定试用期"，并不能当然理解为"超过法定最长试用期"。因为该条文前半句提到"用人单位违反本法规定与劳动者约定试用期的……"，而违反劳动合同法规定与劳动者约定试用期的情形，并非只有超出法定最长试用期一种，二次约定试用期亦属于违法约定试用期。如果将"超过法定试用期"理解为"超过法定最长试用期"，在二次约定试用期的情形下，如果两次约定的试用期之和在法定最长期间内，就不用向劳动者支付违法约定试用期赔偿金，这显然与法律规定是背道而驰的。因此，《劳动合同法》第八十三条中的"超过法定试用期"并非"超过法定最长试用期"，法定最长试用期内延长试用期属于二次约定试用期，应当支付违法约定试用期赔偿金。

（北京市第一中级人民法院　甄乾龙）

# 32. 微信聊天记录中的劳动合同文件是否属于电子劳动合同

## 争议焦点

东弘五维公司是否应支付陶某某未签订劳动合同双倍工资。

## 基本案情

**上诉人：东弘五维公司**

**被上诉人：陶某某**

2019 年 10 月 15 日，陶某某向北京市密云区劳动人事争议仲裁委员会申请仲裁，要求：东弘五维公司支付 2019 年 6 月 8 日至 10 月 1 日未签订劳动合同双倍工资差额 62 472 元。2019 年 11 月 15 日，仲裁委员会作出裁决，裁决东弘五维公司支付陶某某 2019 年 6 月 8 日至 2019 年 10 月 1 日未签订劳动合同双倍工资差额 58 205.33 元。

东弘五维公司向一审法院提出诉讼请求：判令东弘五维公司无须向陶某某支付 2019 年 6 月 8 日至 2019 年 10 月 1 日未签订劳动合同双倍工资差额 58 205.33 元。

一审法院认定事实如下：微信聊天记录记载，2019 年 5 月 14 日东弘五维公司李某通过微信向陶某某发送《东弘员工劳动合同范本》并要求其填写信息，陶某某于当日填写完信息后将劳动合同范本发回。劳动合同书系电子打印件，包括东弘五维公司（甲方）与陶某某（乙方）的基本信息、合同期限、劳动报酬、甲乙双方的权利和义务、劳动保险和福利待遇、违约责任、解除劳动合同的程序等内容，合同尾页记载“本合同一式两份，双方签字盖章后立即生效”。签字盖章处为空白。李某于2019年5月16日向陶某某发送《东弘员工劳动合同范本(陶某某)》，告诉陶某某将岗位标准明确了一下，陶某某回复“李总，合同我这边看了一下有几点疑问：(1) 合同是否是试用期合同？一个月之后是否还有一份转正合同？如果没有转正的合同，我希望在合同上有转正以后的工资。(2) 合同期限我希望是一年一签。(3) 之前我们谈的加班补助是不含在咱们的工资里的，从目前的合同上看加班补助是含在工资里的。(4) 这个奖金的系数比例是按照项目来算的吗？发放方式是否为年底奖金？还是项目奖金？(5) 晚上加班吃饭是否可以报销?”

东弘五维公司主张其通过微信向陶某某发送了电子版劳动合同，双方已经通过电子的形式签订了劳动合同，故不应支付未签订劳动合同双倍工资差额，为此，提交了微信聊天记录、劳动合同书等证据。陶某某认为东弘五维公司只让其填写个人信息部分，并未签字确认，公司亦未签字盖章。陶某某不认可双方已经签订书面劳动合同，亦提交了微信聊天记录、劳动合同书等证据。一审法院认为，《劳动合同法》第十六条规定：“劳动合同由用人单位与劳动者协商一致，并经用人单位与劳动者在劳动合同文本上签字或者盖章生效。劳动合同文本由用人单位和劳动者各执一份。”根据上述规定，第一，劳动合同文本是用人单位与劳动者就劳动合同条款协商一致的结果，本案中，陶某某与李某的微信聊天记录显示了双方就该劳动合同进行协商的过程，但未能显示双方就劳动合同的内容达成一致。第二，劳动者与用人单位在合同文本上签字或盖章是劳动合同得以生效的必要条件，本案中，东弘五维公司和陶某某提交的劳动合同，在其尾页专门的签字盖章处并没有陶某某的签名，亦没有东弘五维公司的签字盖章，不符合劳动合同签订的形式，该劳动合同并未生效。综上，不应认定东弘五维公司与陶某某签订了书面劳动合同。庭审中，东弘五维公司主张其要求过陶某某在劳动合同上签字，但陶某某未签字，对此，一审法院认为，东弘五维公司作为用人单位与员工签订书面劳动合同是其法定义务，即使陶某某不与东弘五维公司签订劳动合同，东弘五维公司仍可依照《劳动合同法实施条例》第五条、第六条的规定终止双方劳动关系。东弘五维公司既未按照上述规定行使权利，亦未与陶某某签订符合法律规定的书面劳动合同，应当承担相应的法律责任。《劳动合同法》第八十二条第一款规定：“用人单位自用工之日起超过一个月不满一年未与劳动者订立书面劳动合同的，应当向劳动者每月支付二倍的工资。”本案中，东弘五维公司在陶某某在职期间未与其签订符合法律规定的书面劳动合同，判决：东弘五维公司支付陶某某2019年6月8日至2019年10月1日未签订劳动合同双倍工资差额58 305.33元（于判决生效之日起十日内付清）。

东弘五维公司不服一审判决提起上诉。事实与理由：第一，一审判决认定事实错误，双方事实上已通过微信聊天的方式订立劳动合同。东弘五维公司曾两次通过微信的方式向陶某某发送劳动合同并要求陶某某确认，陶某某在确认后回复“好的”，并于当天填写好姓名、住址、联系方式等劳动合同的要素信息发送给东弘五维公司，可见双方事实上已通过微信聊天的方式订立劳动合同。第二，一审判决适用法律错误。双方通过微信聊天的方式订立劳动合同，符合法律规定，该劳动合同依法成立并已生效，东弘五维公司不应支付未签订劳动合同工资差额。

## 审理结果

二审法院判决：驳回上诉，维持原判。

## 评析意见

本案判决的部分结论为“通过微信文件发送的劳动合同文件并不当然视为《人力资源社会保障部办公厅关于订立电子劳动合同有关问题的函》（人社厅函〔2020〕33号）和《北京市高级人民法院　北京市劳动人事争议仲裁委员会关于审理新型冠状病毒感染肺炎疫情防控期间劳动争议案件法律适用问题的解答》第四条中的电子劳动合同”。

《北京市高级人民法院　北京市劳动人事争议仲裁委员会关于审理新型冠状病毒感染肺炎疫情防控期间劳动争议案件法律适用问题的解答》第四条规定，用人单位与劳动者协商一致，可以采用电子形式订立书面劳动合同。采用电子形式订立劳动合同，应当使用符合电子签名法等法律法规规定的可视为书面形式的数据电文和可靠的电子签名。用人单位应保证电子劳动合同的生成、传递、储存等满足电子签名法等法律法规规定的要求，确保其完整、准确、不被篡改。符合劳动合同法规定和上述要求的电子劳动合同一经订立即具有法律效力，用人单位与劳动者应当按照电子劳动合同的约定，全面履行各自的义务。劳动者以电子形式不属于书面合同为由，请求确认该电子劳动合同无效，或要求用人单位支付未订立或续订书面劳动合同二倍工资差额的，不予支持。同时根据《电子签名法》第四条规定，能够有形地表现所载内容，并可以随时调取查用的数据电文，视为符合法律、法规要求的书面形式。第五条规定，符合下列条件的数据电文，视为满足法律、法规规定的原件形式要求：（一）能够有效地表现所载内容并可供随时调取查用；（二）能够可靠地保证自最终形成时起，内容保持完整、未被更改。但是，在数据电文上增加背书以及数据交换、储存和显示过程中发生的形式变化不影响数据电文的完整性。第六条规定，符合下列条件的数据电文，视为满足法律、法规规定的文件保存要求：（一）能够有效地表现所载内容并可供随时调取查用；（二）数据电文的格式与其生成、发送或者接收时的格式相同，或者格式不相同但是能够准确表现原来生成、发送或者接收的内容；（三）能够识别数据电文的发件人、收件人以及发送、接收的时间。

首先，明确一点，这里的电子劳动合同，同样属于书面合同。我国《劳动合同法》对订立、变更劳动合同的书面形式有强制性要求（第十条第一款、第三十五条）。书面劳动合同对于明确用人单位和劳动者权利义务来说都至关重要。用人单位自用工之日起超过一个月不满一年未与劳动者订立书面劳动合同的，应当向劳动者每月支付二倍的工资（第八十二条第一款）。

其次，根据《民法典》第四百六十九条第二款、第三款规定，数据电文要符合书面形式，必须满足两个条件：一是能够有形地表现所载内容；二是可以随时调取查用。而在微信聊天记录中以发送文件的方式签订劳动合同，很难达到有效储存、电子签名、不被篡改的要求，在诉讼中也面临“发送劳动合同一方是否能代表公司意志”的疑问。

再次，具体到本案中，第一，劳动合同中无公司签章，亦无陶某某电子签名。陶某某在微信中对劳动合同内容提出了五点疑问，双方并非就合同内容达成一致。第二，陶某某回复“好的”不能视为其对合同内容作出了有效承诺，而按通常理解为对收到相关文件的一种礼节性回复。第三，公司主张“微信号作为个人专有专用的通信工具，双方聊天记录依法属于可靠的电子签名”，而根据《电子签名法》第十三条规定，聊天记录当然无法被认定为可靠的电子签名。

最后，提到电子劳动合同，笔者认为区块链技术大有可为。第一，区块链技术具有不可篡改、不可抵赖、可追溯、系统稳定、去中心化、多方参与等特性。第二，区块链平台能够有效解决电子数据存证成本高、效率低、认定难等问题。

第三，区块链技术还可以解决当前普遍存在的用人单位在要求劳动者签署合同后收走合同、劳动者主张权利时证据不足、其后在劳动仲裁或诉讼过程中用人单位提供其篡改过的对其有利的劳动合同的问题。第四，使用区块链（时间戳）技术签署电子劳动合同，可以保证合同的生成、传递、储存等满足电子签名法等法律法规规定的要求，确保其完整、准确、不被篡改，杜绝了劳动者签字后用人单位单方篡改合同内容、合同签订时间的可能性，有利于促使劳资双方明确权利义务，同时有利于保障劳资关系的稳定和健康发展。

（北京市第三中级人民法院　程惠炳）

# 劳动合同的解除与终止

# 33. 房地产公司可否依据公司规章制度与员工合法解除劳动合同

## 争议焦点

1. 房地产公司的做法是否属于调整工作岗位、调整工作地点，上述调整是否合法；

2. 冯某在原工作岗位打卡是否算出勤工作，冯某是否构成旷工 11 天；

3. 房地产公司解除劳动合同是否违法。

## 基本案情

**上诉人（原告）：冯某**

**被上诉人（被告）：某房地产公司**

2013 年 9 月 2 日，冯某入职某房地产公司，双方签订劳动合同，期限为 2013 年 9 月 2 日至 2016 年 12 月 1 日，后续签至 2019 年 12 月 1 日。劳动合同约定的工作岗位为工程管理，工作地点为房地产集团公司及属下项目所在地，工作时间为标准工时制度。2018 年 9 月 4 日，某房地产公司通知冯某于 2018 年 9 月 6 日将工作地点调整至汉沽大丰路项目工作，工作岗位为工程管理，但冯某未至该工作地点工作。某房地产公司于 2018 年 9 月 8 日发出通知书，通知冯某尽快到岗，否则将按照相关劳动纪律管理办法执行。2018 年 9 月 14 日，某房地产公司再次发出旷工通知书，通知冯某到岗工作，并载明：如继续旷工，将按照《房地产集团公司天津区域劳动管理办法 V2.0（修订版）》规定，连续旷工时间超过 2 天（含）或者一个自然年度内累计旷工超过 3 天（含）的，按照严重违纪处理并同时解除劳动合同。2018 年 9 月 6 日至 20 日期间，冯某至原工作地点（河西区某大厦9层）考勤打卡，未至汉沽大丰路项目工作。另冯某在调岗前每周出勤5天，每天7小时；调岗后每周需出勤6天，每天6小时。

2018年9月20日，某房地产公司向工会发函载明：因冯某旷工11天，决定与其解除劳动合同。同日工会复函载明：同意公司依据公司规章制度解除与冯某的劳动关系。2018年9月21日，某房地产公司以冯某2018年9月6日至20日连续旷工为由解除劳动合同，冯某于该日收到解除劳动合同通知。

2018年11月26日，冯某向劳动人事争议仲裁委员会申请仲裁，请求裁决房地产公司支付违法解除劳动合同赔偿金269 621.45元。仲裁委员会裁决驳回冯某的仲裁请求。冯某不服该仲裁裁决，诉至法院，冯某主张房地产公司调整工作岗位及工作地点违法，且2018年9月6日至20日期间冯某至原工作地点打卡考勤，不构成旷工。

## 审理结果

一审法院认为，用人单位有权根据经营需要调整劳动者的工作地点。双方签订的劳动合同明确约定：冯某的工作岗位为工程管理岗位，工作地点为房地产集团公司及属下项目所在地，工作时间为标准工时制。经核实调岗后工作岗位的实情，某房地产公司调整后的冯某的工作地点及工作岗位未超出劳动合同的约定（仍然为管理岗、仍未超出标准工时、仍享有住房补贴等福利待遇），双方均认可调整后的岗位属于管理岗位，房地产公司所作的上述调整，工作地点及工作岗位未超出劳动合同的约定，并无违法情形。某房地产公司多次通知冯某到岗工作未果，冯某构成旷工11天。房地产公司提交的证据可以证实《房地产集团公司天津区域劳动管理办法V2.0（修订版）》在制定修改时经过了与工会协商的民主程序，且通过内网向员工进行了公示。冯某认为某房地产公司提交的证据仅可以证实其曾经打开过该文件，但无法证实其已经阅知的主张，不符合事实；且冯某在可以阅读该文件的条件下放弃阅读的权利，并不影响某房地产公司对该制度进行公示及向员工进行告知的事实的成立。因此某房地产公司依据公司规章制度与冯某解除劳动合同并不违法，某房地产公司不应当支付违法解除劳动合同经济赔偿金。

一审法院于2019年5月30日作出民事判决书，判决驳回冯某的诉讼请求。

后冯某提起上诉，二审法院判决维持原判。

## 评析意见

目前，劳动者的法律知识在增加，维权意识在增强，在其权益受到侵害时拿起法律的武器保护自己，是我们法治进程中的进步，但我们必须注意要防止权利滥用。当前，法院要坚持平等全面依法保护原则，维护安全稳定的营商环境，维护规范有序的市场环境，推动社会信用体系建设，为持续优化营商环境提供信用保障，同时要处理好法律效果与社会效果、政治效果的关系，促进经济秩序诚信健康发展。在企业经营过程中，用人单位应当享有用工自主权，有权对员工进行岗位调整，对于违反公司规章制度的行为依照公司规章制度规定进行处理，无须承担赔偿责任。本案中，第一，房地产公司的规章制度在制定阶段经过了职工代表平等协商确定，并通过公司内网进行公开发布，由网络系统自动识别“打开浏览”的历史，上述规章制度的内容经过了民主制定程序，并向冯某进行了告知，符合《劳动合同法》第四条的规定。第二，对于冯某发出的调岗通知、到岗通知、旷工通知，均明确引用载明了规章制度的条款和内容。解除劳动合同通知书在向冯某邮寄送达之前通知了工会，与工会进行了协商。某房地产公司解除劳动合同的依据明确具体，决定合理合法。第三，冯某在收到上述通知后，拒不到新的工作岗位工作，仍然在原工作岗位处打卡，并以录像形式进行取证，以图证实其未旷工，但上述行为明显违反了诚实信用的原则，不利于引导和构建用工信用体系建设，上述行为不能视为正常出勤。某房地产公司以旷工为由解除劳动合同，不违反《劳动合同法》的相应规定，不应当支付经济赔偿金。

（天津市津南区人民法院　侯敬）

# 34. 员工提出离职后未被批准，能否确认30天后解除劳动合同

## 争议焦点

员工提出离职后未被批准时劳动合同解除日期的确认。

## 基本案情

**申请人：孔某**

**被申请人：某乐器公司**

孔某系某乐器公司员工，岗位为发货员。孔某于2020年1月15日通过公司钉钉系统提出离职，因其2019年存在5天未休年休假、加班2天未安排倒休，其选择在离职前将上述假期休完，故同时申请了2020年1月16日至20日5天年休假和1月21日至22日2天倒休，并于1月16日开始进入休假状态。1月23日起该公司安排春节假期，春节假期后疫情暴发，该公司未复工复产，双方均未主动联系对方。该公司总监于2020年3月11日在钉钉系统上作出拒绝孔某离职的批示，公司主管于2020年3月18日电话告知孔某已发放1月份工资，社会保险缴纳至2020年1月。

孔某主张公司主管于2020年3月18日在电话中同时告知不需要其再返回公司上班，其认为该公司于当日与其解除劳动合同，要求公司支付2020年1月16日至3月18日工资。该公司对此不予认可，辩称公司主管没有告知其不能返岗，公司一直期待其返岗上班，公司总监于2020年3月11日作出拒绝其离职的批示，实际上是拒绝其擅自离职的方式，但因其2020年1月15日已提出离职，当日应作为劳动合同解除之日，后因其系离职状态，故不需要支付其2020年1月

16日至3月18日的工资。

## 审理结果

仲裁委员会依据《劳动合同法》第三十七条的规定，确认自孔某于2020年1月15日提出离职申请之日起30日后，即2020年2月13日双方劳动合同解除；某乐器公司应支付孔某2020年2月13日之前的工资，包括年休假期间工资、倒休期间工资和疫情待岗期间工资，但不需支付劳动合同解除后的工资。

## 评析意见

《劳动合同法》第三十七条规定："劳动者提前30日以书面形式通知用人单位，可以解除劳动合同。劳动者在试用期内提前3日通知用人单位，可以解除劳动合同。"

从立法目的上说，上述规定允许劳动者提前30日（试用期内提前3日）通知用人单位即可解除劳动合同，给予了劳动者在解除劳动合同方面很大的自主性，在一定程度上保障了劳动者的"择业自由"，有利于活跃人才市场，促进人才流通；对于用人单位，也可以利用这一时间为空出的岗位找到合适的人员，避免因为员工突然离职影响整个生产经营。

本案中，孔某提出离职申请后，某乐器公司没有在30日内作出反馈，庭审中，双方对解除时间的确定争议较大，仲裁委员会是否可以依据上述规定，裁决自提出离职申请30日后发生劳动合同解除的法律效力？对此，有以下两种观点。

第一种观点是否定的，理由为上述条文中使用的字眼为"可以"，而不是"应当"，因此不属于强制性规定，劳动者不是必须提前30日预告解除，且法律没有对未履行提前预告的劳动者制定罚则，根据"法无禁止即可为"的原则，劳动者提出离职则可以产生解除效力，不必然受《劳动合同法》第三十七条的限制，因此仲裁委员会也不能引用该条款来确认解除时间，本案中应裁决双方劳动合同自孔某提出离职之日起解除。

第二种观点是肯定的，理由为此处的"可以"仅表示其字面意思，不与"应当"对应，其强调的是能否经过30日预告期之后对用人单位发生解除的效果。本案中，双方未就劳动者单方解除预告期的长短作出约定，孔某提出离职后，某乐器公司未在 30 日预告期内作出反馈，仲裁委员会可以依据该条款裁决孔某在提出离职后满 30 日时对双方都产生解除效力。

仲裁委员会倾向于第二种观点。劳动者在享有解除劳动合同自主权的同时，也应当遵守解除合同预告期，即应提前 30 日通知用人单位才能有效。但值得注意的是，劳动者在提出离职通知之后仍要正常出勤，这样便于用人单位及时安排人员接替其工作，确保正常的工作秩序，避免因解除劳动合同影响用人单位的生产经营活动；若劳动者不遵守解除合同预告期或提出离职后不正常出勤给用人单位造成损失，则将可能承担赔偿责任。事实上，本案中导致上述裁量争议的另一个原因就是孔某提出离职后因休假、疫情等原因未出勤，导致无法直接判断其是否履行了 30 日预告期，但考虑到其未出勤原因均具有客观性，故仍以 30 日满后裁决双方劳动合同解除。

另一个值得注意的问题是，劳动者在提出离职后能否撤销。本案庭审中，孔某主张其在疫情期间仍期待返岗，但某乐器公司一直未与其联系，直至公司主管于 2020 年 3 月 18 日电话告知其不需要再返岗时，其认为公司于当日与其解除劳动合同，从而索要疫情期间工资。从孔某上述表述中可推断其在发生疫情后又希望与公司的劳动关系存续，故而意图忽略其 1 月 15 日提出离职的事实，而以公司告知不让返岗作为公司与其解除劳动合同的事由，其实质上就是在行使单方解除权后，又对离职通知的撤回。从民法理论上说，劳动者提出解除劳动合同是一种形成权，在其意思表示到达用人单位之前可以撤回，从而停止形成权的行使；当其意思表示已经到达用人单位后，形成权已经实现，不可以再撤销，除非用人单位同意接受撤销的请求。本案中，孔某通过某乐器公司的钉钉系统提出离职，其上级各部门均随时可见，庭审中该公司亦表示已对此知悉，但表示因年前用人紧张，并不希望其离职，因此，孔某解除劳动合同的意思表示已在提出离职当日到达了该公司，其不能再单方决定是否撤销。

本案中引发上述不同观点的关键词为《劳动合同法》第三十七条中的“可以”，其强调的是经过 30 日预告期之后可以对用人单位发生解除的效果，并不是绝对的，如果确因实际情况需要延长预告期，是可以延长的。例如，《北京市劳动合同规定》第十八条规定：“用人单位在与按照岗位要求需要保守用人单位商业秘密的劳动者订立劳动合同时，可以协商约定解除劳动合同的提前通知期。提前通知期最长不得超过 6 个月，在此期间，用人单位可以采取相应的脱密措施。”

《上海市劳动合同条例》第十五条第二款规定："对负有保守用人单位商业秘密义务的劳动者，劳动合同当事人可以就劳动者要求解除劳动合同的提前通知期在劳动合同或者保密协议中作出约定，但提前通知期不得超过6个月。在此期间，用人单位可以采取相应的脱密措施。"因此，若提出离职的劳动者所在岗位是重要且职位较高的岗位，用人单位无法在30日内招聘到合适的人选来接替其工作，或者为了保守用人单位的商业秘密需要较长时间脱密期的，双方可以事先约定离岗期限，在没有法律明确禁止的情况下，有约定首先应当遵守约定。

（北京市通州区劳动人事争议仲裁院　梁曼）

# 35. 非因法定事由不得随意终止/解除劳动合同

## 争议焦点

1. 某公司是否作出过解除与李某劳动合同的行为，若作出过，是否构成违法解除劳动合同；

2. 某公司能否撤销其作出的解除与李某劳动合同的行为。

## 基本案情

**申请人（被告、被上诉人）：李某**

**被申请人（原告、上诉人）：某公司**

李某于2006年11月6日入职某公司，双方签订期限自2006年11月6日至2007年11月30日的《劳动合同书》、期限自2007年12月1日至2008年11月30日的《劳动合同书》。双方于2007年12月26日签订《劳动合同变更协议》，将劳动合同到期日期变更至2011年11月30日。2011年12月1日，双方签订期限自2011年12月1日至2014年11月30日的《劳动合同书》。

2017年10月31日，某公司向李某送达《劳动合同解除/终止通知单》，通知李某双方签订的劳动合同将于2017年11月30日到期，经公司研究决定解除/终止劳动合同，原因为“合同到期不续签”，李某的最后工作日为2017年11月30日。

2017年11月23日，某公司向李某通过邮政特快专递寄送《劳动合同续签意见征询表》，载明姓名为李某、入职日期为2006年11月6日、原劳动合同到期日为2017年11月30日、新劳动合同类型为无固定期限、续签意见栏印制勾选“同意续签”、员工本人意见征询栏印制“同意续签”和“不予续签”选框，表格尾部注明："请您务必于2017年11月29日前将本人意见纸质版，返还至人事行政部。如员工未按时返还，则视为员工主动不续签。"李某表示其家人收到过该邮件，但没有将《劳动合同续签意见征询表》给其本人。

李某诉至仲裁委员会，要求某公司支付违法解除劳动合同的赔偿金。

## 审理结果

仲裁委员会经审理认为，用人单位应对其与劳动者终止劳动合同的合法性承担举证责任。因某公司未提交证据证明与李某签订有期限为2014年12月1日至2017年11月30日的劳动合同，仲裁委员会对其主张不予采信，某公司以劳动合同于2017年11月30日到期不续签为由发出《劳动合同解除/终止通知单》不符合法律规定，属于违法终止。依据《劳动合同法》第八十七条的规定，某公司应支付李某违法终止劳动关系的赔偿金。

一审法院经审理认为，针对争议焦点1，从双方举证来看，某公司与李某签订的最后一份书面劳动合同约定的截止期限为2014年11月30日，未有证据显示双方此后签订过书面劳动合同。在李某一直为某公司提供劳动的前提下，依据《劳动合同法》第十四条第三款之规定，应视为某公司与李某自2015年12月1日起已订立无固定期限劳动合同。某公司于2017年10月31日向李某送达《劳动合同解除/终止通知单》，以双方劳动合同将于2017年11月30日到期为由决定终止劳动合同实系解除双方劳动合同的行为。某公司所依据的双方劳动合同将于2017年11月30日到期的理由与事实情况不符，故某公司解除与李某劳动合同的行为违反法律规定。

针对争议焦点2，某公司于2017年11月23日向李某通过邮政特快专递寄送《劳动合同续签意见征询表》，询问李某是否同意续签劳动合同，李某亦认可其家人收到过该邮件，但如前述，某公司此前作出的《劳动合同解除/终止通知单》实系解除双方已形成的无固定期限劳动合同，该解除行为已于《劳动合同解除/终止通知单》送达李某时发生法律效力，此后除非李某同意，某公司并无可以单方撤销或撤回该解除行为的法律依据。据此，一审法院对于某公司关于《劳动合同解除/终止通知单》已被《劳动合同续签意见征询表》取代，并未最终生效的意见不予采纳。一审法院判决支持了李某的请求。

二审法院维持了一审判决。

## 评析意见

自《劳动合同法》实施以来，用人单位提高了积极与劳动者签订劳动合同的意识，但实践中仍大量存在劳动合同到期后，劳动者继续在用人单位工作，双方未再续订劳动合同的情况。对于此种情况，《劳动合同法》第十四条规定，用人单位自用工之日起满一年不与劳动者订立书面劳动合同的，视为用人单位与劳动者已订立无固定期限劳动合同。本案中，李某与某公司即属于此种情形，故认定自2015年12月1日起双方已订立无固定期限劳动合同。

无固定期限劳动合同是指没有终止时间的劳动合同，区别于有终止期限的固定期限劳动合同。《劳动合同法》第四十四条规定，有下列情形之一的，劳动合同终止：（一）劳动合同期满的；（二）劳动者开始依法享受基本养老保险待遇的；（三）劳动者死亡，或者被人民法院宣告死亡或者宣告失踪的；（四）用人单位被依法宣告破产的；（五）用人单位被吊销营业执照、责令关闭、撤销或者用人单位决定提前解散的；（六）法律、行政法规规定的其他情形。《劳动合同法实施条例》第二十一条规定，劳动者达到法定退休年龄的，劳动合同终止。因此，只要劳动者未达到法定退休年龄，双方也未出现解除或者终止劳动合同的法定情形，劳动者即享有一直在用人单位工作的权利，用人单位则无权以劳动合同到期为由终止双方劳动关系。结合本案，某公司与李某已被视为自2015年12月1日起订立无固定期限劳动合同，因此双方之间的劳动合同并无终止期的限制，在未出现法定解除或终止情形时，某公司以劳动合同到期终止为由解除双方劳动合同违反了法律规定。

法律赋予了劳动者及用人单位单方解除劳动合同的权利，解除行为于劳动者或用人单位将辞职申请或解除劳动合同通知书向对方送达时即发生法律效力。劳动者的解除行为是否发生法律效力不以用人单位批准为前提，解除行为发生法律效力之后，提出解除一方并不享有单方撤回的权利，除非对方同意撤销。本案中，解除行为在某公司发出解除终止通知到达李某处时已经生效，某公司不能以其他形式撤销。

（北京市大兴区劳动人事争议仲裁院　刘婕）

# 36. 关于用人单位采用经济性裁员方式行使劳动合同解除权应满足的程序性、实体性条件的解读

## 争议焦点

用人单位采用经济性裁员方式行使劳动合同解除权应满足的程序性、实体性条件。

## 基本案情

**申请人（被告）：张某某**

**被申请人（原告）：某能源服务公司**

申请人自2012年10月8日入职被申请人处，与被申请人订立了书面劳动合同，每月工资为8 500元，后升至17 700元。2017年6月28日，被申请人通知申请人于2017年6月22日解除劳动关系。申请人认为被申请人的行为严重违反法律规定，向天津经济技术开发区劳动争议仲裁委员会申请仲裁，要求支付违法解除劳动合同赔偿金157 500元等。

## 审理结果

**（一）仲裁情况**

劳动仲裁审理中，被申请人称其与申请人解除劳动合同系经济性裁员，并非违法解除，符合相关法律规定。仲裁委员会查明的事实为：2017年6月22日，被申请人以公司生产经营发生严重困难及员工劳动合同签订时所依据的客观经济

情况发生重大变化，致使劳动合同无法履行，需经济性裁员为由，根据《劳动合同法》第四十一条第（二）项、第（四）项的规定，与申请人解除了劳动合同。被申请人提交的其向开发区人力资源和社会保障局及滨海新区总工会递交的关于裁减人员事项的情况汇报等材料中包含了裁减人员的背景和裁减人员的基本方案。裁减人员的基本方案中载明2017年公司计划裁减80人左右，并提交了公司总裁致全体人员的邮件及公证书等。仲裁委员会认为，被申请人未建立企业工会，依法应履行提前30日向全体职工说明情况，听取全体职工意见的程序，被申请人未提交已经履行上述程序的证明。此外，被申请人提交的裁减人员事项的情况汇报仅笼统报告其裁减人员数量为80人左右，裁减人数不确定，且未载明被裁减人员的选择标准，无法证明申请人不属于依法应当优先留用的人员，因此认为被申请人解除劳动合同不符合《劳动合同法》第四十一条规定的程序性要求，构成违法解除劳动合同，裁决被申请人支付申请人违法解除劳动合同的赔偿金157 500元。

裁决后，某能源服务公司向天津市滨海新区人民法院提起诉讼。

**（二）一审情况**

一审法院查明，2014年至2016年期间原告公司总裁、董事会主席三次向全体员工发送电子邮件，称由于油价持续下跌，公司业务受到重创，公司决定在全球范围内进行人员裁减和部门重组。2017年5月4日公司决定继续实施2016年制订的经济性裁员计划，拟定于2017年6月起裁员80人左右。2017年6月1日，原告公司向开发区人力资源和社会保障局提交拟裁减人员事项的情况汇报、2014年至2016年三年的年度审计报告、该公司2017年计划裁员名单，名单中包括张某某。天津经济技术开发区总工会也于同日收到原告公司提交的拟裁减人员事项的情况汇报，情况汇报中介绍了公司连续三年出现亏损等情况。因此依据《劳动合同法》第四十一条的规定，2017年公司计划撤裁人员80人左右，计划于2017年12月31日前完成。

2017年6月22日，张某某在公司办公室与公司管理人员就解除劳动关系事项进行了协商，但是张某某表示拒绝，此种情况下，原告公司单方以因客观经济情况发生重大变化导致市场需求下降、职位减少，亦无可调整的职位，原劳动合同无法继续履行为由解除了与张某某的劳动合同。

一审法院认为，根据《劳动合同法》的规定，生产经营发生严重困难的，需要裁减人员20人以上或者裁减不足20人但占企业职工总数70%以上的，用人单位提前30日向工会或者全体职工说明情况，听取工会或者职工的意见后，裁减人员方案经向劳动行政部门报告，可以裁减人员。本案中，原告公司是在连续三年巨额亏损的情况下进行的裁员，2016年度、2017年度原告公司就当年度裁员计划均向劳动行政部门和工会组织进行了报备。原告公司虽未建立企业工会，但其已向开发区总工会进行了汇报，公司于2017年6月22日当面向张某某作出单方解除劳动合同的决定，符合法律规定，张某某要求原告公司支付违法解除劳动合同赔偿金的主张，依据不足，不予支持，遂驳回了张某某该项诉讼请求。

**（三）二审情况**

一审判决后，张某某提出上诉，认为公司以经济性裁员方式与其解除劳动合同程序及实体均与《劳动合同法》第四十一条的规定不符。天津市第二中级人民法院审理认为，公司提交的审计报告等证据能够证明公司连年亏损，生产经营发生严重困难的事实；公司提交的汇报材料等证据亦能证明公司就经济性裁员的安排听取了开发区工会的意见，向劳动行政部门进行了备案。因此，二审法院认为公司的行为符合法律规定，驳回了张某某的上诉。

## 评析意见

经济性裁员属于用人单位行使劳动合同解除权的主要方式之一，《劳动合同法》第四十一条对于用人单位如何行使该权利，从程序到实体上均作出了明确的规定，本案所涉及争议焦点均有体现。

**（一）程序性条件**

依据《劳动合同法》第四十一条的规定，一是必须裁减人员20人以上；二是必须提前30日向工会或者全体职工说明情况，并听取工会或者职工的意见。张某某认为公司一次性解除劳动合同者只有10人左右不足法律规定的20人以上，其他人员都是和企业协商解除了劳动合同，不应属于经济性裁员。笔者认为企业在符合劳动合同法规定的经济性裁员条件下，作出了裁员计划，计划裁员数额远超20人，至于最终如何完成裁员计划体现于不同方式，拘泥于单方解除劳动合同一种方式显系对法律的误读，对此一、二审法院结合事实作出的认定是符合法律规定的。听取工会或者职工意见方面，一、二审法院均认为，鉴于公司没有设立工会，选择由公司总裁以发送电子邮件的方式告知全体员工，同样符合经济性裁员的法律规定。

**（二）实体性条件**

《劳动合同法》第四十一条规定的实体条件中，生产经营发生严重困难是核心条件，其立法本意在于当用人单位的生产经营发生严重困难时，应当允许用人单位采取合理方式进行自救，而不是进一步陷入破产、关停的境地，允许其裁减人员、缩减员工规模是一项有效的缓解措施。从全局看，对用人单位的劳动者群体是相对有益的，但涉及特定劳动者个体权益，亦应审慎处理，因此强调“严重困难”。本案中，张某某对于公司出具的连续三年审计报告指出的巨额亏损的事实不认同，认为不能客观反映公司的实际经营情况，而一审、二审法院显然认为该证据能够客观反映公司三年来经营亏损的事实，结合相关数据，得出了公司生产经营“严重困难”的结论。应当讲，公司审计报告是依托于第三方专业会计机构作出的，客观性是具备的，审计报告也能够在较大程度上体现公司经营效益的实际，因此，本案的审理结果对公司采取经济性裁员方式单方解除与劳动者的劳动合同行为的合法性予以肯定。

如前所述，经济性裁员作为用人单位单方解除劳动合同的一种法定方式，形式构成上还要求必须一次性解除法定数量劳动者的劳动关系，因此在立法上既考虑了企业利益，也兼顾了社会的承受力。但执行中仍有可商榷之处，如本案，在程序环节仅有公司总裁向全体员工发送的说明，而意见反馈环节显然缺失，在一定程度上影响了程序性的合法性；实体环节中，审计报告反映的亏损问题，仅体现了结果性的数据，缺乏对于结果性数据影响较大的经营性收入、支出、成本核算等核心数据的公示，使得“经营困难”这一实质要件的导出略显依据不足。本案的审理、裁判发生在2018年，整理案例时正值新冠肺炎疫情肆虐全球，中国乃至全球经济遭受重创，企业生存受到前所未有的危机，在此大环境下，企业为生存所虑，采取经济性裁员的方式减轻损失是大势所趋，也是立法赋予企业的经营权利。如何进一步完善经济性裁员制度的法律构建，使之更加合理、透明、兼顾，也是我们探讨本案的初衷。

（天津市滨海新区人民法院　吴劲柏　闫冉冉）

# 37. 对于解除劳动合同经济补偿金可约定支付条件

## 争议焦点

当事人签订协议书，为经济补偿金设定支付条件的内容是否有效。

## 基本案情

**上诉人：甲公司**

**被上诉人：郭某**

郭某于2004年4月5日入职甲公司，担任副总裁。2017年8月24日，双方签订《解除劳动合同协议书》约定，“甲方为甲公司，乙方为郭某，甲乙双方本着平等、自愿的原则，就解除劳动关系事宜，经协商一致，达成如下协议：(1) 双方确认于2017年8月31日起解除劳动关系……(3) 经双方协商一致，甲方支付乙方补偿金税前人民币叁拾万零伍佰叁拾肆元整（小写：￥300 534元）。该补偿金包含但不限于解除劳动合同的代通知金、经济补偿金、赔偿金及可能的加班费、年假、社会保险费……(4) 该补偿金支付条件为乙方在职期间负责的下述两个项目全额收回应收账款或有明确的还款计划或协议（经公证）：①乙公司《智慧社区信息化集成工程项目（一期）（采购、工程、服务）合同》；②丙公司《实验室信息化集成及厂区安防监控项目施工合同》。其中，乙公司项目需有原协议各方的项目结算报告或验收报告，致使本协议甲方不承担后续工程量及任何违约成本，丙公司需按还款计划收到首期应收款。甲方承诺上述条件达成后的一个月内支付离职补偿金，如因乙方提供的材料或信息不完整导致败诉，甲方有权拒绝支付离职补偿金。”

2019年4月24日，郭某以甲公司为被申请人向北京市丰台区劳动争议仲裁委员会申请仲裁，请求：甲公司支付解除劳动合同经济补偿金300 534元。2019年6月14日，仲裁委员会作出裁决：甲公司支付郭某解除劳动合同经济补偿金300 534元。甲公司不服，起诉至法院，要求判决甲公司不支付郭某经济补偿金300 534元。

庭审中，甲公司主张其公司与郭某签订的《解除劳动合同协议书》中约定的支付条件尚未成就。郭某主张双方签订的《解除劳动合同协议书》中约定的支付条件，非郭某所能控制，违反法律规定，应属无效条款；即便认定该条款有效，支付条件亦已成就。

## 审理结果

北京市丰台区人民法院经审理认为：甲公司与郭某协商一致解除劳动关系，符合用人单位应支付劳动者经济补偿的情形。《劳动合同法》第五十条规定："用人单位应当向劳动者支付经济补偿的，应在办结工作交接时支付"。甲公司与郭某约定的补偿金不得附条件支付，根据《合同法》第五十二条规定，甲公司与郭某签订的解除劳动关系协议书中第4条违反法律强制性规定，加重劳动者义务，该补偿金支付条件应属无效。又因，合同部分无效，不影响其他部分效力的，其他部分仍然有效，故甲公司仍应依据该解除劳动关系协议书约定支付郭某补偿金300 534元。判决：（1）甲公司于判决生效后7日内向郭某支付补偿金300 534元；（2）驳回甲公司的诉讼请求。

北京市第二中级人民法院经审理认为：根据《最高人民法院关于审理劳动争议案件适用法律若干问题的解释（三）》第十条的规定："劳动者与用人单位就解除或者终止劳动合同办理相关手续、支付工资报酬、加班费、经济补偿或者赔偿金等达成的协议，不违反法律、行政法规的强制性规定，且不存在欺诈、胁迫或者乘人之危情形的，应当认定有效。"郭某主张《解除劳动合同协议书》第4条违反了《劳动合同法》第四十六条第（二）项、第五十条第二款的规定，应属无效。但是上述规定并非法律的效力性强制性规定，郭某与甲公司自愿达成《解除劳动合同协议书》，双方对经济补偿金的支付条件进行了明确约定，该约定并未违反法律法规的强制性规定，故《解除劳动合同协议书》第4条应属有效，双方均应遵照执行。同时，根据本案证据情况，可以认定《解除劳动关系协议书》第4条约定的支付条件已经成就。一审法院判决驳回甲公司关于不予支付解除劳动合同经济补偿金的诉求结果正确。判决：驳回上诉，维持原判。

## 评析意见

本案系一起用人单位与劳动者约定解除劳动合同经济补偿金支付条件的典型案例。郭某与甲公司解除劳动合同时签订了协议书，明确约定了经济补偿金的具体数额并附加了支付条件。本案的争议焦点实质上是《解除劳动合同协议书》第4条的效力问题，一审法院认为经济补偿金的支付不得附条件，故该条约定无效；二审法院则认为约定有效，鉴于在诉讼过程中双方约定的条件已成就，故对本案的判决结果予以维持。

诚然，用人单位和劳动者协商解除劳动合同并达成协议的案件甚为常见。解除协议往往包含工资、奖金、加班费、经济补偿金的支付等具体问题。根据《劳动合同法》第四十六条和第五十条的相关规定，用人单位向劳动者提出解除劳动合同并与劳动者协商一致解除劳动合同的应当向劳动者支付经济补偿，用人单位依照该法有关规定应当向劳动者支付经济补偿的，在办结工作交接时支付。那么，本案中《解除劳动合同协议书》第4条是否因违反法律法规的强制性规定而无效呢?

笔者认为，因涉及劳动法律关系的法律法规具有较为鲜明的公法和私法混合的性质，故在判断强制性规定的理解方面易产生混淆。首先，需明确的是，根据《合同法》及其司法解释，强制性规定应指效力性强制性规定，即违反效力性强制规定的，人民法院应当认定合同无效；违反管理性强制规定的，人民法院应当根据具体情形认定其效力。

其次，在劳动争议案件中，效力性强制性规定的识别重点在于是否存在侵害国家利益、公共利益，或是否存在扰乱市场管理秩序、违反公序良俗等情况；如果没有上述情形，则不应认定为效力性强制性规定。事实上，对于经济补偿金附加支付条件，从本质上讲，系劳动者对自身权利的一种处理，这种处理并未损害他人或国家利益，亦不涉及扰乱市场管理秩序等情况，故该约定不应认定无效。

最后，鉴于劳动法律法规公法、私法杂糅的特性，涉及效力性强制性规定的识别应更为谨慎。例如，在劳动法律关系中，有关社会保险的强制性规定是较为典型的效力性强制性规定，《中华人民共和国社会保险法》第六十条第一款规定："用人单位应当自行申报、按时足额缴纳社会保险费，非因不可抗力等法定事由不得缓缴、减免。"故如果用人单位与劳动者达成了无须缴纳社会保险费的协议，则会因违反了效力性强制性规定而无效。

（北京市第二中级人民法院　管元梓）

# 38. 关于公司决定提前解散引发的劳动合同终止争议

## 争议焦点

如何理解《劳动合同法》第四十四条第五项中“用人单位决定提前解散”的情形。

## 基本案情

**申请人：张某**

**被申请人：某科技公司**

张某于2018年3月18日入职某科技公司，担任技术总监岗位，月薪25 000元，双方签订期限自2018年3月18日至2021年3月17日的劳动合同。2019年11月23日某科技公司在公司张贴公告，内容为“依据《中华人民共和国劳动合同法》第四十四条第五项的规定用人单位决定提前解散，故2019年11月23日与员工终止劳动合同”。

经查，自2019年10月之后该公司均处于停业状态。庭审中，张某对某科技公司决定提前解散的事实和程序均提出异议，主张某科技公司仅是以此名义解除劳动合同，实际为违法解除劳动合同。某科技公司未就其决定提前解散提供其他材料，主张决定提前解散就是用人单位单方的决定，只要用人单位提前解散，就可以依据《劳动合同法》第四十四条第五项终止劳动合同，故不属于违法解除劳动合同。

## 审理结果

仲裁委员会认为，某科技公司应对其属于用人单位决定提前解散的情形举证证明，其未就公司决定提前解散提交相应的证据予以证明，需承担举证不利的后果，因此终止与张某的劳动合同为违法终止，某科技公司应支付张某违法解除劳动关系赔偿金。

## 评析意见

本案系因用人单位以公司决定提前解散为由终止与劳动者的劳动合同而引发的劳动争议，重点讨论问题为当公司提出决定提前解散时，应当对其进行何种审查，以及审查到何种程度。

**（一）“用人单位决定提前解散”的概念**

“用人单位决定提前解散”是一个劳动合同法中的概念，可引起劳动合同终止的法律效果。但公司解散这一概念亦涉及公司法相关法律法规。通过对劳动合同法中“用人单位决定提前解散”与公司法中的公司解散情形进行对比，可以发现，《劳动合同法》中涉及公司解散的主要为第四十四条第四款、第五款，其中“用人单位决定提前解散”与公司依法宣告破产、被吊销营业执照、责令关闭、撤销相并列。而《公司法》中对于公司解散事由可概括为三种类型：自行解散、强制解散和司法解散。其中第一百八十条第一款至第三款为公司自主行为的自行解散，第四款为由行政命令导致的强制解散，第五款为由法院出具裁判文书而进行的司法解散。

从法条对比与“用人单位提前解散”这一表述上来看，劳动合同法中作为劳动合同终止的法定情形的“用人单位提前解散”应当满足解散行为为用人单位自行作出、解散在时间上应为约定的营业期限届满之前两个条件；与公司法解散事由对比，“用人单位提前解散”仅包含“公司章程规定的其他解散事由出现”“股东会或股东大会决议解散”“因公司合并或分立需要解散”这三种情形。

**（二）“用人单位决定提前解散”的相关流程**

在“用人单位决定提前解散”的情形下，公司应完成以下流程，方能解散公司。首先公司作出股东大会或股东会决议，有限责任公司经三分之二以上表决权的股东通过，股份有限公司经出席会议的股东所持表决权的三分之二以上通过，并由董事会制定公司解散的方案。随后成立清算组进行清算，根据《公司法》第一百八十三条，除了公司因合并、分立而解散的，应当在解散事由出现之日起十五日内成立清算组。在此阶段，公司的法人人格虽然依然存在，但以清算组的名义对外代表公司进行活动，行使权利和履行义务，且其权利能力受到法律的特别限制，局限于为实现清算目的而进行的各种活动之内，不能开展新的经营活动。之后公司办理企业登记注销手续，向税务部门和人力资源社会保障部门提出登记注销。最后在上述步骤完成后，企业可提交《公司注销登记申请书》、股东会决议、清算组制作的清算报告及清税证明，向市场监督管理部门申请办理注销登记。

**（三）劳动仲裁的审查要点及审查程度**

对于用人单位以“用人单位决定提前解散”为由终止劳动合同，仲裁员在审查要点及程度上，长期以来实践中有两种观点。一种认为应当只对用人单位作出提前解散的解散决议进行审查，而不审查其是否进入清算程序；一种认为应审查用人单位决定提前解散的事实和程序，其审查程度应到用人单位是否进入清算程序，包括审查其是否具备可被采信的股东会议记录、会议决议，是否依法成立了清算组并清算各项事务如清理公司财产、通知或者公告债权人、清理债权债务等。

笔者认为，在审理相关案件时，应当只对用人单位作出提前解散的解散决议进行形式审查，而不对用人单位是否进入清算程序进行审查。根据劳动合同法，用人单位对存在提前解散决定这一事实负有举证义务，而实施解散行为应当作出正式决定，如召开股东会或者股东大会，用人单位可提交召集手续、会议记录、会议决议等相关材料予以证明。而如用人单位能够证明已经作出了提前解散的决议，应当认定其已经履行了举证责任。

在实务中，有些公司虽然作出了解散决议，但为了逃避公司债务，不履行清算责任，或者拖延清算，虽然该情形违反公司法的相关规定，但不能因此判断公司清算或注销无效，公司法仅仅对其规定了行政责任，未否认其注销效力，且因合并、分立而解散的公司无须进行清算，也就无法对其是否进入清算程序进行审查。因此在这种情形下，不宜因公司未进行清算程序而反推其未解散。

在案例的讨论过程中，部分仲裁员提出，对于用人单位决定提前解散是否进入清算程序或履行备案程序进行审查，主要目的在于防止公司进行策略性答辩，利用因提前解散而劳动合同终止之名行违法解除之实，实质上公司并未提前解散。对于这一点，笔者认为，对解除情形审查要点的确定其实质是对举证责任的分配，用人单位提交股东会决议即可认定为其已经就解散情形履行了举证责任，如劳动者认为用人单位在决议解散后依旧正常运营，依照民事证据的相关规定，则可由劳动者举证予以证明；此外，从提前解散引发的劳动合同终止的法律效果上看，公司依旧需要承担经济补偿，对劳动者的权益进行了适当的保护。

如劳动者以用人单位的决议程序与公司章程不符或者违反法律规定等进行抗辩，主张解散决议无效，那么是否应当对解散决议进行审查？用人单位决定提前解散是劳动合同终止的法定事由，仲裁委员会应当对用人单位主张决定提前解散提交的证据进行形式审查。但就其提交的解散决议，笔者认为，其一，根据《劳动争议调解仲裁法》第二条，对该决议进行效力审查属于公司法的相关内容，超过了仲裁委员会的审查权限；其二，在解散决议已经具备形式上的成立要件的情况下，对解散决议的效力质疑也应当由法律上已明文规定的利害主体，如股东或董事等向法院提出撤销或宣告无效之诉，而不应当由仲裁委员会进行效力审查。

（北京市朝阳区劳动人事争议仲裁院　陈慧佳）

# 39. 用人单位与劳动者建立非劳动类民事关系之可行性研究

## 争议焦点

用人单位与劳动者建立非劳动类民事关系的认定。

## 基本案情

**原告（上诉人）：天津A公司**

**被告（被上诉人）：林某**

2016年3月28日，天津A公司与林某签订《经纪合同》，约定林某聘请天津A公司为其全球范围内的独家经纪人，合同有效期三年，在合同期间由公司全权代理林某涉及出版、演出、电视直播、网络视频平台直播、录音、录像等与演艺有关的商业或非商业活动，以及与林某公众形象有关的活动。同日，公司与林某又签订《劳动合同书》，约定天津A公司聘请林某为其员工，合同期限三年，每月税后工资1万元，公司按照法律规定为林某参加适用的社会保险并缴纳社会保险费。合同签订后，公司为林某申报并缴纳了社会保险。此后，林某在公司的安排下从事足球及电竞解说、活动主持等工作。

2016年11月29日，天津A公司向林某发出警告函，内容为林某在未经公司事先书面同意的前提下，于2016年11月26日私自参加某赛事主持活动，严重违反了双方签署的《经纪合同》，要求林某于函件发出之日起3个工作日内，通过口头或者书面方式详细说明擅自参加该赛事的背景和原因，通过书面的形式保证未来严格遵守《经纪合同》的各项规定，不再从事任何违约事宜，并按照《经纪合同》的规定将所得收益的50%支付给公司；若未能在本函发出之日起3

个工作日内完全执行上述要求，公司将立即采取相应的法律行动。

2016年11月30日，林某向天津A公司发出《解除劳动合同（关系）通知书》，称由于单位不按国家规定安排劳动时间、不支付加班工资，故依据劳动法提出即日内与单位解除劳动关系（《劳动合同书》及《经纪合同》）。2016年12月9日，公司向林某发送通知，称同意林某提出的单方解除劳动合同的请求，但不认可且不接受林某提出的公司“不按国家规定安排劳动时间、不支付加班工资”以及要求公司支付“加班费”“相应经济补偿金”等指控和要求；要求林某于收到本回复后5个工作日内，到公司办理离职手续，办理完毕后公司会出具离职证明；就林某提出的要求解除2016年3月28日签署的《经纪合同》，公司明确拒绝，要求继续履行合同，且保留对之前违反该合同的行为提起诉讼和要求赔偿的权利。2016年12月12日，林某向天津A公司发送回复函，称双方签署的《经纪合同》虽名为“经纪”合同，但实质约定的是具体工作、工资待遇、权利义务、提成比例等与工作相关的具体内容，其与《劳动合同书》为关联合同，因此双方只存在劳动关系，并已于2016年11月30日依法解除。

2016年12月28日，林某与B公司签署《经纪合同》，聘请B公司为经纪人，授权B公司代理其涉及出版、演出、电视直播、网络视频平台直播、主持、解说、录音、录像等与演艺有关的商业或非商业活动，以及与其公众形象有关的活动等。

天津A公司遂以林某违反双方《经纪合同》的约定，擅自承接第三方活动已经构成违约为由诉至法院，要求解除《经纪合同》，林某承担违约责任。

林某主张《经纪合同》与《劳动合同书》为关联合同，双方实质上是劳动合同关系，合同履行期间公司不按规定安排劳动时间，不支付加班工资，又不按照《经纪合同》约定为其宣传、提供知名度及发放相应分成，还向合作单位发送公函，对其造成了负面影响，故发函解除劳动关系，现双方合同已经解除，其不存在违约行为，不同意天津A公司的诉讼请求。天津A公司对林某主张的上述情形均不认可，表示公司已经按照合同履行了义务，林某存在违约行为，即应该承担违约责任。

## 审理结果

一审法院认为，本案的争议焦点之一在于《劳动合同书》与《经纪合同》

的性质及天津A公司与林某之间的法律关系。天津A公司与林某签署的《劳动合同书》及《经纪合同》均出自双方当事人的真实意思表示，亦不违反法律、行政法规的效力性强制性规定，属于合法有效合同，双方当事人均应依约履行合同义务。

两份合同内容虽有关联，但性质不同。《劳动合同书》约束天津A公司聘用林某作为其员工的劳动关系，系对双方劳动关系权利义务的确定；而《经纪合同》系天津A公司与林某所签订的关于发展林某未来演艺事业的多种权利义务关系相结合的综合性合同，其中包含了委托、行纪、居间、劳动、著作权等多种法律关系，属于具有综合属性的演艺经纪合同。两份合同相互关联又各自独立，约束不同的法律关系，即天津A公司与林某之间既存在劳动合同关系，亦存在经纪合同关系。林某关于两份合同为关联合同，《劳动合同书》解除则《经纪合同》一并解除，《经纪合同》相关纠纷应通过劳动仲裁程序予以解决的抗辩于法无据，法院不予支持。

林某上诉后，二审法院也认为，从两份合同的约定内容来看，《劳动合同书》中未约定林某的岗位和职责等内容，仅约定了每月工资一万元，未明确约定薪资构成，而《经纪合同》中明确约定了双方的职责义务、酬金构成等诸多内容。可见双方不仅存在劳动合同关系，也存在经纪关系合同，《劳动合同书》解除并不代表《经纪合同》即告解除，林某违反《行纪合同》约定，应该承担违约责任。

## 评析意见

本案系因劳动者与用人单位在劳动合同之外签订了经纪合同，对两合同的性质和效力以及劳动者与用人单位之间的法律关系存在认定分歧产生的争议。劳动合同是劳动者与用人单位之间确立劳动关系，明确双方权利和义务的协议；经纪合同是演艺人员与经纪公司签订的包含多种权利义务关系在内的综合性协议。在演艺人员与经纪公司签订了劳动合同之后，双方是否还能签订这样一个经纪合同呢？该合同的效力如何？在产生纠纷时应当适用何种裁判程序？

本案中，一、二审法院均认定两合同都具有效力，劳动合同与经纪合同均系双方真实意思表示，不违反法律法规强制性规定，当属合法有效的合同，双方应当根据合同的约定享有相应的权利、履行相应的义务。劳动合同约束的是作为用人单位的天津A公司与作为劳动者的林某之间的劳动关系；而经纪合同约束的是作为经纪公司的天津A公司与作为演艺人员的林某之间包括委托、行纪、居间、劳动、著作权等在内的多种权利义务关系。两者约束的法律关系不同、约定的权利义务内容也不尽相同，则两合同应当为性质不同的两份合同，各自分别有效，即双方主体存在劳动关系，也存在经纪合同关系。作为劳动关系主体的用人单位也可以作为平等民事主体与劳动者签订其他类型的民事合同，双方建立其他类型的法律关系。

经纪合同并非有名合同，而是包含多种法律关系在内、具有综合属性的合同，区别于劳动合同，双方之间的矛盾并非劳动纠纷，也就无须前置的劳动仲裁程序，根据案件情况适用相应的民事诉讼程序即可。同样的，经纪合同或者其他类型的民事合同中，约定了管辖条款的，按照约定去确定法律适用和管辖；没有约定管辖条款的，可以按照民事诉讼法的规定，确定管辖。

（北京市中伦文德律师事务所　胡高崇）

# 40. 劳动合同到期前劳动者明确表示不续签的，用人单位到期终止劳动合同是否仍需支付经济补偿

## 争议焦点

劳动合同到期前，劳动者明确表示不续签的，用人单位到期终止劳动合同是否仍需支付经济补偿。

## 基本案情

**上诉人：王某**

**被上诉人：某出租汽车公司**

王某于2006年4月1日入职某出租汽车公司，担任双班运营模式的出租车司机，双方最后一份劳动合同期限为2015年11月13日至2018年11月12日。2018年10月9日，某出租汽车公司向王某出具合同到期告知书，内容为："王某，公司与你签订的劳动合同将于2018年11月12日期满。届时公司将根据劳动合同及双向选择的原则，续签/终止（解除）劳动合同。请你按照下表内容填写自己终止/续签劳动合同的意向，如你选择终止意向，将视作提出终止劳动合同申请，公司将如期办理劳动合同终止手续。请你于2018年10月25日前将你本人意愿反馈回公司。"另附有回执内容："我于2018年10月9日接到劳动合同即将到期的通知，对告知书的内容已全部知晓，现对劳动合同是否续签回复如下：(1) 我愿意与某出租汽车公司签订单班劳动合同。(2) 我愿意与某出租汽车公司签订双班劳动合同，由自己调配对班。(3) 我愿意与某出租汽车公司签订双班劳动合同，由公司调配对班。(4) 我愿意与某出租汽车公司终止（解除）

劳动合同。”王某在选项（4）后签字。王某称日期为倒签的，实际签字日期为2018年11月9日。双方劳动合同于2018年11月12日终止。

后王某申请劳动仲裁，要求某出租汽车公司支付违法终止劳动合同赔偿金83 600元。仲裁委员会裁决：驳回申请人王某的仲裁请求。王某不服，诉至法院。本案先后经过一审、二审、再审程序。

## 审理结果

一审法院经审理认为：双方均认可合同到期告知书及回执中签字的真实性，王某虽称自己是迫于无奈选择终止劳动合同，但是其未能提交证据证明在签署过程中存在欺诈、胁迫、乘人之危等违背真实意思表示的情形，故法院认定到期终止劳动合同是双方真实意思的表示。劳动合同到期终止，用人单位须向劳动者支付终止劳动合同经济补偿金。王某的诉讼请求于法有据，法院予以支持。判决：某出租汽车公司向王某支付终止劳动合同经济补偿金41 800元。

二审法院经审理认为：某出租汽车公司提交的合同到期告知书以及回执，仅能证明某出租汽车公司在双方的劳动合同到期以前询问过王某的个人意愿，但上述证据不能证明某出租汽车公司是在维持或提高劳动合同条件的情形下，向王某提出了续订劳动合同的要求，更不能证明其是在维持或提高劳动合同条件时，王某依然拒绝续签合同。在此情形下某出租汽车公司与王某的劳动合同到期终止，不属于法律规定的用人单位无须向劳动者支付经济补偿金的情形。一审法院认定某出租汽车公司应当向王某支付终止劳动合同经济补偿金的处理正确，二审法院对此予以确认。判决：驳回上诉，维持原判。

再审法院经审理认为，双方当事人签署的《劳动合同书》和《承包营运合同书》均显示，双方的劳动关系至2018年11月12日期满。2018年10月9日，某出租汽车公司向王某发出了书面合同到期告知书，王某在“回执”中明确表示不续签劳动合同。在“回执”中有4个选项，其中前3个选项均是关于续签劳动合同的具体内容，包括签订单班劳动合同、签订双班劳动合同由自己调配对班、签订双班劳动合同由公司调配对班，而王某原本属于第三种情况，且单双班也仅是出租公司运营方式的不同。故书面合同到期告知书系以维持原劳动合同约定条件向劳动者提出续订劳动合同，而王某在“回执”的选项（4）即“我愿意与某出租汽车公司终止（解除）劳动合同”上签字确认，是明确拒绝续签合同的行为。原一、二审法院认定事实错误，法院再审予以纠正。根据《劳动合同法》第四十六条第（五）项的规定，由于王某不同意在原劳动条件下续订劳动合同，某出租汽车公司无须支付王某经济补偿金。

## 评析意见

本案涉及问题较多，如涉及出租汽车行业独特的单双班劳动条件问题，单班改双班或双班改单班是属于降低、维持还是提高劳动合同约定条件？又如终止劳动合同经济补偿的性质问题，是对劳动者过去工作贡献的补偿，还是对劳动者未来一段时期丧失工作的经济生活补助？还涉及书面合同到期告知书及其回执内容的意思表示解释问题，其意思表示是否明确，是要约邀请还是要约，是否属于用人单位维持或提高劳动合同约定条件续签劳动合同？在存在多种解释路径时，应如何进行选择？

上述问题都有讨论的空间。但这里要单独讨论的却是另外一个问题。劳动合同到期前，劳动者向用人单位表示劳动合同期满后不再续订，用人单位到期终止劳动合同，劳动者主张劳动合同终止的经济补偿是否应当支持？如果答案是肯定的，上述文件的意思表示解释问题就非常重要。如果答案是否定的，则上述文件的意思表示解释问题就可以忽略或者绕过了。

一种意见认为，对劳动者的请求不予支持。理由如下：第一，劳动者向用人单位作出了不续订劳动合同的意思表示，应理解为即使用人单位维持或提高劳动合同约定条件，劳动者也不同意续订。劳动者此时的意思表示是明确的，不应再苛求用人单位再次进行询问如果维持或提高劳动合同约定条件劳动者是否愿意续签，否则有明知故问之嫌。此种情形符合《劳动合同法》第四十六条第（五）项规定的除外情形，用人单位无须向劳动者支付经济补偿金。第二，《劳动合同法》第四十六条第（五）项的规定旨在促进用人单位和劳动者建立长期、稳定的劳动关系，因用人单位降低劳动合同约定条件导致双方不再续订合同时，用人单位需要承担支付经济补偿金的后果。劳动者因自身原因不再续订劳动合同，与用人单位提供的续订条件无关，故用人单位无须承担支付经济补偿金的后果。

另一种意见认为，对劳动者的请求应予支持。理由如下：第一，《劳动合同法》第四十六条第（五）项对是否应当支付经济补偿金区分了两种情形。当用人单位降低劳动合同约定条件导致不续订时，应当支付经济补偿金；当用人单位维持或者提高劳动合同约定条件，劳动者不同意续订时，无须支付经济补偿金。劳动者单方表示不愿意续订劳动合同，仅表明其在各种情形下均不再续订，但不意味着在用人单位降低劳动合同约定条件的情形下，劳动者放弃了主张经济补偿金的权利。第二，《劳动合同法》规定，除用人单位维持或提高劳动合同约定条件续订劳动合同，劳动者不同意续订的情形外，用人单位均应支付劳动合同期满终止的经济补偿金。用人单位仅凭劳动者不愿续订的意思表示，不足以证明该情形满足上述规定中无须支付经济补偿金的除外条件。在用人单位无法举证证明已向劳动者明确告知其同意维持或提高劳动合同约定条件续订时，应作出有利于劳动者的处理。

上述两种意见，争议较大，各有一定道理。在某种程度上，第一种意见是采用了反向解释和实质解释的方法，认为在劳动者明确提出不续签的情形下，无须再要求用人单位重复问询。构建和谐稳定的劳动关系是用人单位和劳动者双方的义务，在劳动者不同意续签情形下，无须再对其进行过度保护。第二种意见，则采用了严格文义解释的方法，除了法律明确规定的除外情形外，其他情形均须支付终止劳动合同经济补偿。该方法简单易操作，在实践中也有助于促进用人单位积极征询劳动者续签意见，建构稳定的劳动关系。

（北京市第二中级人民法院　马卫丰）

# 41. 劳资双方均没有证据证明劳动合同解除的原因，用人单位应否支付经济补偿

## 争议焦点

1. 王某与建筑公司之间是否存在劳动关系，特别是王某的烹饪工作是否属于建筑公司的业务组成部分；

2. 建筑公司应否支付王某解除劳动关系经济补偿金。

## 基本案情

**申请人（被告、被上诉人）：王某**

**被申请人（原告、上诉人）：建筑公司**

王某于 2007 年 7 月 25 日入职中国建筑第 N 工程局有限公司（以下简称建筑公司），任厨师一职。这期间，建筑公司没有与王某订立书面劳动合同，未为王某缴纳社会保险费。2019 年 8 月 17 日，王某离开工作岗位。

2019 年 10 月，王某以建筑公司为被申请人向劳动人事争议仲裁委员会申请劳动仲裁，要求确认王某与建筑公司之间存在劳动关系，要求建筑公司支付王某未缴纳养老保险费赔偿金、解除劳动关系经济补偿金等。

2019 年 12 月，劳动人事争议仲裁委员会作出仲裁裁决。建筑公司不服裁决结果，向法院提起诉讼，要求法院确认其与王某不存在劳动关系，无须向王某支付赔偿金、经济补偿金等。理由是建筑公司为建筑施工单位，主要经营范围为公路、铁路、房屋建筑、市政工程等；王某的工作技能为烹饪，其所提供的劳动并非建筑公司的业务组成部分，建筑公司仅需要王某提供相应的烹饪服务，建筑公

司与王某之间不具有人身从属性，也不具备财产从属性。

2020年5月29日，一审法院作出判决。建筑公司不服一审判决，向中级人民法院提起上诉，主张王某系因个人原因离职，建筑公司无须向王某支付解除劳动关系经济补偿金。

## 审理结果

**（一）劳动仲裁裁决结果**

1. 确认建筑公司与王某于2007年7月25日至2019年8月16日期间存在劳动关系。

2. 建筑公司于裁决生效之日起三日内，支付王某2007年7月至2011年6月期间未缴纳养老保险损失赔偿金7 201.2元。

3. 建筑公司于裁决生效之日起三日内，支付王某解除劳动关系经济补偿金75 000元。

**（二）一审法院判决结果**

1. 建筑公司与王某于2007年7月25日至2019年8月16日期间存在劳动关系。

2. 建筑公司于判决生效之日起7日内，支付王某2007年7月至2011年6月期间未缴纳养老保险损失赔偿金7 201.2元。

3. 建筑公司于判决生效之日起7日内，支付王某解除劳动关系经济补偿金75 000元。

4. 驳回建筑公司的诉讼请求。

**（三）二审法院判决结果**

驳回建筑公司上诉，维持原判。

## 评析意见

**（一）以劳动者提供的劳动不是用人单位业务组成部分为由，否定双方劳动关系的建立，是根本不能成立的**

用人单位的经营范围属于用人单位业务的组成部分，但不等同于用人单位业务的组成部分，更不等同于用人单位工作的组成部分。劳动者提供的劳动是用人单位工作的组成部分，可扩大理解为是用人单位的业务组成部分，由此认定双方可以建立劳动关系。

《劳动和社会保障部关于确立劳动关系有关事项的通知》第一条规定，“用人单位招用劳动者未订立书面劳动合同，但同时具备下列情形的，劳动关系成立：（一）用人单位和劳动者符合法律、法规规定的主体资格；（二）用人单位依法制定的各项劳动规章制度适用于劳动者，劳动者受用人单位的劳动管理，从事用人单位安排的有报酬的劳动；（三）劳动者提供的劳动是用人单位业务的组成部分。”北京市高级人民法院、北京市劳动争议仲裁委员会《关于劳动争议案件法律适用问题研讨会会议纪要》规定：“劳动者提供的劳动是用人单位工作的组成部分。”由此可见，“用人单位业务的组成部分”可以扩大理解到“用人单位工作的组成部分”。

本案一审中，建筑公司主张其与王某不存在劳动关系的根本理由是，作为建筑施工单位，主要经营范围为公路、铁路、房屋建筑、市政工程等，王某的工作技能为烹饪，其所提供的劳动并非建筑公司的业务组成部分，建筑公司仅需要王某提供相应的烹饪服务。因此，根据《劳动和社会保障部关于确立劳动关系有关事项的通知》的规定，双方之间不存在劳动关系。王某在建筑公司食堂工作，其提供的劳动虽不是建筑公司主营业务，但作为后勤保障应属于建筑公司组织体系中不可缺少的工作组成部分。如果认为用人单位业务组成部分或者工作组成部分等同于用人单位的经营范围，那么会产生一种非常尴尬的结果：用人单位中作为核心部门的人力资源部门和财务部门的员工不会与用人单位成立劳动关系，因为人力资源部门和财务部门的员工所提供的劳动不在用人单位的经营范围之内。当然，“劳动者提供的劳动是用人单位业务的组成部分”并不是确认双方存在劳动关系的必要条件，而是充分条件之一。也就是说，即使劳动者提供的劳动不是用人单位业务的组成部分，也并不能排除双方建立劳动关系。

**（二）用人单位和劳动者对劳动关系解除的原因均未提供证据予以证明的情况下，用人单位应当向劳动者支付解除劳动关系经济补偿金**

《最高人民法院关于审理劳动争议案件适用法律若干问题的解释》（法释〔2001〕14号）第十三条规定：“因用人单位作出的开除、除名、辞退、解除劳动合同、减少劳动报酬、计算劳动者工作年限等决定而发生的劳动争议，用人单位负举证责任。”《最高人民法院关于适用〈中华人民共和国民事诉讼法〉的解释》（法释〔2015〕5号）第九十条规定：“当事人对自己提出的诉讼请求所依据的事实或者反驳对方诉讼请求所依据的事实，应当提供证据加以证明，但法律另有规定的除外。在作出判决前，当事人未能提供证据或者证据不足以证明其事实主张的，由负有举证证明责任的当事人承担不利的后果。”

二审过程中，建筑公司虽然对王某与其劳动关系的存在及解除不持异议，但主张王某因需要回家看护老人和孩子而口头申请离职，建筑公司同意王某申请，因此不应支付解除劳动关系经济补偿金。王某主张因建筑公司未依法缴纳社会保险，长期安排加班太辛苦且不支付加班费为由书面申请解除劳动关系。庭审中，王某和建筑公司均认可双方劳动关系已经解除，但对各自的解除原因均未提供证据。这种情况下，劳动合同的解除是否是王某主动向建筑公司提出的这个待证事实就处于一种真伪不明的状态。那么，法院到底应当认定王某主动向建筑公司提出解除劳动关系为真，还是应当认定建筑公司向王某提出解除劳动关系为真呢？根据前述司法解释的规定，因用人单位作出解除劳动合同决定而发生的劳动争议，用人单位负举证责任。现建筑公司认可双方已经解除劳动关系，但就作出解除劳动关系决定未能完成举证责任，故应当认定建筑公司主张的王某向其主动提出离职的事实不存在。既然王某向建筑公司主动提出离职的事实不存在，那么依法应当认定建筑公司作出解除劳动关系决定这一事实就是存在的。根据《劳动合同法》第四十六条规定，建筑公司应当向王某支付经济补偿金。

**（三）用人单位应当依法合规用工，否则会遭受法律风险**

实践中，有些用人单位为了降低用工成本，认为不与劳动者订立书面劳动合同，就可以逃避其应当承担的对劳动者的法定义务。这种做法并不正确。正确的做法应该是在法律允许的框架内，根据单位实际情况，针对特定的岗位，可以选择一种更少承担法定义务的用工模式。例如，用人单位为了降低用工成本，可以选择与特定岗位的劳动者建立非全日制的劳动关系或与达到法定退休年龄的人员签订劳务合同，以部分或全部规避全日制劳动关系中需要缴纳的社会保险、经济补偿等，以降低用工成本。

用人单位不能漠视劳动合同履行过程中的管理工作。用人单位应当注重收集固定招聘环节、劳动合同订立环节和履行环节（主要指劳动者履行及用人单位支付劳动报酬方面，提供劳动条件和劳动保护等方面）、解除/终止以及解除/终止后环节的证据材料，以避免由于无法对自己的主张提供证据而陷入被动的境地。

（北京市致诚律师事务所　时福茂　史光宇）

# 42. “订立劳动合同时所依据的客观情况发生重大变化”与“原劳动合同无法继续履行”的因果关系认定

## 争议焦点

1. 如何理解“订立劳动合同时所依据的客观情况发生重大变化，致使原劳动合同无法继续履行”的内涵；

2. 对外公司与黄某解除劳动合同的行为是否符合《劳动合同法》第四十条第（三）项之规定。

## 基本案情

**原告（被上诉人）：黄某**

**被告（上诉人）：对外公司**

对外公司原系全民所有制企业，黄某系该公司员工。2017年9月12日，对外公司根据上级要求发布改制方案，其中员工安置方案载明：“现有在岗员工全部进入改制后的新公司。”改制方案经上级公司批复同意。批复中再次强调改制不涉及员工分流安置，全体员工由改制后新公司整体接收。2017年11月24日对外公司变更为有限责任公司。

2018年3月19日，对外公司公布《机构调整减员增效实施方案》，决定深化公司机构改革，精简部门设置，将现有11个部门整合为4个，本部人员从36人降至18人。除领导班子成员外所有在职人员通过公司内部竞聘上岗。未竞聘上岗的人员公司将通过推荐至其他公司应聘、协商解除劳动关系、待岗等方式安置。包括黄某在内的26名员工不同意该方案，向对外公司提交了两份员工意见。

后对外公司发布《机构和劳动关系调整实施方案》，载明："对公司机构调整中未能竞聘上岗且不同意其他方案的员工，公司将根据《劳动合同法》第四十条第（三）项及劳动合同、公司规章制度解除劳动合同。"

2018年6月，对外公司向黄某发出解除劳动合同通知书，载明："因公司经营困难、连年亏损，已无力支付员工工资及社保费用。为适应市场变化，公司在调整机关构架过程中，您未参与竞聘上岗，也未就劳动关系调整达成一致意见。依据《劳动合同法》和公司劳动关系调整方案，与您解除劳动关系。"

黄某主张对外公司的解除行为系违法解除：(1) 公司改制在先且已完成，解除行为与改制无关；(2) 重组改制不影响劳动合同继续履行；(3) 公司是否亏损与解除劳动关系无关；(4) 公司未尽善意协商义务。

对外公司辩称公司解除行为系合法解除：公司改制属于客观情况发生重大变化；公司与黄某就变更劳动合同内容进行充分协商，但黄某拒绝变更；公司从2014年起连续亏损，2016年已不能正常支付员工工资，只能向上级单位借款支付。

黄某申请劳动仲裁，要求对外公司支付违法解除劳动关系赔偿金。北京市海淀区劳动人事争议仲裁委员会出具裁决书，裁决驳回黄某的仲裁请求。黄某不服裁决结果，诉至法院，要求对外公司支付违法解除劳动合同赔偿金。

## 审理结果

北京市海淀区人民法院经审理认为：对外公司主张改制导致客观情况发生重大变化，致使劳动合同无法履行。首先，对外公司的改制方案及上级单位的批复中均载明"在岗员工全部进入新公司"，故改制并非劳动合同无法继续履行之原因；其次，对外公司的《机构调整减员增效实施方案》与改制完成时间相距4月有余，且内容未涉及改制，并非改制要求；最后，解除劳动合同通知书中载明的理由未提及改制原因。上述情况均表明对外公司以减员增效为目的的机构改革系自主行为，并非企业改制所导致，其与黄某解除劳动关系的行为不符合《劳动合同法》第四十条第（三）项的规定，系违法解除，应支付黄某违法解除劳动合同赔偿金。综上，判决对外公司于本判决生效之日起七日内支付黄某违法解除劳动合同赔偿金163 260元。对外公司不服一审判决，提出上诉。

北京市第一中级人民法院经审理认为：解除劳动合同通知书载明解除原因为经营困难、连年亏损，无力支付劳动者工资；在调整机关架构过程中，劳动者未参与竞聘上岗，也未就劳动关系调整达成一致意见。单就第一项理由，无法律依据，不应予以支持。单就第二项理由，公司亦不能仅以调整机关架构为由，加大劳动者的义务，更不能在未就变更劳动关系协商一致的情况下解除劳动关系。对外公司的抗辩理由并不充分：一是改制方案已明确说明在岗员工全部进入新公司，可见改制并不必然造成解除劳动关系之后果；二是对外公司主张继续履行劳动合同成本过高，亦非改制之后果，并非客观情况发生重大变化造成。对外公司与劳动者解除劳动关系之情形，并不符合《劳动合同法》第四十条第（三）项之规定，系违法解除。综上所述，对外公司的上诉请求不能成立，应予驳回；一审判决事实认定清楚，适用法律正确，应予维持。判决驳回上诉，维持原判。

## 评析意见

本案争议指向《劳动合同法》第四十条第（三）项的理解与适用。

作为“无过失性辞退”条款，该条款体现了情势变更原则在劳动法领域的适用，属于契约严守原则在特定情形下的例外与突破，其实质是诚实信用原则在合同履行过程中的具体运用，目的在于使合同利益在当事人之间均衡分配，消除在情势变更后继续履行合同造成的不公平后果。

用人单位在适用该条款解除劳动合同时，需同时满足以下三个要件：一是出现劳动合同订立时所依据的客观情况发生重大变化，导致原劳动合同无法继续履行之情形；二是用人单位与劳动者协商未能就变更劳动合同达成一致意见；三是用人单位履行通知工会等程序要求。上述要件中，司法审查的重点和难点历来是要件一，论述集中于是否存在客观情况发生重大变化。在适用过程中，裁审人员往往在认定“客观情况发生重大变化”后直接导出“原劳动合同无法继续履行”的结论，而忽略二者之间的因果关系。

因果关系理论在刑事及侵权案件审判过程中被广泛运用，查明因果关系往往是定罪量刑及确定责任分担比例的重要一环。而在劳动法领域，因果关系往往由于其显而易见性而被忽略，不仅在法律文书中很难看到关于因果关系的论证，甚至在法官“自由心证”过程中因果关系也常常被忽略。

本案中，法院与仲裁委员会对于用人单位解除行为合法性的认定截然不同，根源在于对因果关系的考量与否。首先需明确，受法律、法规、政策变化导致用人单位迁移、资产转移或者停产、转产、转（改）制等重大变化，对于企业来说确系“客观情况发生重大变化”，但上述情况并不必然导致经营架构调整、部门裁撤，进而造成原劳动合同无法继续履行或继续履行成本过高显失公平等情况。故在认定“劳动合同订立时所依据的客观情况发生重大变化致使原劳动合同无法履行”的过程中，应着重甄别上述“经营架构调整”“部门裁撤”产生的“原因”是否为“客观情况发生重大变化”，从而将其与“商业风险”“企业经营自主权”区别开来。例如，受政策影响企业转产可能会导致相关专业技术工人的劳动合同无法继续履行，但并不应影响原财务、人力等岗位人员合同的履行；国企改制导致部门合并并不必然导致岗位削减等。

本案中，首先，对外公司在改制过程中公布的改制方案已说明现有在岗员工全部进入新公司，故改制本身并未造成裁员之结果；其次，对外公司自述从2014年起连续亏损，2016年就已不能正常支付工资，故其无法履行原劳动合同，这并非改制所造成的；最后，在劳动者权利与待遇并未提高的情形下，对外公司主张继续履行劳动合同成本过高，亦非改制之后果。故对外公司主张与黄某“无法履行原劳动合同”之原因并非“改制”这一客观情况变化造成，二者不存在因果关系。在此情况下，对外公司引用《劳动合同法》第四十条第（三）项与黄某解除劳动合同系违法解除。

综上所述，在审理涉及《劳动合同法》第四十条第（三）项“客观情况发生重大变化”所引发的“解除合法性”争议时，应基于情势变更原则，审慎查明“客观情况发生重大变化”与“原劳动合同无法继续履行”之因果关系，以落实保护劳动者合法权益之目的，防止用人单位以“客观情况发生重大变化”之名行“自主裁员”之实。

（北京市海淀区人民法院　龚莉婷　董洪辰）

# 43. 出租车行业劳动合同条件变化的审查和认定

## 争议焦点

1. 出租车公司与司机之间签订的承包运营合同条件是否属于劳动合同条件；
2. 运营合同条件的变更对劳动合同条件的变更造成何种影响。

## 基本案情

**申请人：王某**

**被申请人：某出租公司**

王某于2012年4月1日入职某出租公司，签订了期限为2012年4月1日至2018年3月31日的劳动合同和承包营运合同，工资构成为岗位补贴545元+营运收入-承包费；运营模式为双班，即两人共同驾驶一辆运营车辆；驾驶车辆为花色出租车；每人每月承包费4 140元。某出租公司在以上两个合同期满前一个月向王某提出续签劳动合同和承包运营合同，岗位补贴不变，但驾驶车型由花色运营车辆变为黑色运营车辆，运营模式变为单班，承包费第一年至第四年每月7 400元，第五年至第七年每月7 200元。王某不同意承包新车辆，双方劳动合同到期终止。王某认为公司提高承包费系降低原劳动合同条件，故不同意续签劳动合同，主张公司应支付终止劳动合同经济补偿金。某出租公司主张王某原有车型报废，公司为了顺应政府重大政治会议和全国两会用车要求，以及公司未来的发展方向和市场定位，统一购置帕萨特高档黑色运营车辆；经过企业方、职工代表、工会方、北京市出租协会四方协商调价，根据经营状况、成本费用等因素综合考量确定了承包费；且该批车辆并不是公司更新的第一批车辆，王某对此早已知晓，故不应支付经济补偿金。王某称不清楚四方协商情况，认可公司与其协商换车时，公司已无可更换的花色运营车辆。

## 审理结果

仲裁委员会裁决不支持申请人关于支付解除劳动合同经济补偿金的请求。双方均未起诉。

## 评析意见

该案例涉及车辆更新、运营车辆及模式、承包费用等的调整是否属于变更劳动合同约定的条件，以及该种调整是否属于降低劳动合同条件问题。

**（一）公司提出的对车辆更新、运营车辆及模式、承包费用等的调整是否属于变更劳动合同约定的条件**

这几个要素均约定在运营承包合同中，那么这个问题实质是变更承包合同条件是否属于变更劳动合同条件。对于这一问题有两种观点。

观点一认为不属于劳动合同条件的变更，此种观点的主要理由是：（1）经营自主权。出租车行业的运营方式较为特殊，关于车辆更新、运营车辆及模式调整应属于用人单位根据生产经营需要进行的合理调整。（2）两个合同关系是并列的，承包营运合同为平等主体之间订立的民事合同，应区别于劳动关系，车辆更新、运营车辆及模式、承包费用等的调整是基于承包合同内容的变更，应属于承包运营合同调整范畴。（3）承包费用是出租车司机为在出租车公司获得使用车辆而付出的费用，并非出租车公司从工资中扣除的费用，与劳动报酬不能混为一谈。而运营车辆模式在隶属于承包运营合同的基础上，与劳动合同中工作时间的约定似乎有着一些关联，但考虑出租车司机岗位原本与不定时工作制相仿，多数情况下处理方式也同于不定时工作制，那么无论单班还是双班都没有改变不定时工作制的性质，故从统一的角度考虑，也应不属于劳动合同约定的条件。

观点二认为变更承包合同条件属于变更劳动合同条件，此种观点的主要理由是：承包合同的变化（车辆更新、运营车辆及模式、承包费用等的调整）必然导致与劳动合同条件有关的劳动时间、劳动报酬、工作强度等内容的变化，而这些内容是劳动关系履行的基础。

笔者倾向于后一种观点，出租车司机和出租车公司之间的关系在经过个体户、挂靠、承包等一系列变迁后，被定性为劳动关系，从出租车行业十几年变迁的社会背景和政策导向可以看出，这组特殊的劳动关系具有很强的社会公益性和政策干预性，并且与生俱来包含了内部承包关系，承包关系依附于劳动关系，承包关系的履行与劳动关系的履行是不可分割的。依据《北京市高级人民法院对涉及出租汽车司机的劳动合同及承包合同纠纷案件的处理意见》，出租汽车司机与公司之间因劳动合同及附承包合同发生纠纷的，应由有关劳动争议仲裁委员会对劳动合同及附承包合同纠纷一并依法作出仲裁。因此，案例中车辆更新、运营车辆及模式、承包费用等的调整应属于劳动合同约定的条件。

**（二）上述条件的调整是否属于降低劳动合同条件**

观点一是车辆更新、运营车辆及模式、承包费用等的调整属于降低劳动合同条件或存在降低劳动合同条件的风险。第一，双班变为单班、提高承包费用后，实际增加了劳动者的工作时长，提高了工作成本，出租车司机为了获取与原水平相当的劳动报酬将会承担更高强度的工作。如果司机仍然维持原来的工作时间和工作强度，则其收入有降低的风险。第二，车辆更新、运营车辆及模式、承包费用等的调整均是出租车公司为了公司更好的发展而作出，不应将经营风险转嫁到劳动者身上。第三，作为用人单位的出租车公司应当就车辆更新、运营车辆及模式、承包费用等的调整与原合同属于维持原水平或提高进行举证，如果用人单位不能对相应情况进行举证，应当承担不利后果，将有被认定为属于降低劳动合同条件的风险。

观点二是车辆更新、运营车辆及模式、承包费用等的调整不属于降低劳动合同条件。车辆报废、车辆更新属于客观情况需要，购置新车必然导致企业支出增加，适当调整承包费具有合理性，企业根据市场需要、政策调整及实际情况对车辆运营和模式的调整在合理范围内的，应属于自主经营需要。依据北京市高级人民法院、北京市劳动争议仲裁委员会《关于劳动争议案件法律适用问题研讨会会议纪要（二）》第43条的规定，出租车公司与司机签订的承包合同、劳动合同期满后，出租车公司对车辆进行更新，承包金在市政府规定的标准内作相应调整的，不应视为用人单位降低劳动合同条件，应视为出租车公司维持原劳动合同约定的条件与劳动者续订劳动合同。本案中，承包金的调价是经过了企业方、职工代表、工会方、北京市出租协会四方协调调价，经过了合法程序后予以公布施行，不存在对个体的针对性，应视为调整后的价格在市政府规定的标准内，不应视为用人单位降低劳动合同条件。

对于这个问题，笔者倾向于观点二。主要从两方面考量。第一，要考量这些变化是否会实际导致王某收入的减少和工作强度无谓增多。传统巡游出租车主要分为两种，高档单色出租和普通出租，即本案中的黑色出租车和花色出租车，高档单色出租车每公里 2 元，普通出租车每公里 1.6 元。在传统出租车行业遭受网约车行业巨大冲击时，某出租公司作为传统出租行业的龙头企业，正是政府扶持重点企业和示范企业，公司准备给王某配置的黑色高档车辆多服务于政府会议、商务包车等，相比之前王某驾驶的花色出租车只能满街扫活的接单方式，一定程度上确保了王某的订单量。而运营模式的单双班变化并非必然导致出租车司机工作强度增大，出租车司机可以自行安排营运时间和休息时间，工作时间长订单量随之增多，也是符合多劳多得的基本劳动价值观。实际该类型案件审理中通过询问众多申请人，均认可上述变化并不会造成其收入减少，且非常可能提高其收入。

第二，需要考量上述变化是否为公司主观恶意。出租车行业中，运营车辆的变更、运营模式单双班的变更涉及公共利益、行政管理和企业经营自主权，王某认可某出租公司与其协商变更车辆及运营模式时，已无可更换的花色运营车辆，只有黑色高档运营车辆，故排除某出租公司恶意规避法律以上述变更方式迫使其放弃续订劳动合同以达到不支付其终止劳动合同经济补偿金的情形。另，出租车行业作为特殊行业，其运营除了受到市场因素影响外，还涉及公共利益和社会管理，出租车的承包费定价也受到行业标准的限制。1996 年北京市出租汽车管理局颁布的《关于加强企业营运任务承包管理工作的通知》规定“出租汽车企业与驾驶员在履行合同过程中，月承包金的收缴应严格控制在行业公布水平的±15%以内”，而当时普通出租车月承包金行业公布水平为 4 500 元/月，即上限为 5 175 元，高档出租车月承包金行业公布水平为 6 000 元/月，即上限为 6 900 元。但该文件发布距今已逾 20 年，北京市出租车公里租价也经数次调整统一为 2.3 元/公里，但未再公布承包金行业水平。本案中，承包金的调价是经过了四方协调调价，经过了合法程序后予以公布施行，出租车公司对同类型车辆收费统一，不存在针对性，不应视为用人单位降低劳动合同条件。

（北京市朝阳区劳动人事争议仲裁院　鲍远芳）

# 44. 用人单位发出解除劳动合同通知后发现通知内容有误，继而撤销解除通知的行为的效力问题

## 争议焦点

用人单位在发出《劳动合同到期不续签通知书》后，发现通知内容有误，能否撤销通知。

## 基本案情

**原告（被告）：徐某某**

**被告（原告）：全联鸿韵公司**

徐某某与全联鸿韵公司分别签订有期限为2013年9月16日至2016年9月15日以及2016年9月16日至2020年9月15日的劳动合同。2019年8月13日，全联鸿韵公司向徐某某送达《劳动合同到期不续签通知书》，内容为“徐某某先生：我司与您于2013年9月16日签订的劳动合同期限将于2019年9月15日届满。我司决定不与您续签劳动合同，请您于劳动合同到期当日依据公司相关规定到人事部办理离职手续，您的工资结算到2019年9月15日。”2019年9月5日，全联鸿韵公司向徐某某作出《关于撤销〈劳动合同到期不续签通知书〉的通知》，内容为“徐某某同志：我司于2019年8月13日向您下发的《劳动合同到期不续签通知书》中显示您的劳动合同到期时间为2019年9月15日，经核实与实际情况不符，现我司对该《劳动合同到期不续签通知书》予以撤销，即该通知书无效，特此通知。对于给您带来的不便深表歉意，敬请谅解。”2019年9月17日，全联鸿韵公司向徐某某发送《限期返岗通知书》，内容为“徐某某同志：你

于2019年9月16日起未经公司批准，自行脱离工作岗位，严重违反了公司的规章制度。根据公司相关规定和劳动合同的约定，你的行为视为旷工；连续旷工三天以上公司有权与你解除劳动合同。现通知你于2019年9月19日前返回公司原岗位报到，逾期不报到的，公司将与你解除劳动合同。”徐某某均收到了上述文件。2019年9月20日，全联鸿韵公司向徐某某邮寄出《解除劳动合同通知书》，内容为“徐某某同志：你于2019年9月16日起未经公司批准，自行脱离工作岗位，根据公司相关制度和劳动合同的约定，你的行为视为旷工，严重违反了公司的规章制度。我司于2019年9月17日向你发送了《限期返岗通知书》，你未按通知书要求于2019年9月19日前返岗，已构成连续旷工三天的事实。依据双方签订的劳动合同第二十七条第（六）款之规定，现我司与你解除劳动合同，请你于2019年9月25日前到公司人事部办理交接，逾期不办理，劳动关系将自行结转。”徐某某拒收邮件。

徐某某向北京市怀柔区劳动人事争议仲裁委员会申请仲裁，要求全联鸿韵公司支付单方终止劳动合同的赔偿金77 251.2元。仲裁委员会裁决全联鸿韵公司支付徐某某违法解除劳动合同赔偿金38 400元，徐某某、全联鸿韵公司均不服仲裁裁决，诉至怀柔区人民法院。

## 审理结果

北京市怀柔区人民法院经审理认为：从《劳动合同到期不续签通知书》的内容来看，全联鸿韵公司对于解除与徐某某之间劳动合同的事由、解除时间均进行了明确，实质上是一份解除劳动合同通知。本案中，徐某某与全联鸿韵公司已经连续两次订立固定期限劳动合同，在双方第二份劳动合同到期前，在徐某某并未明确表示不同意续签的情况下，全联鸿韵公司下达《劳动合同到期不续签通知书》显属违法。现有劳动法律明确规定被违法解除劳动合同的劳动者的选择权，即劳动者既可以选择要求继续履行劳动合同，也可以选择要求用人单位承担赔偿责任，但未规定用人单位的选择权，全联鸿韵公司事后向徐某某作出《关于撤销〈劳动合同到期不续签通知书〉的通知》，并不当然发生恢复履行原有劳动合同的效力，只有经过相对人的同意或有其他法定撤销事由的，才允许解除人撤销解除合同的意思表示。而本案中，全联鸿韵公司对徐某某的劳动合同到期日期存在错误认识显然不属于法定撤销事由，徐某某基于对全联鸿韵公司解除行为的信赖，离开工作岗位寻找其他就业机会，如法院支持全联鸿韵公司的主张，将有违公平原则和诚实信用原则。在徐某某不同意继续履行劳动合同的情形下，法院认定双方劳动关系于2019年9月15日解除，全联鸿韵公司应支付徐某某违法解除劳动合同赔偿金，徐某某被解除劳动合同前12个月的月平均工资为5 637元，经计算违法解除劳动合同赔偿金为67 644元。

北京市怀柔区人民法院依据《劳动合同法》第八十七条之规定，作出如下判决：(1) 全联鸿韵公司于本判决生效后七日内支付徐某某违法解除劳动合同赔偿金67 644元；(2) 驳回全联鸿韵公司的诉讼请求。

判决作出后，全联鸿韵公司、徐某某均未上诉。

## 评析意见

《民法典》第五百六十五条规定，对方对解除合同有异议的，任何一方当事人均可以请求人民法院或者仲裁机构确认解除行为的效力。该条款也应适用于劳动争议审判中劳动者对解除劳动合同通知的异议情形。实践中，有的劳动者收到解除通知后很长一段时间甚至接近仲裁时效到期之日方才提出异议。为了使劳资双方尽快从不确定的劳动关系状态中解脱出来、平衡劳资双方利益，是否对劳动者提出异议的合理期间也应该有一个明确呢？

**（一）解除劳动合同通知性质为形成权**

所谓形成权，是指权利人依自己的单方意思表示使民事法律关系发生、变更或消灭。用人单位发出解除劳动合同通知的结果将导致当事人之间的劳动关系发生根本性的变化，如果允许解除通知的随意撤销，会给劳动者心理预期及对未来的工作安排判断带来巨大的不确定性，所以，一般不应准许用人单位行使合同解除权后又撤销该解除通知。

具体到本案中，如果全联鸿韵公司发出《劳动合同到期不续签通知书》后，徐某某对通知内容提出异议，提出自己的劳动合同尚未到期要求继续履行劳动合同，则全联鸿韵公司解除劳动合同的效力需经法院判决确认。在法院判决确认前，劳动合同是否解除处于待定状态，在这种情况下，全联鸿韵公司撤销不续签合同通知，有利于结束劳动合同关系不确定的状态，可以视为双方一致同意劳动合同继续履行，应予准许。然而本案的事实是，全联鸿韵公司基于劳动合同解除的条件已经成就，向对方发送了解除通知，徐某某并未提出异议并已就合同解除的后续事宜进行了相应安排，此时，全联鸿韵公司就不得撤销该解除通知。

**（二）劳动者对解除通知有异议，应当在合理期限内通过诉讼方式提出**

1.《合同法》第九十六条第一款规定："对方有异议的，可以请求人民法院或者仲裁机构确认解除合同的效力。"即解除相对方有异议权，可以通过提起确认之诉来请求法院确认合同解除权是否发生效力，该确认之诉可以被恢复原状、赔偿损失等给付之诉吸收，法院只需在判决理由中说明即可。虽然劳动法律法规没有像《合同法》第九十六条这样明确的规定，但是法条蕴含的法理却是在劳动争议中可以直接适用的。在劳动争议中，劳动者对用人单位解除通知有异议的，只能通过仲裁方式提起，而且罕见要求确认解除通知无效，基本上采取以要求支付违法解除赔偿金或继续履行劳动合同来吸收确认解除行为无效的方式。

2.《最高人民法院关于适用〈中华人民共和国合同法〉若干问题的解释（二）》（以下简称《解释二》）第二十四条规定："当事人对合同法第九十六条、第九十九条规定的合同解除或者债务抵销虽有异议，但在约定的异议期限届满后才提出异议并向人民法院起诉的，人民法院不予支持；当事人没有约定异议期间，在解除合同或者债务抵销通知到达之日起三个月以后才向人民法院起诉的，人民法院不予支持。"该条进一步明确了合同解除异议权的时间条件，必须在约定异议期内或解除合同通知到达后三个月内起诉确认合同解除的效力。那么劳动者对解除通知提起异议有无时间限制呢？

劳动法律法规对该问题并没有直接的规定。众所周知，劳动争议的仲裁时效为一年，因违法解除提起赔偿金或要求继续履行劳动合同的时效应为自收到解除通知书之日起一年。按照常理，当劳动者遭遇到违法解除劳动合同时，若其真心希望继续履行劳动合同，通常会在很短的时间内提起诉讼。但我们也遇到过个别高薪的劳动者在收到解除通知后很长一段时间甚至接近仲裁时效到期之日方才提出，那么如何评价这种行为呢？这种情况下，一方面说明劳动者继续履行劳动合同的意愿并不强烈，有恶意扩大其收到解除通知之日至法院确认解除通知的效力期间的工资损失之嫌；另一方面，在如此之长的时间内劳动者对解除并未提出异议，用人单位已经有理由相信劳动者认可解除，其原岗位很可能会有新人顶替，此时，若劳动者继续回到用人单位工作，会对稳定的劳动关系造成影响。因此，可参照《解释二》第二十四条的规定，对劳动者超过合理期限后再要求继续履行劳动合同的，法院不宜支持，仅考虑支持违法解除劳动合同赔偿金。

（北京市怀柔区人民法院　孙丽君）

# 45. 员工被行政拘留，用人单位可否以旷工为由解除劳动合同

## 争议焦点

员工被行政拘留，用人单位可否以员工构成旷工为由解除劳动合同。

## 基本案情

**上诉人：武某**

**被上诉人：某科技公司**

武某2011年7月26日入职某科技公司。2018年1月1日0时许，武某在某足疗店门口因言语不和对他人进行殴打，后被民警查获，决定给予武某行政拘留7日并处罚款200元，拘留时间为3月5日至3月12日。2018年3月20日，某科技公司与武某解除劳动合同。

某科技公司提交的员工手册中规定，员工未请假或请假未获批准擅自缺勤的为旷工；一个月内旷工或累计旷工3日（含）、全年旷工或累计旷工7日（含）者，公司有权与其解除劳动合同；公司所有员工请假均须报备部门负责人的同时报备人事部，人事部统一管理请假凭证；经确认员工利用职务之便私自收钱（转账）、报假账、谋取私利的（包括治安拘留），属于C类过失，公司有权解除劳动关系。武某认可收到过员工手册，但不认可其内容。

某科技公司提交两份《解除劳动合同通知书》，一份内容为：“武某，因您于2018年3月5日至12日和3月16日至20日累计旷工达到3日以上，严重违反公司规章制度。现根据公司员工手册考勤制度中‘旷工达到3日以上，公司有权解除劳动合同’的相关规定，公司决定于2018年3月20日与您解除劳动合

同。”落款为2018年3月20日。该解除通知在仲裁时某科技公司未提交。另一份《解除劳动合同通知书》，除上述内容外增加了“员工C类过失被行政拘留”。该解除通知某科技公司在仲裁中提交。某科技公司称，给武某邮寄的是带行政拘留字样的解除通知，当面送达的时候打印的第一份解除通知书是没有行政拘留字样的，发现有问题又打印了一份带行政拘留字样的，两份武某都看过。武某认可没有行政拘留内容的解除通知的真实性，称这也是其3月20日看见的，对于有行政拘留内容的解除通知真实性不认可，称没有收到带有行政拘留字样的解除通知。

某科技公司称武某2018年3月16、17、18日旷工；武某认可2018年3月16、17、18日未上班，但称2018年3月16日为其休息日。

武某申请劳动仲裁，要求某科技公司支付：（1）违法解除劳动合同赔偿金112 903.14元；（2）2018年3月1日至4月30日工资8 138.17元；（3）2018年2月1日至2月28日迟延支付工资的25%补偿金2 179.25元；（4）2018年3月1日至4月30日拖欠工资的25%补偿金2 014.5元。仲裁中，武某认可员工手册的真实性，并称其收到过员工手册。

2019年5月，仲裁委员会裁决：（1）某科技公司支付武某2018年3月1日至3月22日工资2 480.5元；（2）驳回武某的其他仲裁请求。武某不服裁决，起诉至一审法院。

## 审理结果

一审法院经审理认为：武某没有证据证明员工手册的内容不真实，且其在劳动仲裁中认可员工手册的真实性，法院对于员工手册的真实性予以确认。员工手册规定，员工旷工达到3日以上，公司有权解除劳动合同。武某于2018年3月5日至3月12日被行政拘留。上述期间某科技公司对武某按旷工处理，并无不妥，武某也不能证明被拘留期间某科技公司同意对其按事假处理；武某在3月旷工已达到3日，某科技公司据此与武某解除劳动合同，符合员工手册解除劳动合同的规定，属于合法解除。判决：（1）自判决生效之日起7日内，某科技公司支付武某2018年3月1日至2018年3月22日工资2 480.5元；（2）驳回武某的诉讼请求。

北京市第二中级人民法院经审理认为：武某于2018年3月5日至12日被行政拘留，其虽称已经向主管领导请假，但某科技公司予以否认，且武某提交的证据不能证明其主张；武某认可3月16日至18日未上班，同时对其所称的3月16日为其休息日未提交充分的证据佐证。基于以上事实，某科技公司依据员工手册的规定，解除与武某的劳动合同，并无不妥，故武某主张某科技公司支付违法解除劳动合同赔偿金的诉请，理由不充分，一审判决未予支持，并无不当。判决：驳回上诉，维持原判。

## 评析意见

劳动关系是以劳动给付为目的的社会关系，如果员工不能依约进行劳动给付，那么建立劳动关系的目的将落空。在员工被行政拘留的情况下，用人单位能否解除劳动合同，实践中争议较大。

**（一）在规章制度有明确规定情形下，用人单位可以严重违反规章制度为由解除劳动合同**

《劳动合同法》第三十九条规定了用人单位可单方无责解除劳动合同的诸多情形。如果用人单位规定了员工被行政拘留，构成严重违反用人单位规章制度的，用人单位可据此解除劳动合同。有人认为该条第六款规定了被依法追究刑事责任的才可以解除，从条款内部的协调性及逻辑一致性角度出发，举重以明轻，在员工仅被行政拘留的情形下，不宜据此解除劳动合同，用人单位构成违法解除劳动合同。此观点虽有一定的合理性，但第三十九条第二项和第六项系不同的解除依据，法律赋予用人单位依据自身情况制定规章制度的权利，用人单位有权在规章制度中规定相应的奖惩措施，只要不造成权利义务的过度失衡，法律不宜干涉过多，以免过多侵犯用人单位的用工自主权。据此，绝大多数意见认为，如果用人单位事先在规章制度中明确规定员工被行政拘留构成严重违反规章制度，则用人单位有权据此解除劳动合同而不支付经济补偿。

**（二）在规章制度没有规定的情形下，用人单位能否以旷工为由解除劳动合同争议较大，应进行必要审查**

员工被行政拘留期间，能否被认定为旷工，用人单位能否据此解除劳动合同？本案中，一、二审法院系以武某被行政拘留，其虽主张曾向主管领导请假且某科技公司同意对其按事假处理，但未能提供证据证明为由，认定某科技公司解除劳动合同合法。但实践中，对该问题不无争议。

一种观点认为，旷工是劳动者因个人主观原因无正当理由且未经允许而未履行劳动义务。劳动者因行政拘留而被限制人身自由，未能履行劳动义务，是因客观原因，尽管被限制人身自由的结果可能与其行为有一定的关联，但不履行劳动义务显然非其本意，故与旷工不能混为一谈。另外，劳动者在被追究刑事责任的情形下，用人单位才能解除劳动合同，劳动者只被刑事拘留，不能直接解除劳动合同；举重以明轻，劳动者被行政拘留更不应该直接解除劳动合同。

另一种观点认为，在《现代汉语词典》中，旷工是指职工不请假而缺勤。提供劳动是劳动者的主合同义务，旷工是对劳动给付义务的违反。劳动者违反劳动给付义务，要看有无正当事由。正当事由一般是客观或法定原因，如地震、山洪暴发、疫情、身体健康、合法休假等。劳动者因违法被行政拘留，从实践来看，多为打架斗殴、赌博、嫖娼、吸毒等事由，劳动者具有重大或较大过错，对行政处罚限制人身自由的后果并非不可预见，其选择做出该项违法行为即应承担相应不利的法律后果，故被处以行政处罚并非其不到岗上班的正当理由。劳动者被行政拘留，不仅不能按时提供劳动，同时还对用人单位的生产经营、管理秩序、声誉均造成较大影响，应允许用人单位解除劳动合同。

可以说，上述两种观点均有其合理之处。一方面，劳动者被行政拘留期间，事实上未能继续提供劳动，确实会对用人单位的正常生产和经营管理秩序造成一定影响；从类案检索来看，绝大多数判决均认定用人单位此种情形下有权以旷工为由合法解除劳动合同。另一方面，行政拘留相较刑事拘留期限较短，对不同用人单位的影响不同。劳动者被行政拘留后，劳动者还有申请行政复议和行政诉讼的权利，劳动者确实存在一定概率被错误行政拘留。从保护劳动者合法权益和平衡用人单位用工自主权角度出发，或许允许劳动合同在劳动者被行政拘留期间中止履行是不错的选择。如《江苏省劳动合同条例》第三十条就规定："劳动者因涉嫌违法犯罪被限制人身自由的，劳动合同可以中止。劳动合同中止期间，劳动关系保留，劳动合同暂停履行，用人单位可以不支付劳动报酬并停止缴纳社会保险费。劳动合同中止期间不计算为劳动者在用人单位的工作年限。劳动合同中止情形消失，除已经无法履行的外，应当恢复履行。"上述做法，不失为一种有益探索和尝试。

（北京市第二中级人民法院　马卫丰）

# 46. 一定条件下用人单位可否在缺少规章制度明确规定时与劳动者解除劳动合同

## 争议焦点

用人单位规章制度未作明确约定时，如劳动者存在严重违反劳动纪律或职业道德的行为，用人单位与劳动者解除劳动合同的行为是否构成违法解除。

## 基本案情

**原告（上诉人）：北京某医院**

**被告（被上诉人）：高某**

高某在北京某医院担任电工并在制冷岗位工作。2018年9月，北京某医院以高某严重违反规章制度为由与高某解除劳动合同。

北京某医院称其单位规定中央空调配电室严禁非该部门人员进入，严禁使用小家电等家用电器，而高某违反规定安排其妻子住在该处并使用小家电，严重威胁了医患人员的生命安全，并提交了“中央空调配电室照片”“检讨书”作为证据。“中央空调配电室照片”显示，配电室悬挂了“中央空调室安全防火制度”，该制度第2条为“机房及配电室内非工作人员不得入内，未经批准，现场不得使用明火”，第5条为“不准私自使用电炉、酒精炉及小家电”。高某所写“检讨书”亦载明“医院明文规定不得带非工作人员进入配电室，不得私自使用电炉、小家电。但由于前几天带媳妇儿、孩子进入配电室，并住在我值班室，且配电室和值班室有小家电使用，结果导致违反医院规章制度……”

高某则主张北京某医院并未就解除劳动合同的情形进行规定，亦未向其送达相关的规章制度，故北京某医院的解除行为属于违法解除，应支付其违法解除劳动合同经济赔偿金。高某同时主张其存在未休年假、休息日加班及法定节假日加班情况，但北京某医院未支付未休年休假工资及加班工资。故高某请求法院确认双方自2005年9月5日至2018年10月8日存在劳动关系；判决北京某医院支付违法解除劳动合同赔偿金，2005年9月5日至2018年10月8日未休年假工资、休息日加班工资、法定节假日加班工资；支付2018年9月1日至2018年9月30日生活费。

## 审理结果

### （一）一审法院判决结果

北京市东城区人民法院经审理认为：双方所签订劳动合同已明确高某于2005年9月1日入职北京某医院，故对于高某所称2005年9月5日入职的主张予以采信。关于劳动合同解除时间，高某认可2018年10月8日北京某医院口头通知解除劳动合同，北京某医院不能证明2018年9月18日通知高某解除劳动合同，故认定双方于2018年10月8日解除劳动合同。

1. 关于违法解除劳动合同赔偿金

北京某医院以高某严重违反规章制度解除劳动合同，但北京某医院并没有高某的行为属于解除劳动合同情形的规章制度，故高某主张北京某医院支付违法解除劳动合同赔偿金，应予以支持。

2. 关于未休年休假工资

根据高某的入职时间，2016年起应按每年10天休假的标准休年休假，经核算其2016年度、2017年度均应休年休假10天，2018年1月1日至2018年10月8日应休年休假7天。高某主张2005年至2015年未休年休假，应承担举证责任，其不能证明上述期间未休年假，对其该项主张不予支持。北京某医院未提交证据证明高某在2016年1月1日至2018年10月8日已休年休假，应承担举证不能的不利后果。依据《职工带薪年休假条例》第五条第三款之规定，北京某医院应向高某支付2016年1月1日至2018年10月8日未休年假工资15 233.1元。

3. 关于加班工资

劳动者主张加班费的，应当就加班事实的存在承担举证责任。高某提交的证据不能证明其主张的加班事实，对其该项主张不予支持。

4. 关于生活费

北京某医院出示的"对话录音"中，高某表示北京某医院在2018年9月将其停职后仍前往单位，只是没有正常履行工作职责，其他对话内容也不能证明高某在9月份未出勤，且北京某医院未出具其他证据证明高某2018年9月出勤情况，故对于高某所称2018年9月1日至2018年9月30日正常出勤情况予以采信，高某主张支付2018年9月1日至2018年9月30日生活费4 294.88元，应予支持。

北京市东城区人民法院依照《劳动合同法》第三十条、第四十六条、第四十七条，《劳动争议调解仲裁法》第二十七条，《职工带薪年休假条例》第五条第三款规定，判决如下：(1) 确认高某与北京某医院2005年9月5日至2018年10月8日存在劳动关系；(2) 自本判决生效之日起七日内，北京某医院向高某支付违法解除劳动合同赔偿金165 659.9元；(3) 自本判决生效之日起七日内，北京某医院支付高某2016年1月1日至2018年10月8日未休年假工资15 233.1元；(4) 自本判决生效之日起七日内，北京某医院支付高某2018年9月1日至2018年9月30日生活费4 294.88元；(5) 驳回高某的其他诉讼请求。

**(二) 二审法院判决结果**

北京某医院不服一审判决，提出上诉。北京市第二中级人民法院经审理认为：关于劳动关系存续时间、未休年休假工资、加班工资、生活费四项，二审法院同意一审法院裁判意见。

关于违法解除劳动合同经济赔偿金，二审法院认为，依据《劳动合同法》第三十九条第（二）项规定，严重违反用人单位的规章制度的，用人单位可以解除劳动合同。本案中，北京某医院以高某严重违反规章制度为由解除劳动合同，并提供了照片、高某出具的检讨书以及高某与北京某医院人事科科长的电话录音等予以佐证。照片显示，配电室墙壁上悬挂有中央空调室安全防火制度，制度规定机房及配电室内非工作人员不得入内，不准私自使用电炉、酒精炉及小家电。另有照片显示，配电室桌子上堆放有炒锅、碗碟，墙壁上有油烟污渍。结合高某本人出具的检讨书和电话录音内容，高某存在带妻子、孩子进入配电室，并在配电室使用小家电的情况。配电室是北京某医院的特殊场所，其消防安全事关北京某医院医患及全体职工的生命财产安全，严格遵守配电室安全防火制度、维护配电室正常运转是高某的基本职责。如果放任其在该场所内漠视消防安全、火灾隐患，将可能对北京某医院的全体职工及就医病人等社会公众的生命安全产生巨大威胁，因此北京某医院严格要求高某遵守最基本的劳动纪律并无不当。高某在明知上述安全防火制度的情况下，仍将妻子、孩子带入配电室，并在配电室使用小家电，严重违反了用人单位的规章制度，亦违背了该岗位劳动者应当遵守的最基本劳动纪律。《劳动法》第三条第二款规定："劳动者应当完成劳动任务，提高职业技能，执行劳动安全卫生规程，遵守劳动纪律和职业道德。"遵守劳动纪律和职业道德是对劳动者最基本的职业要求，即便在规章制度未作出明确规定、劳动合同亦未明确约定的情况下，如劳动者存在严重违反劳动纪律或职业道德的行为，用人单位亦可以依据《劳动法》的规定与劳动者解除劳动合同，故北京某医院与高某解除劳动合同的行为符合《劳动法》第三条第二款及《劳动合同法》第三十九条第（二）项之规定，并不构成违法解除。一审法院对此认定不当，法院予以纠正。

北京市第二中级人民法院依照《中华人民共和国民事诉讼法》第一百七十条第一款第二项规定，判决如下：（1）维持一审判决第一、三、四项；（2）撤销一审判决第二、五项；（3）北京某医院无须支付高某违法解除劳动合同赔偿金165 659.9元；（4）驳回高某的其他诉讼请求；（5）驳回北京某医院的其他诉讼请求。

## 评析意见

一般而言，用人单位因劳动者严重违反规章制度而解除劳动合同的，应当符合实体条件及法定程序，才属于合法解除，否则即构成违法解除。实体条件是指劳动者存在违纪事实且该事实属于用人单位规章制度规定的解除劳动合同的情形。法定程序是指用人单位的规章制度需经民主程序并符合法律规定，且需向劳动者送达或公示，在解除劳动合同前应征求工会（如有）意见。

本案中，一审及二审法院在认定用人单位是否构成违法解除的焦点问题上，产生了不同的判断，由此产生了不同的判决结果。一审法院从用人单位与劳动者解除劳动关系的实体及程序条件出发，基于北京某医院没有高某的行为属于解除劳动合同情形的规章制度的事实，作出了北京某医院构成违法解除的认定。上述裁判思路忽视了对劳动者行为的考量，即劳动者违规行为的严重程度及潜在危害、是否属于违背职业要求的原则性错误等。正如二审法院裁判理由部分所论述的，高某所处的电工岗位，负责全院配电用电工作，其在配电室使用小家电的行为，原则性地违背了其岗位赋予他的“维护用电设备，保障医患安全”的劳动纪律与职业道德。因此，二审法院改判认定北京某医院不构成违法解除。

其实，如何有效平衡用人单位与劳动者权利义务关系，一直是劳动法制定中面对的核心问题。一直以来，用人单位都被认为处于两者关系中的强势一方，因此立法者在制定法律条文的过程中，为劳动者提供了倾斜性的保护措施，如未签劳动合同的双倍工资、违法解除劳动合同经济赔偿金等。在实务中，用人单位与劳动者就是否构成违法解除经常产生争议。如前所述，用人单位与劳动者解除劳动合同，应遵循实体与程序要求，否则即构成违法解除并应支付违法解除劳动合同经济赔偿金。法律为用人单位设置较为严格的解除条件，主要是避免用人单位随意辞退劳动者，增加劳动关系的不稳定性，并为劳动者争取寻找新用人单位的周转时间。但是，劳动法并不是劳动者的“金钟罩和铁布衫”。只有在劳动者遵守劳动法规定的前提下，才能受到劳动法的保护。其中，劳动者应遵守的最基本的原则就是遵守劳动纪律、恪守职业道德。只有用人单位和劳动者都能遵守劳动法的规定，才能够实现劳动关系的和谐稳定。

（北京市第二中级人民法院　王琳琳）

# 47. 劳动争议中电子证据的判断

## 争议焦点

1. 某科技公司是否向宫某的电子邮箱发送过解除劳动合同通知；
2. 宫某是否属于无法胜任工作；
3. 一审法院的举证责任分配是否恰当。

## 基本案情

**上诉人（原告）：宫某**

**被上诉人（被告）：某科技公司**

宫某于2014年12月22日入职某科技公司，担任驻外销售工程师，双方于2014年12月26日签订了期限自2014年12月22日起至2017年12月21日止的劳动合同。宫某的月工资标准为4 500元。某科技公司向宫某支付工资至2017年8月31日，并为宫某缴纳了2015年5月至今的各项社会保险费。2016年3月14日，宫某在去给公司客户送货并洽谈业务时发生交通事故受伤，于当日住院治疗直至2016年3月29日出院。2016年6月28日，北京市丰台区人力资源和社会保障局作出认定工伤决定书，认定宫某为工伤。2017年10月30日，北京市丰台区劳动能力鉴定委员会作出劳动能力鉴定、确认结论通知书，认定宫某已达到职工工伤与职业病致残等级标准九级。宫某主张2017年9月13日某科技公司以其不能胜任工作，经培训或调整工作岗位仍不能胜任工作为由，与其解除劳动合同，其正常工作至该日，某科技公司的上述行为属违法解除劳动合同；2018年1月7日其又收到该单位下发的终止劳动合同通知书，至今未支付其2017年9月1日至9月13日工资，且该月其因公出差先行垫付了1 000元差旅费，在其将票据交给单位后，某科技公司亦未为其报销差旅费。宫某出具解除劳动合同通知书（复印件）、解除劳动合同协议书、发放清单、终止劳动合同通知书加以佐证。某科技公司对终止劳动合同通知书的真实性不持异议，但不认可证明目的，对其余证据均不予认可。某科技公司称宫某实际出勤至2017年8月31日，之后宫某未再提供劳动，也不存在单位提出与宫某解除劳动关系的事实，单位向宫某下发终止劳动合同通知书并非有劳动合同解除的意思表示，只是通知宫某双方劳动关系于2017年12月21日合同到期自然终止，并出具终止劳动合同通知书加以佐证。宫某认可终止劳动合同通知书的真实性，但不认可证明目的。

## 审理结果

一审法院认为，因某科技公司已为宫某缴纳了工伤保险，关于宫某主张给付一次性伤残补助金、一次性工伤医疗补助金、住院期间伙食补助费、工伤期间医疗费的请求，应当向社会保险经办机构主张权利，而非向某科技公司主张，某科技公司当庭表示愿意配合其办理相关所需手续，故对上述请求不予处理。关于一次性伤残就业补助金46 238元，某科技公司具有给付义务，对宫某的该项请求，予以支持。关于宫某主张违法解除劳动合同赔偿金的请求，因宫某未能提供充分证据证明某科技公司与其违法解除劳动合同，故对其该项诉讼请求难以支持。因宫某未能提供充分证据证明其2017年9月1日至13日仍提供劳动，故对于其要求给付该期间的工资及差旅费的请求亦不予支持。关于宫某主张其住院期间母亲的陪护费，因宫某提交诊断证明载有医嘱，法院酌情予以考虑。宫某主张2017年3月被扣工资，主张给付被扣工资3 000元，因某科技公司未就2017年3月宫某的工资情况进行举证，应当承担不利后果，故对宫某的该项请求予以支持。关于宫某主张精神损失费，其与家人往返交通费、伙食费、住宿费、误工费等，无据可依，不予支持。

一审法院判决：(1) 某科技公司于判决生效之日起7日内，支付宫某一次性伤残就业补助金46 236元；(2) 某科技公司于判决生效之日起7日内，支付宫某2017年3月扣发的工资3 000元；(3) 某科技公司于判决生效之日起7日内，支付宫某住院期间护理费1 500元；(4) 驳回某科技公司的诉讼请求；(5) 驳回宫某的其他诉讼请求。

判决后，宫某不服一审判决，提起上诉。

宫某上诉请求：同意一审判决第一、二、四项，请求撤销一审判决第三、五项，改判某科技公司支付其违法解除劳动合同赔偿金30 816元、工伤医疗期内护理费3 150元、工伤医疗费6 313.29元、2017年9月1日至9月13日工资2 080元、2017年9月差旅费1 000元、公证费3 500元。

二审法院认为，宫某主张某科技公司系违法解除劳动合同，并提交两份公证书予以证明。一份公证书显示，宫某于2017年9月22日收到fd@ maxfor-tool.com邮箱发来的名称为解除劳动合同通知书的jpg格式文件，该文件显示，由于“劳动者不能胜任工作，经培训或调整工作岗位，仍不能胜任工作”，双方劳动关系于2017年9月13日解除，落款日期为2017年9月14日，并加盖某科技公司公章。另一份公证书显示，天眼查网站上载明，某科技公司的联系邮箱为fd@ maxfor-tool. com。某科技公司认可其公司网址是www. maxfor-tool. com，但主张其公司工作邮箱为info@ maxfor-tool. com，并非宫某所主张的fd@ maxfor-tool. com。鉴于上述两邮箱后缀均为maxfor-tool. com，且某科技公司网址是www. maxfor-tool. com，二审法院认为应当认定fd@ maxfor-tool. com系某科技公司邮箱。依据上述认定，某科技公司未能提供充分证据证明其解除劳动合同的合法依据，其行为构成违法解除劳动合同。宫某据此要求某科技公司支付违法解除劳动合同赔偿金，于法有据，法院予以支持。

宫某主张其2017年9月1日至13日期间正常提供劳动，并提交公证书予以证明，该公证书显示，宫某于上述期间与公司其他3人有钉钉软件消息记录。某科技公司主张其公司没有考勤记录，其公司虽对上述证据不予认可，但未能提交证据予以反驳，应当采信宫某的主张，并判令某科技公司支付宫某上述期间的工资。

对于宫某主张的上述期间的差旅费，其提交的快递单及聊天记录截图显示2017年10月9日寄出文件，收件人为“温某”，并且2017年10月9日已告知温某差旅费凭证寄出，结合其银行明细显示在职期间基本每个月均收到某科技公司发放的名称为“报销”的款项，应采信宫某关于其2017年9月期间差旅费票据已寄至某科技公司的主张。现某科技公司未能提交相应差旅费票据，应承担举证不能的不利后果。故对宫某要求支付其上述期间差旅费1 000元的请求，应当予以支持。

二审法院判决：（1）维持一审法院判决第一、二、三项；（2）撤销判决第

四、五项；(3) 某科技公司于本判决生效之日起7日内，支付宫某违法解除劳动合同赔偿金27 000元；(4) 某科技公司于本判决生效之日起7日内，支付宫某2017年9月1日至9月13日期间工资1 862.07元；(5) 某科技公司于本判决生效之日起7日内，支付宫某工伤医疗费差额6 307.35元；(6) 某科技公司于本判决生效之日起7日内，支付宫某2017年9月差旅费1 000元；(7) 驳回某科技公司的诉讼请求；(8) 驳回宫某的其他诉讼请求。

## 评析意见

本案是由劳动合同解除所引发的争议，双方就劳动合同如何解除的问题各执一词，宫某主张某科技公司向其电子邮箱发送过解除劳动合同通知，载明其无法胜任工作；某科技公司主张宫某实际出勤至2017年8月31日，之后宫某未再提供劳动，双方劳动关系于2017年12月21日合同到期自然终止。那么本案的争议焦点就在于判断某科技公司是否向宫某的电子邮箱发送过解除劳动合同通知。对该问题予以确认，才能分析某科技公司是否存在违法解除劳动合同的问题。而对于该问题的判断，需要明确举证责任分配。宫某主张存在某科技公司发送电子邮件的事实，那么宫某应当就其主张承担举证责任。如果能够认定该事实存在，则某科技公司应就其公司电子邮件中所载明的宫某不能胜任工作而解除劳动合同提交充分证据予以证明。因此，本案的争议焦点有：某科技公司是否向宫某的电子邮箱发送过解除劳动合同通知？宫某是否属于无法胜任工作？一审法院的举证责任分配是否恰当？

宫某提交的电子邮件属于电子数据，其对该电子数据进行了公证并提交了公证书，依照《最高人民法院关于民事诉讼证据的若干规定》第九十四条规定，在没有相反证据足以推翻的情况下，人民法院应当确认其真实性。因此，二审法院在确认该电子邮件真实性的基础上，依据宫某提交的向其发送解除劳动合同通知书的电子邮箱后缀与某科技公司主张的联系邮箱后缀相同、与某科技公司网址亦相吻合两方面事实，得以确认该解除劳动合同通知书系某科技公司发送给宫某的。

《最高人民法院关于审理劳动争议案件适用法律若干问题的解释》第十三条规定："因用人单位作出的开除、除名、辞退、解除劳动合同、减少劳动报酬、计算劳动者工作年限等决定而发生的劳动争议，用人单位负举证责任。”本案的请求均围绕用人单位解除与劳动者的劳动合同的合法性而展开，符合本条规定。在确认某科技公司确实向宫某发送过解除劳动合同通知后，应由某科技公司就其所主张的宫某无法胜任工作承担举证责任。对于无法胜任工作一项，某科技公司应当就宫某不能胜任工作，以及因其不能胜任工作，而对其进行培训或调整工作岗位之后仍不能胜任工作提交证据予以证明，而某科技公司未能提交相应证据予以证明，应属单方违法解除劳动合同，应支付宫某违法解除劳动合同赔偿金。

通过对本案的分析，应当对劳动争议中电子证据的判断问题予以重视，对于电子证据的认定应当全面考虑。手机短信、微信、电子邮件、录音、录像等电子数据，在日常生活中较为常见，也经常作为诉讼中的证据予以提交。人民法院在审查当事人提交或依职权调取的电子数据时，应当注意以下几点：一是尽量提交或调取电子数据的原始载体；二是对于在正常业务活动中形成的电子数据，可以确定其真实性，对于经公证机关公证的电子数据，应当确认其真实性，但有相反证据足以推翻的除外；三是在劳动争议案件中，用人单位与劳动者协商一致，可以采用电子形式订立书面劳动合同，符合法律规定的电子劳动合同一经订立即具有与纸质劳动合同相同的法律效力，这就对未签订劳动合同二倍工资等问题的认定有了新的规则。

（北京市第二中级人民法院　金铭）

# 48. 用人单位试用期内违法解除劳动合同，在双方已丧失信赖合作基础的情况下，不宜支持继续履行劳动合同的请求

## 争议焦点

用人单位在试用期内违法解除劳动合同，用人单位主张双方已丧失信赖合作基础，是否支持劳动者关于继续履行劳动合同的请求。

## 基本案情

**上诉人（原告）：奇安信公司**

**被上诉人（被告）：王某**

2018年8月13日，奇安信公司与王某签订聘用函，聘用王某为项目管理经理，月工资1万元。王某于2018年8月16日入职奇安信公司，双方签订期限为三年的劳动合同，试用期6个月，自2018年8月16日起至2019年2月15日止。

2019年1月11日，奇安信公司向王某送达《劳动合同解除通知书》，解除理由为：其一，存在以下严重违纪行为：（1）在公司班车无故辱骂其他员工；（2）工作时间长时间睡觉、工作态度不端正，与前端、项目组成员产生较大分歧时屡次出现争吵、摔电话等情况，多次遭部门内外同事投诉。其二，试用期不符合录用条件：（1）根据员工手册规定，如员工存在违反公司规章制度的行为，视为在试用期内不符合录用条件；（2）不能按时、按质、按量完成工作任务，导致项目交付和部署滞后延期；日常工作中完成工作较敷衍，经常未对实际情况进行沟通了解，未客观地对数据进行统计，缺乏工作责任感；在其他部门给予工作安排时，情绪比较波动，整体呈现消极抵抗态度。

就解除劳动合同的事实依据，奇安信公司提交以下证据：2018年12月29日视频及文字整理记录、王某班车事件经过记录表、朱某某的证人证言，证明王某在班车上辱骂、恶意中伤员工。2018年12月29日，在班车上因为开窗关窗一事与同事发生冲突，有言语辱骂行为，王某认可该行为，主张当日事出有因，与工作无关，不构成严重违纪。闫某与王某的微信聊天记录、杨某某发送的电子邮件与承诺书、杨某发送的电子邮件、梁某发送的电子邮件、《转正意见征集表》，证明王某的同组同事、领导等均反映王某在试用期无法正常开展工作，抵触工作，与同事发生争执，试用期不达标。王某对上述邮件真实性与证明目的均不认可。《转正意见征集表》中，直接上级意见为“不建议按期转正，解除劳动关系”。不建议转正依据为：不能管控自己情绪，在日常项目管理过程中和日常工作期间与多人次发生争吵；对于公司环境，以及项目管理这种目标不清晰和不确定性高的工作，处理上经验不足，缺少应对手段；缺乏项目管理经验，不能独立推进项目，不能准确识别项目任务和目标，并制订合理计划。王某对该证据不认可。

就解除劳动合同的制度依据，奇安信公司提交了《劳动合同》《员工手册》和《员工资料表》，《员工资料表》有王某本人签字，特别说明部分有“本人清楚公司可以根据实际情况更新员工手册、规章制度与劳动纪律……并予以严格遵守”。《劳动合同》第45条约定，如果王某有在试用期内被证明不符合录用条件的情形，奇安信公司有权立即解除本合同并依法不须支付任何经济补偿。《员工手册》第三节规定了试用期被证明不符合录用条件的情形，包括不能按时、按质、按量完成工作任务，存在工作失误或者试用期考核成绩不合格，以及存在违反公司规章制度的行为；第六章奖惩管理规定了公司对严重违纪行为有权解除劳动关系，严重违纪行为包括存在严重不道德行为，包括但不限于存在破坏婚姻家庭稳定与正常秩序等违反社会道德规范行为，散播谣言、恶语中伤、侮辱、骚扰、威胁、恐吓公司、员工或家属，或在工作区域煽动闹事、打架、斗殴、赌博，或以任何形式骚扰或伤害员工的。

王某提交了考勤统计表，证明不存在迟到早退及上班睡觉问题，奇安信公司认可王某不存在上班迟到问题，认为王某存在上班睡觉问题，但没有证据；王某提交了OKR文件、工作OA、出差申请、WIKI记录等证据，证明其在职期间的工作内容、成果、出差情况、项目完成情况及不存在违反《员工手册》的行为，奇安信公司对真实性认可，证明目的不认可；王某提交了2019年1月10日与人力资源部人员沟通录音，奇安信公司对真实性认可，主张双方矛盾激化、缺乏信任基础。

王某申请劳动仲裁，要求奇安信公司支付休息日加班费、电话费，并继续履行劳动合同。北京市西城区劳动人事争议仲裁委员会裁决：奇安信公司支付王某休息日加班费 1 839 元、电话费 1 500 元，奇安信公司继续履行与王某签订的劳动合同。

## 审理结果

一审法院经审理认为：双方争议的焦点为王某是否严重违反了奇安信公司的规章制度及王某是否存在试用期不符合录用条件的情形。第一，王某在班车上与其他员工发生口角的行为是否属于《员工手册》规定的严重违纪行为。王某在班车上与他人发生争执时确实口出脏言，但对劳动者的违纪处罚必须以事实为依据，并视劳动者违纪性质、违纪程度等作相应处理。奇安信公司并未就“严重不道德行为”的“严重”程度作出明确界定，同时该《员工手册》中也约定了一般违纪行为包括对客户、员工态度或行为不当，包括言语生硬、推卸责任、不文明行为等。员工在班车上因开窗关窗的琐事发生争议，其行为与《员工手册》中“散播谣言、恶语中伤、侮辱、骚扰、威胁、恐吓公司、员工或家属”的行为的影响和恶劣程度有所区别，其行为尚达不到严重违纪的程度。法院也提醒王某在日常工作和生活中能够规范和约束自己的言行举止，妥善冷静处理问题。第二，奇安信公司还主张王某存在工作时间长时间睡觉、工作态度不端正，与前端、项目组成员产生较大分歧时屡次出现争吵、摔电话等情况，多次遭同事投诉，亦属于违纪行为。就王某工作时间睡觉一事奇安信公司未提交证据，奇安信公司提交的证据显示王某与同事在工作沟通时有意见分歧，并非争吵，奇安信公司以此认定王某违纪确有不妥；奇安信公司提交的邮件系员工向公司反映的情况，未经公司相关部门调查核实，也未提交相应事实依据，不能作为王某违纪行为的依据。综上，奇安信公司解除双方劳动关系应属于违法解除。现王某要求奇安信公司继续履行双方之间的劳动合同符合法律规定，法院予以支持。

一审法院判决：（1）奇安信公司继续履行与王某在 2018 年 8 月 16 日签订的劳动合同；（2）奇安信公司支付王某 2018 年 12 月 30 日至 2018 年 12 月 31 日休

息日加班费1 839元；（3）奇安信公司支付王某电话费1 500元；（4）驳回奇安信公司的诉讼请求。

奇安信公司上诉请求撤销一审判决第一项，改判其公司无须继续履行与王某在2018年8月16日签订的劳动合同。

二审法院经审理认为：一审法院认定奇安信公司解除与王某的劳动关系构成违法解除，并无不当。王某可依法另行主张违法解除劳动合同赔偿金。一审法院判决奇安信公司与王某继续履行劳动合同，存在不妥，本院予以纠正。奇安信公司的上诉请求成立，予以支持。

二审法院判决：（1）撤销一审判决第一、四项；（2）变更一审判决第二项为：奇安信公司支付王某2018年12月30日至2018年12月31日休息日加班费1 839元；（3）变更一审判决第三项为：奇安信公司支付王某电话费1 500元；（4）奇安信公司无须继续履行与王某2018年8月16日签订的劳动合同。

## 评析意见

《劳动合同法》第四十八条规定，用人单位违法解除或终止劳动合同，劳动者要求继续履行劳动合同的，用人单位应当继续履行；劳动者不要求继续履行劳动合同或者劳动合同已经不能继续履行的，用人单位应当依照本法第八十七条规定支付赔偿金。据此，用人单位违法解除劳动合同，劳动者有主张继续履行劳动合同的权利，但若劳动合同存在不能继续履行的情形，该项请求也无法得到支持。

司法实践中，劳动合同不能继续履行的情形主要有以下几种：（1）用人单位被依法宣告破产、吊销营业执照、责令关闭、撤销，或者用人单位决定提前解散的；（2）劳动者已达到法定退休年龄；（3）劳动合同在仲裁或者诉讼过程中到期终止且不存在依法应当签订无固定期限劳动合同的情形；（4）劳动者已经入职其他用人单位工作；（5）劳动者原岗位具有唯一性，该岗位已经不复存在或已经被他人替代，双方不能就新岗位达成一致意见；（6）用人单位与劳动者之间的信赖、合作基础丧失，不利于继续开展工作，劳动合同难以维系的；（7）其他明显不具备继续履行劳动合同条件的情形。如法院确认劳动合同无法继续履行而未支持劳动者的该项请求，劳动者可另行主张违法解除劳动合同赔偿金。

本案中，二审法院审查奇安信公司与王某的劳动合同是否具备继续履行的条件，考虑到三个方面：第一，双方的劳动争议发生在王某试用期间，试用期是用人单位对新招收的劳动者进行道德品质、劳动态度、工作能力、身体状况等进一步考察的时间期限，也是用人单位与劳动者之间相互适应、双向选择的过程。试用期内用人单位认为劳动者并不适合在本单位继续工作，提出解除劳动合同的，无论事后经司法机关认定解除行为合法还是违法，在对于是否继续履行劳动合同的问题上，应在一定程度上尊重用人单位的用工自主权，如果对用人单位是否继续履行合同的限制过于严苛，则与设置试用期的初衷相背离。第二，王某的原岗位已不复存在，王某入职的岗位为项目经理，经过较长的争议解决过程，该岗位已经由他人替代，双方亦不能就新岗位达成一致意见，继续履行劳动合同存在客观障碍。第三，双方的信任基础已经丧失，无论是证据显示的双方发生争议时的矛盾，还是庭审中双方的陈述及表现，均体现出双方产生纠纷以来，矛盾不断激化与升级，进行沟通时存在根本性分歧，双方之间据以建立或继续履行劳动合同所必需的信赖基础已破裂、合作基础已丧失，双方之间的劳动合同已难以维系和履行。如判决双方继续履行合同，既不利于用人单位开展工作，也不利于劳动者提供劳动，后续还可能产生矛盾和纠纷。综合上述因素，二审法院改判奇安信公司无须继续履行与王某的劳动合同。

（北京市第二中级人民法院　张洁　刘艳）

# 49. 未对劳动者进行离岗前职业健康检查的情况下，经劳动者提出，用人单位能否与其协商一致解除劳动合同

## 争议焦点

在未对劳动者进行离岗前职业健康检查的情况下，大台煤矿即与劳动者协商一致解除劳动合同，大台煤矿是否存在违法解除行为。

## 基本案情

**上诉人：大台煤矿**

**被上诉人：王某某**

王某某以大台煤矿违法解除劳动合同等事项为由，向北京市门头沟区人民法院起诉，请求大台煤矿向其支付违法解除劳动合同赔偿金的差额95 046.96元等项。大台煤矿则向北京市门头沟区人民法院起诉，请求王某某返还解除劳动合同经济补偿金95 046.96元等项。

王某某于2019年1月3日向大台煤矿提交《协商解除劳动合同申请书》。根据该申请书的记载，系王某某申请与大台煤矿协商解除劳动合同，王某某对申请书真实性无异议，但表示是大台煤矿工作人员让其签的。同日，大台煤矿与王某某签订《解除劳动合同协议书》，内容包括“根据《中华人民共和国劳动合同法》第三十六条‘用人单位与劳动者协商一致，可以解除劳动合同’的规定，现经双方协商一致，解除甲乙双方于2007年7月1日签订的劳动合同，并共同约定如下：(1) 甲方（大台煤矿）向乙方（王某某）支付解除劳动合同经济补偿金，乙方解除合同前12个月平均工资为7 920.58元，本单位累计工作年限11

年6个月，应支付12个月经济补偿金95 046.96元……（3）乙方应当于本协议签订后7日内妥善办理所有工作移交手续，离职后不得做出有损甲方名誉或利益的行为；（4）甲乙双方自2018年12月31日起解除劳动关系，并一致承认本协议具有法律效力，双方共同遵守，任何一方不得以任何理由毁约，双方无其他任何劳动争议。”大台煤矿于2019年1月17日将经济补偿金95 046.96元存入王某某银行账户内，王某某已领取。

协议签订后，大台煤矿安排王某某进行离职健康体检。2019年4月17日，国家安全生产监督管理总局职业安全卫生研究中心石龙医院出具《职业病诊断证明书》，诊断王某某为职业性煤工尘肺一期。2019年8月19日，北京市门头沟区劳动能力鉴定委员会出具《劳动能力鉴定确认结论通知书》，确认王某某为职工工伤与职业病致残等级标准七级。

2019年10月24日，甲方大台煤矿与乙方王某某签订《解除劳动合同补充协议书》，内容包括“甲乙双方的劳动合同已于2018年12月31日解除（解除合同经济补偿金已支付），因乙方在甲方工作期间发生职业病，经劳动能力鉴定委员会鉴定为工伤七级，根据《工伤保险条例》和《北京××能源股份有限公司产能化解过程中工伤人员安置办法》规定，甲乙双方协商一致达成以下协议：甲方一次性支付乙方一次性伤残就业补助金111 144元，工伤人员退出一次性生活补偿金90 000元。”大台煤矿于2019年12月2日将上述两笔款项存入王某某银行账户内，王某某已领取。

王某某2018年11月、12月期间休事假，未上班。2019年1月3日之后未再到公司上班。大台煤矿支付王某某工资至2018年10月31日。王某某已从社保中心领取一次性伤残补助金87 005.75元、一次性工伤医疗补助金111 144元。案件审理过程中，经法院询问，王某某不同意继续履行劳动合同。

## 审理结果

北京市门头沟区人民法院经审理认为：王某某主张系大台煤矿提出解除双方之间的劳动合同，但未就其主张提交证据，根据大台煤矿提交的《协商解除劳动合同申请书》，认定系王某某向大台煤矿提出申请，后双方协商一致解除劳动合同。《中华人民共和国职业病防治法》（2018年修正）（以下简称《职业病防治法》）第三十五条规定，对未进行离岗前职业健康检查的劳动者不得解除或者终止与其订立的劳动合同。因此，用人单位安排从事接触职业病危害作业的劳动者进行离岗前职业健康检查是其法定义务，该项义务并不因劳动者与用人单位协商一致解除劳动合同而当然免除。故大台煤矿未为王某某安排离岗前职业健康检查即与王某某解除劳动合同，系违法解除劳动合同，大台煤矿应当给付王某某相应的违法解除劳动合同赔偿金，王某某主张扣除大台煤矿已给付的95 046.96元经济补偿金后再给付95 046.96元违法解除劳动合同赔偿金并无不当，应予支持。本案中，大台煤矿因违法解除劳动合同应当给付王某某二倍赔偿金，并自给付赔偿金后不再给付经济补偿金，大台煤矿已给付的经济补偿金95 046.96元，王某某主张用于折抵赔偿金并无不当，故大台煤矿要求返还经济补偿金95 046.96元的诉讼请求，不予支持。

北京市门头沟区人民法院判决：(1) 大台煤矿于判决生效之日起七日内给付王某某违法解除劳动合同赔偿金95 046.96元；(2) 驳回王某某的其他诉讼请求；(3) 驳回大台煤矿的全部反诉请求。

大台煤矿不服一审判决，向北京市第一中级人民法院提起上诉。北京市第一中级人民法院经审理认为：在本案中，根据查明的事实，系由王某某提出解除劳动合同的申请，随后双方经协商一致签订了《解除劳动合同协议书》，解除了劳动合同。显然，此种情形应属《劳动合同法》第三十六条规定的由劳动者提出，双方协议一致解除劳动合同的情形。

大台煤矿在解除劳动合同中的行为没有违反《劳动合同法》第四十二条第六项的引致性条款，又鉴于王某某未举证证明大台煤矿在与其解除劳动合同的过程中存在其他违法行为，因此，大台煤矿无须向王某某支付违法解除劳动合同赔偿金差额95 046.96元。

至于大台煤矿请求王某某向其返还已支付的解除劳动合同经济补偿金，依据《中华人民共和国民法总则》第一百三十六条的规定，民事法律行为自成立时生效。经审查，双方签订的《解除劳动合同协议书》不存在法定的无效情形；双方也均未举证证明该协议的签订存在违背其真实意思表示的情节，且均未曾于法定的除斥期间内就该协议行使撤销权，因此，《解除劳动合同协议书》不存在效力瑕疵。故大台煤矿向王某某支付解除劳动合同经济补偿金，是履行合法有效的《解除劳动合同协议书》的行为；而王某某受领该履行有正当依据，即《解除劳动合同协议书》的相关约定，故并不属于不当得利。因此，对大台煤矿主张王某某向其返还已支付的解除劳动合同经济补偿金的请求，不予支持。

北京市第一中级人民法院判决：（1）撤销一审判决；（2）驳回王某某的全部诉讼请求；（3）驳回大台煤矿的全部诉讼请求。

## 评析意见

虽然《职业病防治法》第三十五条第二款规定，“对未进行离岗前职业健康检查的劳动者不得解除或者终止与其订立的劳动合同”，然而，纵观该法历史沿革会发现，虽历经数次修正，但是，自该法于2002年5月1日起施行开始，完全相同的规定就已经存在于第三十二条第二款，历次修正对于该规定的具体内容并未作任何变动。而2008年1月1日开始施行的《劳动合同法》中，其第四十二条第一项对此作了新的规定。按照该规定，从事接触职业病危害作业的劳动者未进行离岗前职业健康检查，或者疑似职业病病人在诊断或者医学观察期间的，用人单位不得依照该法第四十条、第四十一条的规定解除劳动合同。再结合该法第三十六条、第三十九条，并对比《职业病防治法》等法律的相关规定会发现，《劳动合同法》整合、吸收了包括《职业病防治法》在内的其他法律关于用人单位解除劳动合同的相关规定，对用人单位可以解除劳动合同的情形作了系统全面的新规定。鉴于《劳动合同法》是专门调整劳动合同订立、履行、变更、解除和终止等事项的法律，可以认为，相对于《职业病防治法》的相关规定，《劳动合同法》第三十六条、第三十九条以及第四十二条的规定应当优先适用。

类似的适用还有，《中华人民共和国妇女权益保障法》（以下简称《妇女权益保障法》）第二十七条第一款规定：“任何单位不得因结婚、怀孕、产假、哺乳等情形，降低女职工的工资，辞退女职工，单方解除劳动（聘用）合同或者服务协议。但是，女职工要求终止劳动（聘用）合同或者服务协议的除外。”该法虽经2018年再次修正，但对该条规定的具体内容未作任何变动。而《劳动合同法》第四十二条第四项规定，女职工在孕期、产期、哺乳期的，用人单位不得依照该法第四十条、第四十一条的规定解除劳动合同，再结合《劳动合同法》第三十九条的规定，可以看到，相比《妇女权益保障法》，《劳动合同法》对用人单位不得单方解除与孕期、产期、哺乳期女职工的劳动合同的情形作了限缩。同理，鉴于《劳动合同法》是专门调整劳动合同订立、履行、变更、解除和终止等事项的法律，此时，亦应当认为，《劳动合同法》第四十二条第四项和第三十九条，相比《妇女权益保障法》第二十七条第一款，应当优先适用。

如果作一审法院那样的理解，即《职业病防治法》第三十五条优先于《劳动合同法》的相关规定适用，就会产生一系列法律适用的问题。例如，当劳动者严重违反用人单位规章制度时，如果不进行离岗前职业健康检查，用人单位是不是也不能依据《劳动合同法》第三十九条第二项单方解除劳动合同？同样，前述《妇女权益保障法》第二十七条第一款的规定与《劳动合同法》第三十九条以及第四十二条第四项亦不一致，那么，当处于孕期的女职工严重违反用人单位规章制度的，用人单位是不是也不能依据《劳动合同法》第三十九条进行解除？显然，如果作一审法院那样的理解，那么，囿于其他法律的相关规定，《劳动合同法》构建的解除体系所能调整的法律关系将十分有限。

综上，根据《劳动合同法》第三十六条、第三十九条、第四十条、第四十一条和第四十二条对用人单位可以解除劳动合同的情形所作的新规定，从事接触职业病危害作业的劳动者未进行离岗前职业健康检查，或者疑似职业病病人在诊断或者医学观察期间的，用人单位不得依照该法第四十条、第四十一条的规定解除劳动合同；而劳动者与用人单位依据该法第三十六条协商一致解除劳动合同的，以及用人单位依据该法第三十九条单方解除劳动合同的，不在其限。

（北京市第一中级人民法院　吴博文）

# 50. 劳动者附期限单方解除劳动合同的效力认定

## 争议焦点

双方劳动合同系因劳动者发出《解除劳动合同通知》还是因用人单位出具《辞退通知书》而解除。

## 基本案情

**上诉人（被告）：魏某某**

**被上诉人（原告）：天港惠达公司**

魏某某于2008年3月17日入职天港惠达公司，双方在2015年12月31日签订的最后一份劳动合同为无固定期限劳动合同。天港惠达公司支付魏某某工资至2018年5月31日，魏某某出勤至当日。2018年5月30日下午，魏某某向天港惠达公司邮寄了一份《解除劳动合同通知》，该通知载有，“自2018年1月起，公司未足额向我支付工资。《劳动合同法》第三十八条规定，‘用人单位有下列情形之一的，劳动者可以解除劳动合同：……（二）未及时足额支付劳动报酬的’。因此，我依该规定向公司送达《解除劳动合同通知》，要求如下：自2018年6月1日起解除我与公司于2015年12月31日签订的《劳动合同书》……请公司于2018年6月10日前派人与我进行工作交接，并办理结算工作。”

天港惠达公司于2018年5月31日收到上述通知后，同日即向魏某某出具了《辞退通知书》，该通知书载有，“公司于2018年5月31日上午收到了你快递来的解除劳动合同通知，鉴于你以这种形式主动放弃了公司给予的改过机会，单方面关闭了公司与你正常沟通的大门，为此，公司决定向你发出辞退通知，具体如下：2018年5月11日至5月18日期间，你在未得到相关领导最终审批的情况下，自行休假，直至接到公司的正式通知后，才于2018年5月21日复工。你的上述无故未到岗行为已构成旷工。根据公司考勤管理规定，此旷工行为已属严重违纪，据此，经公司经营管理委员会研究并报总经理批准，与你终止劳动关系，且不再给予任何形式的经济补偿。现正式通知你：因你发生上述严重违纪，自2018年6月1日起公司与你解除劳动关系，请你于2018年5月31日到公司进行工作交接和设备、物品的清退……”双方产生争议后，魏某某以要求天港惠达公司支付工资差额及违法解除劳动合同赔偿金为由向北京市海淀区劳动人事争议仲裁委员会提出仲裁申请。

仲裁委员会裁决：(1) 天港惠达公司支付魏某某违法解除劳动合同赔偿金533 421元；(2) 天港惠达公司支付魏某某2018年1月1日至2018年5月31日工资差额20 394.48元；(3) 驳回魏某某其他仲裁请求。天港惠达公司不服此仲裁裁决，于法定期限内向法院提起诉讼。

## 审理结果

北京市海淀区人民法院于2019年6月17日判决：(1) 确认天港惠达公司无须支付魏某某违法解除劳动合同赔偿金533 421元；(2) 天港惠达公司于判决书生效后七日内支付魏某某2018年1月1日至2018年5月31日的工资差额20 394.48元。判决后，魏某某向北京市第一中级人民法院提起上诉，请求撤销一审判决第一项，依法改判天港惠达公司支付魏某某违法解除劳动合同赔偿金533 421元。

北京市第一中级人民法院于2019年9月16日判决：驳回上诉，维持原判。

## 评析意见

本案涉及劳动合同解除的一种极特殊情形，即劳动者与用人单位先后向对方作出附期限的单方解除劳动合同行为，所附解除日期亦为同一日。在此情形下，双方劳动合同解除原因的认定成为双方当事人争议焦点及法院裁判难点。《劳动合同法》第三十八条规定了在几种法定情形下，劳动者有权即时解除劳动合同而无须与用人单位协商一致或提前一定期限以书面形式通知，一般称之为劳动者即时解除权。而该法第三十九条则规定了用人单位单方辞退劳动者而无须支付经济补偿金或赔偿金的法定情形。本案中上述两种解除行为的效力如何认定，关系到本案劳动者主张用人单位违法解除劳动合同并要求赔偿金的诉求能否得到支持。现结合本案案情，从以下几个方面对该问题进行梳理。

**（一）劳动者以《劳动合同法》第三十八条为依据作出解除劳动合同行为的法律效力**

在理论与长期的司法实践中，通常将《劳动合同法》第三十八条规定的劳动者即时解除权理解为民事上的形成权。形成权是一类民事权利的统称，指权利人凭其单方意思表示就能促使法律关系发生、变更或消灭的权利，如解除权、撤销权、追认权等。形成权可依法定或约定而产生，相对人必须接受权利人行使形成权的结果，不得拒绝或异议，权利人的意思表示一经到达接受方即行生效。从法律规定看，劳动者即时解除权符合形成权的特征，劳动者解除劳动合同的意思表示到达用人单位即发生法律效力。

本案中魏某某上诉时，参考最高人民法院民二庭第七次法官会议（2017 年 12 月 2 日）对《中华人民共和国合同法》（以下简称《合同法》）中通知解除的认定达成的多数意见，当事人通知对方解除合同的，需要具备约定或法定的解除权，合同才能解除，人民法院在审查合同是否解除时，需要审查发出解除通知的一方是否享有合同解除权，故一审法院应先对该解除通知的解除理由是否成立进行认定，才能认定魏某某是否具有解除权。魏某某该上诉理由不能成立的原因在于，传统缔约关系中的合同解除权与劳动者即时解除权，确均被纳入形成权范畴，但基于劳动关系具有从属性、持续性等与传统缔约关系不同的特点，《合同法》相关规定并不当然适用于劳动争议。根据特别法优于一般法的原则，本案中，当《劳动合同法》的相关规定不同于《合同法》时，应适用《劳动合同法》。而根据《劳动合同法》的规定，劳动者行使即时解除权时，即发生解除劳动合同的法律效果，该效果的发生并不以《劳动合同法》第三十八条规定的情形确实存在为要件。就本案来说，魏某某以天港惠达公司存在欠薪情形为由提出解除劳动合同，在魏某某未向法院主张解除劳动合同经济补偿金的情况下，法院在认定魏某某作出的解除行为的法律效力时，无须审查欠薪事实是否成立并以此作为解除行为发生效力的要件。魏某某解除劳动合同的意思表示一经到达天港惠达公司即生效。

虽然《劳动合同法》对劳动者和用人单位均赋予了即时解除权，但该法基于劳动者处于弱势地位的客观实际以及充分保护劳动者合法权益的立法宗旨，对双方分别享有的即时解除权作了不同的规定。用人单位以劳动者存在《劳动合同法》第三十九条规定的情形为由，单方解除劳动合同时，劳动者可在要求双方劳动合同继续履行和主张违法解除劳动合同赔偿金两种方式中选择一种进行维权。当劳动者要求双方劳动合同继续履行时，经审查若用人单位主张的情形确不成立或解除程序违法，用人单位的单方解除行为并不必然发生解除双方劳动合同的效力；而当劳动者以用人单位存在《劳动合同法》第三十八条规定的情形为由，提出解除劳动合同，该解除的意思表示送达用人单位时，即发生解除劳动合同的法律效力。劳动者主张的情形是否成立，将影响其主张的解除劳动合同经济补偿金的请求以及用人单位主张因劳动者违法离职而造成的损失能否得到支持，而并不影响劳动合同解除的法律效果。

**（二）附期限单方解除劳动合同行为的法律效力**

《劳动合同法》第三十七条规定了劳动者的预告解除权，即劳动者提前30日以书面形式通知用人单位，可以解除劳动合同。将预告解除权理解为附期限的形成权并无争议，但本案双方当事人行使各自的即时解除权时亦附解除日期，而关于即时解除权能否附期限行使，存在不同的观点，具有一定的讨论空间。

有观点认为，即时解除权既然是法定的，则设置解除期限没有意义，因为权利人大可在其想发生解除效果时再行使，而无须提前行使，造成法律关系的混乱。对形成权附期限行使属于权利滥用，应被法律禁止。

而笔者认为，虽然学界并不鼓励形成权附期限行使，但在现行法律体系下，仅有《合同法》对抵销权进行了明确的“不得附条件和期限”的规定，因抵销权以尽快确定和简化法律关系为主要目的，若对抵销权附条件或期限，则发生未行使形成权的法律效果。而对于除抵销权外的其他法定形成权，主要目的在于对当事人之间失衡的权利义务进行矫正，法律上并未对此禁止附条件和期限。在劳动法领域下，因劳动关系具有持续性的特点，法律上也并未禁止解除权附期限，当劳动者或用人单位行使即时解除权时，通知对方在合理期限到达后解除劳动合同，不应当发生解除行为无效或所附期限无效的后果。本案中，魏某某与天港惠达公司分别作出的附期限解除行为均应认定为有效，且在所附期限到达前，双方劳动合同处于存续状态。

**（三）用人单位在收到劳动者附期限的解除通知后亦作出解除行为时，劳动者解除行为的效力认定**

如上所述，劳动者与用人单位分别作出的附期限解除行为均为有效。当劳动者所附期限尚未到达时，若其撤回的意思表示早于解除意思表示到达对方的时间或同时到达对方，则可以发生撤回的法律效力。若不存在上述情形，则用人单位收到劳动者附期限的解除通知后，在期限到达前亦作出解除行为时，劳动者的解除行为并不因此而失效。

本案中，魏某某发出的《解除劳动合同通知》与天港惠达公司出具的《辞退通知书》均为有效的意思表示。一方面，在魏某某未作出有效的撤回解除的意思表示情形下，其发出的《解除劳动合同通知》并不因天港惠达公司的《辞退通知书》而失效。另一方面，魏某某主张双方劳动合同于 2018 年 5 月 31 日解除，理由之一为双方已按照天港惠达公司发出的《辞退通知书》的要求，实际办理了工作交接及工资结算手续。但天港惠达公司系在收到《解除劳动合同通知》后，方要求魏某某于 2018 年 5 月 31 日下午进行工作交接。在此情况下，因天港惠达公司与魏某某均对双方劳动合同于 2018 年 6 月 1 日解除存在预期，天港惠达公司向魏某某提出交接要求且魏某某同意并履行，在双方无其他约定的情况下，上述事实并不能导致双方劳动合同于工作交接当天即解除的法律效果。

综上所述，笔者认为应认定魏某某系本次劳动合同解除的提出主体。魏某某在本案中主张天港惠达公司违法解除劳动合同并要求支付违法解除劳动合同赔偿金，缺乏事实依据，不应得到支持。本案通过对双方享有的即时解除权性质、生效要件、法律效果进行梳理，对二者作出的附期限法律行为效力作出认定，将法理与案情紧密结合，并充分回应了双方意见，论理充分，条理清晰，实现了审判者在判决中释法明理的积极裁判效果。

（北京市第一中级人民法院　高天琪）

# 劳动报酬与工时休假

# 51. 劳动者请事假期间用人单位未扣除工资，事假结束后扣除事假期间工资是否应当支持

## 争议焦点

1. 劳动者请事假期间用人单位没有扣发工资，事假结束后提供正常劳动时，用人单位扣发事假期间应当扣发的工资，是否符合法律规定；

2. 考核结果不合格引发的不晋升工资和不支付奖金等行为是否属于仲裁范围。

## 基本案情

**申请人：李某某**

**被申请人：某事业单位**

被申请人系事业单位，申请人李某某是与被申请人建立人事关系的工作人员。2018年1月4日申请人向被申请人请事假，期限是2018年1月23日至2018年6月。2018年1月至7月期间被申请人未扣发申请人工资，2018年7月9日李某某回单位工作。2018年7月30日被申请人通知申请人“自2018年1月23日至7月6日请事假，共请假106天，24天（含两天倒休、两天探亲路程假）不扣工资，10天按70%计发工资，30天按50%计发工资，42天停发工资。决定扣发2018年3月工资1 716元、扣发4月工资3 276元、扣发5月工资5 807.45元、扣发6月工资6 552元、扣发7月工资1 489.09元，以上合计18 840.54元”。从2018年7月9日起至2018年12月被申请人逐月扣发申请人工资共计18 840.54元。另被申请人因申请人请事假超过6个月，根据被申请人文件规定，

2018年度考核等次为不合格，不晋升工资，不支付奖励性绩效工资。申请人不服，向仲裁委员会提出申请。

## 审理结果

仲裁委员会裁决：(1) 用人单位支付李某某2018年8月至2018年12月期间未足额发放的工资18 840.54元；(2) 事业单位考核引发的争议不属于劳动争议范围，驳回申请人的其他仲裁请求。

## 评析意见

关于本案中被申请人是否可以在提供正常劳动期间扣除申请人请事假期间工资问题，根据《劳动法》第五十条“工资应当以货币形式按月支付给劳动者本人，不得克扣或者无故拖欠劳动者的工资”的规定，劳动者2018年8月至12月期间向用人单位提供了正常劳动，用人单位应当足额支付劳动者2018年8月至12月期间的工资。用人单位提出的2018年1月至7月期间劳动者请事假，按照规定应当扣除工资的行为，应当在劳动者请事假期间执行。故仲裁委员会认定用人单位2018年8月至12月期间申请人向用人单位提供了正常劳动，用人单位克扣职工工资违反了法律规定。

**（一）用人单位规章制度明确事假期间不扣工资，事假结束后统一核算和扣除是否符合法律规定**

一般用人单位在规章制度中都会将请事假与工资挂钩，但部分用人单位尤其是事业单位多是采取假期结束后进行汇总并逐月扣除的形式，貌似符合规章制度的规定和按劳分配的基本原则，但与《劳动法》中“工资应以货币形式按月支付给劳动者本人”的规定相违背。如果用人单位规章制度明确“事假期间不扣工资，事假结束后统一核算和扣除”的条款，该条款是否符合法律规定？

笔者认为，《劳动法》规定的工资支付形式是正常提供劳动的劳动者工资应当按月足额支付，劳动者请事假或其他原因未提供劳动时属于未履行义务，对此，用人单位应当立即对未履行义务的行为进行处理。事后才对劳动者未履行义务的行为处理，既不利于用人单位工作，也容易引发争议，且与《劳动法》相关条款相违背。因此，笔者认为，用人单位如果在规章制度中规定“事假期间暂不扣工资，事假结束后统一核算和扣除”的条款，与《劳动法》相违背。

**（二）事业单位职工因考核结果为不合格，不晋升工资，不支付奖励性绩效工资是否属于人事争议范围**

按照《事业单位人事管理条例》第二十九条，事业单位处分分为警告、记过、降低岗位等级或撤职、开除；第三十八条规定，事业单位人员对涉及本人的考核结果、处分决定不服的，可以申请复核、申诉。用人单位在内部规章制度中规定：年度考核中实际工作时间不足 6 个月按不计考核等次对待；全年事假累计超过 20 天属于不称职，不得晋职、晋级和晋升工资档次，不发年终奖金。申请人因事假超过 20 天，考核等次为不合格，因此不晋升工资、不支付奖励性绩效工资是否属于人事争议？

按照《人事争议处理规定》第二条，事业单位与工作人员之间因履行聘用合同发生的争议属于人事争议仲裁范围。本案中被申请人不晋升申请人工资、不支付申请人奖励性绩效工资，虽然不属于事业单位的处分形式，但究其原因是考核结果不合格引发，申请人应当就考核结果问题按照《事业单位人事管理条例》第三十八条规定通过复核、申诉途径解决，不应当通过仲裁程序解决，因此，应当不属于仲裁审理范围。

（河北省邯郸市劳动人事争议仲裁委员会　邵兵）

# 52. 主张加班欲维权，举证不能难如愿

## 争议焦点

1. 如何确定加班时间的多少；
2. 可否用补休冲抵平时的加班，补休后能否再支付加班的差额补偿；
3. 劳动者能否得到解除劳动关系的赔偿金。

## 基本案情

**申请人：赵某**

**被申请人：某装饰材料有限公司**

2018年7月，赵某应聘到某装饰材料有限公司从事质检工作，由于工作比较突出，2019年7月赵某被经理提拔到技术部从事技术设计工作。该公司与赵某签订的劳动合同期限为三年，即从2018年7月至2021年7月，合同约定月工资为4 000元，加绩效奖金。由于技术部跟别的部门不同，没项目的时候很空闲，有项目的时候就忙得昏天黑地，加班加点是很正常的事，赵某也是经常加班。根据公司的规章制度，加班的时间是可以补休的。当技术部事情不忙的时候，赵某自己有时也会申请补休。

正当赵某尽职尽责工作时，2019年10月25日公司领导突然指责赵某因设计不合理造成损失12万元，并且丢失客户，赵某感到十分难堪。随后，公司安排书面技术考试，宣布不及格者自动离职，赵某考试后不及格，公司指派人事经理找其谈话，让其离开公司，且无任何待遇。于是赵某决定要向公司争取自己应有的权益。赵某计算了一下自己这一年加班的时间，包括平常延时加班和双休日加班一共是291小时。赵某向公司要求结算这291小时的加班工资，并给予经济补偿金，公司没有答应。于是，赵某为维护自己的权益向劳动争议仲裁委员会申请

了劳动仲裁。

## 审理结果

仲裁委员会裁决：（1）某装饰材料有限公司给予赵某解除合同经济补偿金6 000元；（2）某装饰材料有限公司支付赵某8小时加班工资为363.64元。

## 评析意见

焦点一：赵某的加班时间究竟有多少？

《劳动争议调解仲裁法》第三十九条中规定了劳动争议中的某些情况是由用人单位承担举证责任的，在规定的期限内不提供的，应当承担不利后果。有些劳动者理解为劳动案件就是由用人单位承担举证责任，这种理解是错误的，事实上在劳动争议案中，除了部分由用人单位承担举证责任的情况外，大部分情况依然适用的是“谁主张、谁举证”的原则。在加班案件中就是如此，如劳动者主张加班，而用人单位主张没有加班，则由劳动者举证包括加班时间在内的加班事实。如劳动者不能举证，则承担举证不能的法律后果。本案中的申请人赵某由于没有注意保留加班的证据，结果不能充分举证加班的事实，所以只能是用人单位说加班时间是多少就是多少了。

焦点二：平时加班能够用补休冲抵吗？补休后能否再支付加班的差额补偿？

《劳动法》第四十四条把加班分成三种：平时延长工作时间的，休息日安排劳动者工作的，法定节假日安排劳动者工作的。关于补休的规定仅仅是适用于休息日安排劳动者工作的。但本案的焦点是平时延长的工作时间已用补休冲抵了，劳动者是否有权反悔。虽然《劳动法》未规定平时延长工作时间可以用补休方式冲抵，但是赵某已经选择了冲抵，属于个人自愿行为，是有效的，法律未禁止。而且就加班行为而言，赵某已选择补休方式并已经履行掉，再选择支付加班工资的差额的补偿方式，实际上是就加班行为向公司主张了两种补偿方式，有悖于公平合理的原则。

焦点三：赵某能得到解除劳动关系的赔偿金吗？

用人单位违反《劳动合同法》规定解除或者终止劳动合同的，应当依照该法第四十七条规定的经济补偿金标准的二倍向劳动者支付赔偿金。根据本案的案情，赵某只得到经济补偿金。理由是：赵某入职时是一名质检员，不懂产品设计，经过一段时间学习后能够独立设计，但设计完图纸后要由业务主管审核把关，才能进入车间生产；而该公司没有审核程序，那么车间生产主任也应审查图纸是否正确。因此从监管角度来说，该公司管理上有疏漏。经过技术考试后，因赵某不合格被予以辞退，程序太简化、生硬，很难使人接受。因此，只能给予解除劳动关系经济补偿金。

关于加班，劳动者有三项内容是需要掌握的，即加班时间的确认、加班费的计算比例、加班费计算基数的依据，这三点与计算加班费直接相关。

**（一）加班几种情况确认**

1. 加班时间确认

加班是需要单位安排的或通过单位同意的，自愿加班的情况下往往不能被单位认同为加班，从而单位有权拒绝支付劳动者加班工资。当然这也不能一概而论，劳动者在自愿加班的情况下，也是有可能获得加班工资的，这需要针对具体情况进行分析。

第一，要看用人单位是否存在加班审批制度，若没有，只要员工出示了实际工作时间超过标准工作时间的考勤记录，即视为加班，单位就应向员工支付加班费。

第二，如果公司有加班审批制度，员工没有经过相应的审批程序自愿加班，而后仅仅出示考勤记录不足以证明加班的事实，因为出示的证据只能说明工作结束之余，该员工没有离开公司，至于具体时间的具体行为无法得知，此时，法律不支持员工要求公司支付加班费的诉求。

2. 加班补休确认

有些用人单位在劳动者加班后，往往会以轮休的方式以冲抵加班。根据《劳动法》第四十四条的规定，在法定节假日加班，不能以安排补休形式替代加班工资；而在休息日可以以补休形式代替加班工资。休息日加班若安排了补休，可不再支付加班工资，而不能补休的，则应按规定支付加班工资。根据《劳动法》有关规定，用人单位如果在法定节假日安排劳动者工作的，应支付不低于基本日工资300%的工资报酬。

3. 不同工时制下的加班时间的确认

不定时工作制就是不以标准工时制度确定的工作制度，企业以合理确定劳动者的劳动定额或其他考核标准来确定劳动者的工作时间和休息时间。不定时工作制只有在法定节假日上班才计为加班时间。

综合计算工时工作制是分别以周、月、季、年等为周期，综合计算工作时间，但规定的条件是“其平均日工作时间和平均周工作时间应与法定标准工作时间基本相同”，综合计算超过标准部分，计为加班时间。

**（二）关于加班费的计算比例**

《劳动法》第四十四条规定，“有下列情形之一的，用人单位应当按照下列标准支付高于劳动者正常工作时间工资的工资报酬：（一）平时安排劳动者延长时间的，支付不低于工资的150%的工资报酬；（二）休息日安排劳动者工作又不能安排补休的，支付不低于工资的200%的工资报酬；（三）法定休假日安排劳动者工作的，支付不低于工资的300%的工资报酬。”

也就是说，劳动者平时延长工作时间的加班费的计算比例是150%，计算方法是：月工资按20.83天计算，即月工资÷20.83天÷8小时×150%；休息日加班费的计算比例是200%，即月工资÷20.83天×200%；法定节假日加班费的计算比例是300%，法定节假日加班日工资计算方法是月工资÷20.83天×300%。

**（三）关于加班费的计算基数**

加班工资应该以什么作为基数来计算？如果劳动合同中对工资有约定，应按不低于劳动合同约定的劳动者所在岗位相对应的工资标准确定。如果劳动合同中没有约定，可由用人单位与员工代表集体协商确定。用人单位与劳动者无上述约定的，可以按劳动者本人所在岗位正常出勤月基本工资确定。按上述办法确定的加班工资计算基数低于最低工资的，则要按最低工资计算。

**（四）解除劳动关系经济补偿金的计算基数问题**

按照《劳动合同法》的规定，解除劳动关系的经济补偿金是按解除劳动合同前的12个月平均工资计算。那么，平均工资是怎么计算的呢？在正常情况下，是全月出勤所得的收入，有些个别情况没有出全勤，怎么计算呢？笔者认为，超过半月按整月计算，低于半月忽略不计，也就是说按出勤满月所得收入计算平均工资。如果法定休假日是平常的3倍，因为这是劳动者的本月收入，所以应予计算进来，这样劳动者不吃亏，比较公平合理。

近几年来，加班争议案件不断上升，主要是职工在工作期间碍于面子，怕失去工作，不愿意和领导直接谈加班时间、加班工资，最后出现争议后索取证据很难，得不到加班的补偿。这个案例提醒用人单位一方面要按照程序审批加班，规范用工管理；另一方面不应随意辞退劳动者，要有错必究，知错必改，建设一个和谐稳定的职工队伍。

（河北省唐山市芦台经济开发区劳动人事争议仲裁委员会　窦刚然）

# 53. 企业停工停业是否需要和劳动者协商确定

## 争议焦点

用人单位停工停业是否属于与劳动者切身利益密切相关的重大事项，是否需要与工会或者职工代表协商确定。

## 基本案情

**原告（被上诉人）：段某某**

**被告（上诉人）：某公司**

2008 年 12 月 10 日，段某某入职某公司。2018 年 11 月 23 日，某公司致函各员工："公司在 2018 年 6 月末完成了向某科技（上海）有限公司转让相关事业的工作，公司为员工提供与现行水准相同的报酬和新的工作岗位，并强烈推荐员工转籍，同意的人员在 7 月末完成转籍手续。同意在 11 月 27 日之前接受劳动合同解除协议的员工，公司向其支付法定的经济补偿金。对于在 12 月 1 日之后希望继续跟公司保持劳动关系的员工，将采取以下的对策，现通告各位。2018 年 12 月工资开始停止发放绩效奖金；作为生产经营停止期间的措施，员工不需在公司的指令和命令下出勤；2019 年 1 月开始，公司根据法规，按劳动合同约定的勤务地最低工资标准发放工资；2018 年 11 月 30 日之前整理好个人用品带回家。"

2019 年 4 月 2 日、5 月 2 日，段某某两次致函某公司，对于从 2019 年 1 月开始发放最低生活保障工资表示不认可，要求补发工资。

之后，段某某向天津市和平区劳动人事争议仲裁委员会提出仲裁申请，要求某公司支付 2018 年 12 月 1 日至 2019 年 6 月 30 日工资差额。仲裁委员会驳回其请求后，段某某不服，在法定时限内向天津市和平区人民法院起诉。

## 审理结果

一审法院判决某公司支付段某某2019年1月至2019年5月期间的工资差额4 965元。某公司提起上诉。

二审法院经审理认定：用人单位在制定、修改或者决定有关劳动报酬等直接涉及劳动者切身利益的规章制度或者重大事项时应当经职工代表大会或者全体职工讨论，提出方案和意见，与工会或者职工代表平等商量确定。现非因劳动者的原因造成用人单位停工停业，而在某公司未能与工会或职工就变更工资标准协商一致的情况下，某公司应按劳动合同约定的标准，支付段某某工资。判决：驳回上诉，维持原判。

## 评析意见

本案中二审法院的认定是否符合现行的法律规定，是否会侵害用人单位合法权益呢？本文将从以下四个方面进行论述。

**（一）停工停业的基本含义**

《劳动合同法》第四条规定，用人单位在制定、修改或者决定有关劳动报酬、工作时间、休息休假、劳动安全卫生、保险福利、职工培训、劳动纪律以及劳动定额管理等直接涉及劳动者切身利益的规章制度或者重大事项时，应当经职工代表大会或者全体职工讨论，提出方案和意见，与工会或者职工代表平等协商确定。

用人单位停工停业是否属于《劳动合同法》第四条规定的涉及劳动者切身利益的重大事项呢？如果属于，用人单位在决定停工停业时就应当按照该条的规定履行民主程序；如果不属于，用人单位就可以自主决定停工停业。因此，首先需要厘清什么是停工停业。

停工停业属于企业经营方针或经营计划事项，应由企业股东会或董事会自主决定。企业是自主经营、自负盈亏、自担风险的法律拟制主体。《公司法》第三十七条第一款规定，股东会行使下列职权：（一）决定公司的经营方针和投资计划。第四十六条第三款规定，董事会对股东会负责，行使下列职权：（三）决定公司的经营计划和投资方案。企业是否经营、如何经营，均属于经营方针、经营计划事项，属于自主经营的一部分，企业的股东会或董事会对此享有独立的决策权。劳动者作为提供劳动、获取劳动报酬的第三方，属于经营计划的实施者，在企业允许的情况下，劳动者可以向股东会或董事会等决策机构提出意见或建议，供决策机构参考，但不能越俎代庖，由劳动者直接进行决策。

停工停业是企业在自主经营过程中，依据市场等客观因素的变化，对于企业经营作出的调整，是一种暂时停止经营的状态。用人单位作为市场主体，受到市场或者其他因素的影响，发生停工停业是具有现实可能性的。导致用人单位停工停业的原因可能是多方面的，疫情影响、市场变化、经营困难、原料供应不足等都可能是企业停工停业的原因。例如，某企业的主营业务是生产磁带，在手机、电脑等电子产品逐步推广的过程中，市场对于磁带的需求将大幅降低，企业根据市场变化，当然有权停止生产经营磁带业务，避免损失的扩大。

**（二）与劳动者切身利益密切相关的重大事项的劳动法外延**

《劳动合同法》第四条规定的“与劳动者切身利益密切相关的重大事项”应仅限于劳动关系项下与劳动者权利义务密切相关的事项。这些事项或基于约定或基于法定，但无论是基于约定或者基于法定均与劳动关系的存续密切相关。不存在劳动关系，当然就无所谓“与劳动者切身利益密切相关的重大事项”了，因此，我们讨论的“与劳动者切身利益密切相关的重大事项”系劳动关系项下劳资双方权利义务的外化形式。停工停业事项的决定并非基于劳动关系项下的权利义务，而是基于企业所有权人的意愿自主作出的决定，程序上只要符合公司法的相关规定即可完成，而不可能把它归结在劳资双方的权利义务框架内，即劳资双方不可能就企业存续营业作出约定，它超出了劳动关系调整的范畴。

《劳动合同法》第四条列举的事项，无论是劳动报酬，还是工作时间，抑或是保险福利，均为劳动关系项下劳资双方的权利义务，用人单位均可以与劳动者通过劳动合同（集体合同）约定，都属于劳动关系项下的内容，而对于未明确列举的重大事项也应是指与“劳动报酬、工作时间、休息休假、劳动安全卫生、保险福利、职工培训、劳动纪律以及劳动定额管理”类似的，能够归结到劳动关系项下的权利义务。

企业停工停业当然属于直接涉及劳动者切身利益的重大变更，但并不是劳动合同项下的权利义务，不是由劳资双方约定形成的，而是在生产经营过程中，企业为了适应市场的变化，由企业的所有者或者经营者不得不作出的调整，是因客观市场等因素造成的。停工停业虽然与劳动者的切身利益密切相关，但并非基于劳动关系项下的密切相关，也就是说，并非涉及劳动者直接利益的重大事项均属于《劳动合同法》第四条规定的重大事项，劳动合同法意义上的重大事项应仅指劳动关系项下的权利义务，而停工停业不属于这个范畴。

**（三）停工停业的法律规定**

《工资支付暂行规定》第十二条规定，非因劳动者原因造成单位停工、停产在一个工资支付周期内的，用人单位应按劳动合同规定的标准支付劳动者工资；超过一个工资支付周期的，若劳动者提供了正常劳动，则支付给劳动者的劳动报酬不得低于当地的最低工资标准；若劳动者没有提供正常劳动，应按国家有关规定办理。

《北京市工资支付规定》第二十七条规定，非因劳动者本人原因造成用人单位停工、停业的，在一个工资支付周期内，用人单位应当按照提供正常劳动支付劳动者工资；超过一个工资支付周期的，可以根据劳动者提供的劳动，按照双方新约定的标准支付工资，但不得低于本市最低工资标准；用人单位没有安排劳动者工作的，应当按照不低于本市最低工资标准的70%支付劳动者基本生活费。国家或者本市另有规定的从其规定。

上述关于停工停业的规定中并没有要求用人单位停工停业需要和劳动者协商或者需要履行民主程序的内容，只是规定了企业出现了停工停业的情形后，用人单位该如何支付劳动者工资或者生活费，至于为什么会出现停工停业、停工停业是否需要和劳动者协商确定，现行的规定中均没有涉及，当然也不应涉及，因为这不属于劳动法调整的范畴，需要公司法来规范和调整。

**（四）停工停业是否需要履行民主协商程序**

停工停业属于企业经营方针或经营计划事项，因此，笔者认为，停工停业系企业依据公司法可以独立作出的决定，无须与工会或者职工代表协商确定。如果强行要求用人单位就是否停工停业与劳动者进行协商，那么在企业经营陷入困境、劳动者不同意停工停业、股东拒绝再投入的情况下，企业将陷入经营窘境，不仅不利于劳动关系的和谐稳定，而且会滋生社会不安定因素。

因此，虽然停工停业的后果与劳动者的切身利益密切相关，但是这种相关并非《劳动合同法》第四条规定的相关，企业作出停工停业决定是没有法定义务需要与劳动者进行协商的。当然，在停工停业后，用人单位依据相关规定向劳动者支付工资或者基本生活费符合法律规定，也无须和劳动者协商确定。

（北京市东合律师事务所　郝云峰）

# 54. 股权激励争议是否属于劳动争议范畴

## 争议焦点

股权激励争议是属于股东与单位之间的股权纠纷，还是属于员工与用人单位之间的劳动纠纷。

## 基本案情

**原告：李某**

**被告：上海致尚公司**

李某于2014年3月1日入职上海致尚公司，约定劳动合同期限为3年，自2014年3月1日至2017年2月28日。合同到期后，上海致尚公司未与原告续签书面劳动合同。

李某在职期间，担任上海致尚公司副总经理，工作地点为上海。按照上海致尚公司向李某发出的录用通知书，合同期间李某的收入包括：年薪、每年第13个月薪水、每年绩效奖金、股权100万元及分配权3%。李某主张，自己在上海致尚公司开拓市场并积极辛勤工作，2016年度公司营业收入超过人民币5亿元，并创造利润800多万元。2017年2月28日合同到期后，上海致尚公司未按约定兑现股权激励、利润分配及股权转让金额。李某认为，录用通知书系双方真实意思表示，且薪酬条款上海致尚公司已按约定履行，故上海致尚公司应按录用通知书的约定支付李某相应的奖励。

李某录取通知书中关于薪酬及股权的表述为："您任职于上海致尚公司，担任副总经理职务……我们为您提供的聘任薪资福利条款如下……聘任合同期间为2014年3月1日至2017年2月28日，无试用期。全面现金薪酬：税前基本工资为人民币240 000元，将分12个月支付到您在中国境内的人民币账户；税后工资补贴为人民币 420 000 元，将分 12 个月支付到您在中国境内的人民币账户；浮动工资根据预先设定好的年度经营和获利目标的达成情况，最高可获得税前 60 000 元作为绩效奖金。股份分配：入职股份根据 3 年服务期限将为您提供价值 500 000 元现金股份，如提前离开公司每提前一年解约将减少 100 000 元的股份，不足一年将不计算时间；激励股份……在公司营业收入达到超过 2 亿元您将获得 200 000 元价值的股份，公司营业收入达到超过 5 亿元您将再获得 300 000 元价值的股份以弥补您的努力。股份价值与约定：每 1 股份价值 1 元。股权红利：500 000 股将获得公司净利润的 2%分配权，700 000 股将获得公司净利润的 2.5%分配权，1 000 000 股将获得公司净利润的 3%分配权。股份转让：（1）股份不得转让他人，股份指定为大股东收购，股份兑价按照 1 元出售，无增值。（2）主动转让股份。股份持有人主动退出或转让股份，在股本基础上将多获得 1 年股份红利作为补偿，参照上一年度分配到的股份红利计算；或以股本为补偿基础计算，两种方式可取其高。（3）被动收购股份。股份持有人主动退出或转让股份，在股份基础上将多获得 3 年股份红利作为补偿，参照上一年度分配到的股份红利计算；或以股本为补偿基础计算，两种方式可取其高。（4）合约期满后无论哪一方提出不再续约，股份都按照被告收购条件进行转让……”上海致尚公司法定代表人王某与李某分别在落款处签名、署期。

上海致尚公司认为：首先，李某要求主张的是上海致尚公司的股权及股权红利，而股权和红利有权处分者系公司的股东而非公司，故上海致尚公司并非本案的适格主体。其次，录用通知书没有加盖公司公章，不产生法律效力。最后，李某并非上海致尚公司的登记股东，根据公司法的相关规定，也无权向公司主张行使属于股东的权利。

2017 年 7 月 28 日，李某向上海市黄浦区劳动人事争议仲裁委员会申请仲裁，要求上海致尚公司支付入职股份、激励股份 100 万元，股权红利 265 587.50 元，被动转让股权 100 万元。2017 年 8 月 1 日，仲裁委员会决定不予受理。李某不服该决定，遂起诉至法院。

## 审理结果

### （一）涉案录用通知书是否合法、有效

本案中，王某在与李某签订录用通知书时，系上海致尚公司法定代表人，并

担任总经理兼执行董事，其对外系代表公司，故涉案录用通知书中虽未加盖被告公章，然被告时任法定代表人王某已在落款处签字、署期，可视为代表公司意思表示，且从实际履行来看，工资支付数额基本与该通知书载明的数额相一致。此外，被告也未提供证据证明王某与李某存在恶意串通损害公司利益的情形。故本院确认该录用通知书合法有效，双方均应恪守。

**（二）李某诉请是否属于劳动争议案件处理范围**

从录用通知书中载明的内容来看，有关激励股份等约定与股东所持有并经过相关部门登记的股份不同，原告所享有的是向被告主张虚拟股权所对应的现金价值奖励，该约定实质上系被告基于原告作为劳动者的身份而给予的一种特殊劳动报酬，该约定与劳动者的身份以及劳动关系的履行密不可分，故李某基于此要求上海致尚公司按照录用通知书的约定履行义务属于劳动争议案件处理范围。

综上，鉴于双方劳动关系已经解除，故上海致尚公司应当履行录用通知书的约定。关于李某诉讼请求的金额，其中关于入职股份和激励股份，根据前述查明的事实，上海致尚公司2016年营业收入已达到2亿元未达5亿元，故入职股份和激励股份的金额应为700 000元；关于股权红利，上海致尚公司2016年净利润为5 929 569.21元，故股权红利的金额应为148 239.23元。关于股份转让补偿金额，现双方劳动关系已经解除，根据录用通知书的约定，计算方式包括股份红利或以股本为补偿基础，两者取其高，故补偿金额应为700 000元。

综上判决：被告应支付李某入职股份、激励股份700 000元，股权红利148 239.23元，股份转让补偿700 000元。

## 评析意见

企业股权激励实践中“股权”的概念存在多种应用性解释，被激励者依据约定或规定进入股权激励计划并不意味着成为股东，这里的股权概念和公司法意义上的股权概念不同。公司法意义上的股权是股东所享有的权利，股权取得需要达成股权转让合意并办理股权变动之公示。在股权激励中，也有公司将实际股份作为激励标的授予被激励者的情况，但大多数情况却是公司以股权中包含的利润分配额度作为激励标的分配给被激励者。在实际股权转让的情况下，公司方愿意在条件成就时使员工成为股东，那么受激励员工在符合条件时将会享有双重身份，即在被公司雇用的同时成了股东。在其成了股东之后，员工所享有的股权和公司法意义上的股权含义是一样的，只是由于同时供职于公司，从公司获得的收益将明确地分为两部分，或是基于劳动关系所得的工资，或是基于股东身份而得的股息、股权红利等利润分配收益。另一种情况是，员工并不真正成为公司的股东，但是可以享受股东让渡出来的部分利润分配权，这时股权激励中股权的含义主要是指员工在达到条件时可以享有类似股东的利润分配权，这种权利以股权激励方面的协议或管理章程为依据，来源于股东基于经营发展角度考虑对自身利润分配的安排，由于被激励者并不是真正股东，争议类型不应属于公司法上股东权益的争议。

这类争议中比较典型的是虚拟股权激励，虚拟股权激励中公司并不真正授予被激励者实际股权，但是以实际股权中所蕴含的经营利润分配权作为奖金的来源制订激励计划，这可以看作对股权的一种拟制，主要目的是通过引入利润分配机制把员工的个人利益与企业的整体利益相联系。这种拟制在有些案例中会明确地界定出来，如广州某公司股权激励方案①中明确指出“激励股权是公司对内名义上的股权，不在工商进行股东登记，只拥有参与公司税后利润分配的权利，员工没有表决权，不得抵押、出售或转让股权”。这时股权激励的收益以利润分配为来源，但其并不同于真正股东的利润分配权行使，而是相当于一种奖励，只是这种奖励的计算方式与个人业绩及企业利润密切相关，是变动不居且来源于利润的，该案中最后与此激励收益有关的争议也被认定为属于劳动争议。

但有时实践中并不对拟制股权进行界定，而是直接规定以利润分享权的形式给被激励者以分红奖励，这类案件就需要更仔细辨别其真实属性。本案中，用人单位承诺给予员工以现金价值为衡量的名义股份激励，并承诺在达到条件后给予员工相应百分比的分红权。法院认为本案中有关激励股份等约定与股东所持有并经过相关部门登记的股份不同，员工向单位主张的是虚拟股权所对应的现金价值奖励，该约定实质上是单位基于该员工作为劳动者的身份而给予的一种特殊劳动报酬，属于劳动争议案件处理范围。可以说法官在判决中拨开其形式的掩盖，直接根据权利的实质来判断其属性。

① 广州雪霸专用设备有限公司与盘其海劳动争议案，广州市南沙区人民法院（2018）粤 0115 民初 2861 号，裁判日期：2018 年 6 月 6 日。

在有些拟制股权激励案件中，还会涉及对于拟制股份的赋值和转化，这更给识别带来了困难。如安徽某公司股权激励案件①中，该公司股权激励方案将被激励股份称为岗位股，在具体激励协议中以净利润为计算依据确定分红额度。员工认为分红款属于工资范畴，但是在仲裁、法院都被认为不属于劳动争议的范畴。这充分展示了虚拟股权激励的隐蔽性，分配方案中的股权概念引用给司法实务中对于这类案件的识别带来了干扰。本案中，公司出于激励目的提出了岗位股的概念，并依据公司的利润分红给岗位股进行了收益赋值，然而从案情中可以推断出获得该岗位股并不使员工成为该公司的股东，这时的净利润分配额主要是计算该笔奖励的计算依据，将其排除出劳动争议的范畴值得商榷。

实践中还有直接将股权作为薪酬组成部分的案例，发生在北京的一起股权激励相关判例中②，员工薪资结构被规定为“每月4万现金+1万股权”，公司方认为其中的股权是员工用于购买公司股权的投资，一直没有发放给员工，员工认为属于工资报酬，法院认为由于公司未履行将员工变更为股东的公司法上的手续，案件应为因劳务报酬产生争议而引起的纠纷。③ 公司股权变更以股东名称变更为生效要件，以工商登记为对抗要件，且公司法对公司股权的变更和转让有明确要求，不是双方在薪酬结构中约定即生效的事项。这里的“股权”按月出现在工资结构上，无从体现与公司股权让渡的实质联系，最终被认定为以股权为名义的工资报酬。

（中国劳动关系学院劳动关系与人力资源学院　刘晓倩）

---

① 蒋志宏与翰博高新材料（合肥）股份有限公司劳动争议案，北京市朝阳区人民法院（2019）京0105民初7937号，裁判日期：2019年5月29日。

② 深圳前海汉家族传承管理股份有限公司北京分公司等与FEIXUE YANG劳务合同纠纷案，北京市第三中级人民法院，案号：（2018）京03民终5712号，裁判日期：2018年6月29日。

③ 该案中劳动者为外籍人士，因单位一直未为其办理《外国人就业许可证书》，其与该公司之间不属于劳动合同关系，法院认定为劳务合同关系，但并不影响对于该案中所涉报酬性质的认定。

# 55. 以非货币形式支付工资行为的效力认定——兼论沉默原则上不能视为意思表示

## 争议焦点

以关爱通积分形式发放工资是否合法，该发放行为的效力如何认定。

## 基本案情

**上诉人（原告）：张某某**

**被上诉人（被告）：极科极客公司**

张某某于2016年9月入职极科极客公司，担任销售部总监。双方约定，张某某税前固定月薪为人民币26 000元，绩效奖金根据公司相关规定执行，主要福利包括五险一金、商业保险、带薪年假、年度体检、免费午餐、加班晚餐、通信补贴等。后来双方因解除劳动合同一事发生纠纷，张某某以极科极客公司存在违法解除劳动合同、存在以发放关爱通积分的形式代替货币工资的发放等情形为由，向北京市海淀区人民法院起诉，请求判令极科极客公司向其支付2016年9月1日至2018年6月13日期间工资差额239 011.48元。

极科极客公司主张，张某某每个月的工资均通过银行转账和关爱通积分方式分别发放。但张某某主张发放的关爱通积分并非工资组成部分，而是公司福利。双方均确认关爱通积分1分可折抵1元使用，通过某网络平台，可用于购买购物卡、充值缴费、偿还信用卡等。张某某主张通过关爱通积分消费需支付6%手续费。

## 审理结果

北京市海淀区人民法院经审理认为：张某某主张极科极客公司发放的关爱通

积分并非工资组成部分，属于公司福利，但未能就此提交相应证据。结合双方所确认的关爱通积分可通过网络平台进行消费，即关爱通积分可用于变现，依据《最高人民法院审理劳动争议案件适用法律若干问题的解释（四）》第十一条之规定，张某某在职期间长达近两年均未对其工资发放方式提出异议，有理由认为双方已就张某某工资支付方式达成一致，从而确认极科极客公司通过银行转账及关爱通积分方式支付工资。依据极科极客公司提交的工资表所载工资（除绩效奖金）、事假天数以及双方确认的绩效奖金实际发放情况核算，极科极客公司确实存在未足额支付张某某工资之情形，经核算，极科极客公司应向张某某支付2016年9月1日至2018年6月13日期间工资差额4 442元。

北京市海淀区人民法院依据《劳动合同法》第三十条第一款之规定，作出一审判决：(1) 极科极客公司于判决书生效之日起七日内支付张某某2016年9月1日至2018年6月13日期间工资差额4 442元；(2) 驳回张某某的其他诉讼请求。

张某某不服一审判决，向北京市第一中级人民法院提起上诉。北京市第一中级人民法院经审理认为：《劳动法》第五十条规定，“工资应当以货币形式按月支付给劳动者本人，不得克扣或者无故拖欠劳动者的工资。”该规定属于强制性法律规定。《工资支付暂行规定》第五条亦强调：“工资应当以法定货币支付，不得以实物及有价证券替代货币支付。”而以非货币形式支付工资的行为，显然严重冲击了我国的财政、税收及社会保险等体系制度，应当严格禁止。故以非货币形式支付工资的行为，不发生工资支付的法律效力，一审判决适用法律有误，应予纠正。故极科极客公司应向张某某支付2016年9月1日至2018年6月13日期间未足额发放的货币工资部分。

北京市第一中级人民法院依照《劳动法》第五十条、《民事诉讼法》第一百七十条第一款第二项规定，作出二审判决：(1) 撤销一审判决；(2) 极科极客公司于本判决书生效之日起七日内支付张某某2016年9月1日至2018年6月13日期间工资差额167 403.03元；(3) 极科极客公司于本判决书生效之日起七日内支付张某某2016年9月至2016年12月、2018年1月至2018年6月期间十三薪17 300元；(4) 驳回张某某的其他诉讼请求。

## 评析意见

本案中，诉讼双方就多个争议焦点展开了较为激烈的诉辩。抛开其他争议焦点，笔者认为，厘清以关爱通积分发放工资这一行为的法律性质和效力，对实务中时常发生的以非货币形式发放工资的现象，颇具借鉴意义。

**（一）法律及其配套规章对工资支付形式的规定**

从劳动合同履行的角度，用人单位作为支付工资义务的履行主体，在具体的履行方式上享有一定程度的自由选择权，而不必以劳动者同意为前提，但是这种自由，应当受强制性规定的限制。如前所述，从法律到行政规章，皆强制规定工资应当以货币形式支付给劳动者。因此，以非货币形式发放工资的行为有违法律和行政规章，属违法行为，有关行政部门可以依法对其进行行政处罚。

**（二）以非货币形式支付工资的行为效力应如何认定**

在行政处罚之外，这种违法行为的效力在民事上应如何认定？进而，有没有必要从价值评判的角度对其在民法上的效力亦予以否定？笔者认为，工资的支付是劳动合同的必要条款，是用人单位在劳动合同项下所负担的主给付义务之一，因此，其属于民事法律行为的重要要素，受有关法律、行政法规的效力性规范的调整。另外，行政处罚虽然能制裁用人单位的违法行为，但对于劳动者利益的保护却无济于事。本案中，尽管通过网络平台，关爱通积分可用于购买购物卡、充值缴费、偿还信用卡等，但是仍存在以下问题。第一，关爱通积分仅能在指定网络平台使用，且无法提现，无法像法定货币那样在广大场所均能使用，这就极大地限制了劳动者本应享有的消费自由。第二，由于只能在指定平台使用，劳动者作为消费者，无法货比三家，也没有议价能力，必将陷于极其不利的弱势消费者地位。第三，通过关爱通积分消费需支付一定比例的手续费，这直接降低了劳动者的购买力，变相降低了其劳动所得。第四，既然关爱通积分可以用以支付工资，那么其他网络平台的虚拟货币、卡、券也可以用来发放工资，进而也没有理由否定用肉、蔬菜、鞋、书等实物抵工资的行为，这显然是荒谬的。

可见，以非货币形式支付工资的行为，除了严重冲击和危害我国的货币、财政、税收及社会保险等诸多制度体系和经济秩序外，也是对劳动者通过劳动换取劳动报酬权利的严重侵害，既损害了国家和社会公共利益，又侵害了劳动者的个人利益。对于该种行为，除了严格禁止外，还应当以违反法律、行政法规的强制性规定为由认定为无效，方有利于保护各方利益。

以非货币形式发放工资的行为被认定为无效后，自始不发生工资支付的法律效果。由于导致支付工资行为无效的过错在用人单位一方，劳动者就用人单位少支付的货币工资以及其他损失，可以依法向用人单位主张赔偿。劳动者基于无效的民事行为受领的非货币，属于不当得利；用人单位同样可以依法向劳动者主张返还，不能返还或者没有必要返还的，可以要求折价补偿。用人单位如果还有其他损失，则只能自行承担。

**（三）沉默能否视为作出意思表示**

一审判决在“本院认为”部分阐述道：“张某某在职期间长达近两年均未对其工资发放方式提出异议，有理由认为双方已就张某某工资支付方式达成一致，从而确认极科极客公司通过银行转账及关爱通积分方式支付工资。”由此可见，一审判决认可极科极客公司以非货币形式支付工资行为的一个原因是，张某某在职期间未对其工资发放方式提出异议，故有理由认为双方已就张某某工资支付方式达成一致，从而确认极科极客公司以关爱通积分方式支付工资的效力。笔者认为，一审判决的这种观点是可以商榷的。

第一，从《民法总则》的规定和现今通说来看，民事法律行为无效是法律从行为效力上对民事法律行为给予否定性评价，令其达不到民事主体所希望发生的法律效果。法律并不因该行为是单方法律行为还是合同行为而在评价结果上有所区别。一审判决以双方达成了合意为由确认行为的效力，是不符合《民法总则》相关规定的。

第二，本案中，在极科极客公司作出以非货币形式支付工资的行为之后，张某某并未明确表示同意。此时，能否如一审判决所言，因为张某某未对工资发放方式提出异议，就认为双方已就工资支付方式达成一致呢？笔者认为是不可以的。《民法总则》第一百四十条明确规定：“行为人可以明示或者默示作出意思表示，沉默只有在有法律规定、当事人约定或者符合当事人之间的交易习惯时，才可以视为意思表示。”可见，意思表示原则上应以明示或者默示作出。法律之所以这样规定，一是基于意思自治原则的内在要求，如果沉默可以视为意思表示，则相对人很容易在不经意甚至不知晓的情况下就被动与他人成立了法律行为并受其约束，这显然违背民法上意思自治的基本原则，也就是《民法总则》第五条确立的自愿原则。二是出于保护相对人利益的考虑，如果沉默可以视为意思表示，那么要约人就可以向相对人发出负担和义务的要约，相对人很可能会不知不觉就背负某种负担或义务，换言之，其利益会随时遭受难以预料的损害；即使相对人知晓了该不利要约，因为沉默被视为作出了意思表示，所以其也要付出时间、人力和经济成本去作出明确拒绝的意思表示，这显然对相对人是不经济和不公平的。因此，《民法总则》明确规定，意思表示原则上应以明示或者默示作出。所谓明示的意思表示，是通过语言或文字直接表现表意人的效果意思。① 所谓默示的意思表示，是由行为推断的意思表示，如对于要约点头进行承诺。② 按照通说，默示的意思表示属于须经受领的意思表示，作出“承诺的行为”只是默示的承诺的成立，如欲发生承诺的效力，还须关于该“承诺的行为”的通知到达要约人。③ 而本案中，张某某既没有明示同意以关爱通积分发放工资，也没有以行为作出默示同意的意思表示。如果其曾有使用关爱通积分消费的行为，因该行为是向网络平台和卖家作出，并非向极科极客公司作出，不是对极科极客公司以非货币形式支付工资行为的回应，自然也不能视为以行为作出同意以关爱通积分发放工资的意思表示。因此，即使张某某在职期间未对工资发放方式提出异议，这也只是单纯的“沉默”，根据《民法总则》第一百四十条，在没有法律规定、当事人约定或者当事人之间的交易习惯时，沉默不能视为意思表示。工资的支付是劳动合同中用人单位的主给付义务之一，用人单位在支付工资的方式上虽然有一定的选择权，但如本案中以关爱通积分支付工资的方式，已经损害到劳动者的利益，必然要经过劳动者同意方可。在劳动者未明确以明示或者默示的方式作出同意的意思表示前，用人单位单方变更工资支付方式的行为是不能发生变更的法律效力的。

（北京市第一中级人民法院　吴博文）

①② 陈甦. 民法总则评注［M］. 北京：法律出版社，2017.

③ 韩世远. 合同法总论：第四版［M］. 北京：法律出版社，2018.

# 56. 劳动者主张出差期间双休日和节假日加班工资应否支持

## 争议焦点

《员工手册》规定员工出差期间为弹性工作制，不计考勤与加班，劳动者要求出差期间的加班工资应否支持。

## 基本案情

**上诉人（被告）：柯某**

**被上诉人（原告）：北京新源国能科技集团股份有限公司**

柯某于2017年7月3日入职北京新源国能科技集团股份有限公司（以下简称新源国能公司），提供实际劳动至2019年9月10日。新源国能公司向法院提交了V1.0版《员工手册》第3页、第80页、第86页，其中第3页内容显示“在员工加入集团时，集团向所有员工公示发放（发放形式包括但不限于纸质、电子版等形式）《员工手册》”；第80页内容显示“7.1员工在外出差期间为弹性工作制，不计考勤，不计加班，但每天至少需要登录App在出差地点打卡一次。7.2员工在出差期间应及时将出差相关状况向直属上级汇报”；第86页为《员工手册》签阅单，显示柯某于2018年2月7日在《员工手册》签阅单上签名确认本人已收到新源国能公司发送的《员工手册》，已阅读、理解并愿意遵守《员工手册》所规定的制度。柯某认可《员工手册》签阅单系其本人签字，但主张新源国能公司没有在仲裁阶段举证期内提交，影响诉讼进程，不符合新证据形式，不应该采纳；关于《员工手册》的内容本身，弹性工作制的规定不符合劳动合同法强制性规定，新源国能公司没有举证证明其办理了劳动行政部门的相关手续，属于无效条款，不能以此约束员工；不能证明该员工手册已经让员工充分了解并行使提出异议的权利，在一张纸上让11位员工签字，对于有100页的制度，无法让员工充分行使知情权，公司存在利用优势地位侵害员工自主决定权的情形。

新源国能公司主张2018年10月修订了《员工手册》，规定出差期间不计考勤，不计加班，修订的《员工手册》于2018年11月9日开始实施，已经按劳动合同法规定进行了公示，并向全体员工征求意见。为此，新源国能公司提交关于《员工手册》和《行政人事制度》2018年修订版发布前公示公告，以及2018年《员工手册》第18页予以证明。柯某称知道《员工手册》在2018年10月进行了修改，但当时其在出差中，对具体内容不清楚，弹性工作的内容不具有合法性。

柯某主张其在职期间共计存在32天双休日加班、4天法定节假日加班，均是发生在其出差期间，其中双休日加班已经在2018年10月22日至11月2日调休了10天，要求新源国能公司支付剩余未调休的双休日加班以及法定节假日加班的加班工资。为证明上述主张，柯某提交了出差加班截图。新源国能公司认可柯某提交的截图真实性，亦认可柯某确实存在出差，并且确实调休了10天，但实际公司没有为柯某调休的义务，批准柯某加班申请违反公司制度和员工手册，公司的加班审批流程应通过公司的OA系统申报，正常应该报到公司的总部，并且柯某所在部门的领导作为第二级中心领导批了柯某调休10天是违反权限的，为此新源国能公司提交V1.0版《员工手册》第28页，其中第四条核假权部分显示员工休假3天以上的要经过四级审批。柯某主张审批问题与柯某无关，且不能证明审批失误，证据能够证明其申请的调休本身应该视为加班。

就本案纠纷，柯某向北京市顺义区劳动人事争议仲裁委员会提起仲裁申请，要求：（1）支付2017年7月3日至2019年9月10日期间的工资差额20 800元；（2）支付2017年7月3日至2019年2月28日期间的双休日加班工资12 936元，法定节假日加班工资3 528元；（3）支付解除劳动合同经济补偿金16 000元。2019年10月25日，仲裁委员会作出裁决：（1）新源国能公司支付柯某2017年7月3日至2018年11月8日双休日加班工资10 298.85元，法定节假日加班工资3 089.66元；（2）驳回柯某其他仲裁请求。新源国能公司不服上述仲裁裁决，向一审法院起诉请求判决新源国能公司无须支付柯某加班工资13 388.51元。

## 审理结果

北京市顺义区人民法院认为：柯某认可2018年2月7日《员工手册》签阅单上的签名系其本人所签，柯某应对其本人签字承担相应法律责任，其在签约单上签字即代表其已经收到上述《员工手册》并应当遵守《员工手册》的规定。柯某认可2018年10月新源国能公司对《员工手册》进行修订，其虽主张不清楚具体内容，但《员工手册》的内容关系到其切身利益，规定了员工的一般行为准则以及应当遵守的特殊规章制度，因此柯某在知晓修订员工手册的前提下应当了解和掌握员工手册的具体内容，但是其并未提出异议，应承担相应不利后果。修订前后的《员工手册》均规定了员工出差期间为弹性工作制，不计考勤，不计加班。按照生活及工作实践，员工在出差期间对于工作时间的安排相对灵活，因此不计算考勤及加班，具备一定的合理性，在柯某并未就上述规定向新源国能公司提出异议的情况下，一审法院对柯某要求新源国能公司支付2018年2月7日之后的出差期间加班工资的请求，不予支持。因新源国能公司未提交证据证明2018年2月7日之前员工出差是否计算考勤及加班，应承担举证不能的不利后果，而上述期间柯某确实存在出差加班的事实，故新源国能公司应当支付柯某2018年2月7日之前的双休日加班工资以及法定节假日加班工资，数额由一审法院依法核算。

综上所述，依照《民事诉讼法》第六十五条之规定，判决：（1）新源国能公司于判决生效之日起7日内支付柯某2017年7月3日至2018年2月6日双休日加班工资2 574.5元；（2）驳回新源国能公司的其他诉讼请求。

柯某不服一审判决，上诉至北京市第三中级人民法院。北京市第三中级人民法院于2020年5月23日作出判决：驳回上诉，维持原判。

## 评析意见

**（一）《员工手册》规定员工出差期间为弹性工作制，不计考勤与加班的效力问题**

工作时间是劳动者根据法律的规定，在用人单位用于完成本职工作的时间，是劳动的自然尺度，是衡量每个职工的劳动贡献和付给报酬的计算单位。我国目前有三种工时制度，分别为标准工时制、综合计算工时制和不定时工作制。标准工时是指正常工作时间标准，即法律规定的职工在每个工作日相对固定的工作时间，是我国工时制度的主要形式。在标准工时下，《劳动法》第三十六条规定："国家实行劳动者每日工作时间不超过八小时、平均每周工作时间不超过四十四小时的工时制度。"企业因生产特点不能实行前述标准工时制的，经劳动行政部门批准，可以实行其他工作和休息办法。《关于企业实行不定时工作制和综合计算工时工作制的审批办法》（劳部发〔1994〕503号）规定了实行特殊工时制度的行业、岗位（工种）和具体条件标准。其中，不定时工作制的适用工种（岗位）包括：企业中的高级管理人员、外勤人员、推销人员、部分值班人员和其他因工作无法按标准工作时间衡量的职工；企业中的长途运输人员、出租汽车司机和铁路、港口、仓库的部分装卸人员以及因工作性质特殊需机动作业的职工，其他因生产特点、工作性质需要或职责范围关系适合实行不定时工作制的职工。实行综合计算工时工作制的行业范围为：交通、铁路、邮电、水运、航空、渔业等行业中因工作性质特殊需连续作业的职工，地质及资源勘探、建筑、制盐、制糖、旅游等受季节和自然条件限制的行业的部分职工，其他适合实行综合计算工时工作制的职工。

以上三种工时制度均是对劳动者在日常为用人单位提供劳动时对劳动者工作时间所采用制度的一般性规定。而本案中，《员工手册》规定的员工出差期间为弹性工作制，不计考勤与加班是对劳动者在出差期间这一特殊时期的工作时间的规定，并非对劳动者工时工作制的规定，并不需要劳动行政部门的审批。《劳动合同法》第二十六条规定，"下列劳动合同无效或者部分无效：（一）以欺诈、胁迫的手段或者乘人之危，使对方在违背真实意思的情况下订立或者变更劳动合同的；（二）用人单位免除自己的法定责任、排除劳动者权利的；（三）违反法律、行政法规强制性规定的。对劳动合同的无效或者部分无效有争议的，由劳动争议仲裁机构或者人民法院确认。"本案中，《员工手册》规定的员工出差期间为弹性工作制，不计考勤与加班，并不存在前述劳动合同无效的情形，应属合法有效。

**（二）双休日和节假日加班的认定条件**

加班是指用人单位在正常工作时间以外安排劳动者进行工作，是基于用人单位根据生产经营需要对劳动者的工作时间进行额外安排而产生。双休日或节假日加班的认定应同时满足两个条件：一是时间要件，双休日或节假日；二是事实要件，从事单位安排的工作或为工作做准备。加班是一种持续的工作状态，劳动者在出差时，用人单位无法全面考核劳动者的出勤情况，即使出差涵盖休息日，并不能当然说明劳动者在休息日从事工作。实践中，存在大量休息日并未工作而是在休息的情形，此种情形仅能视为休息地点在外地而不是在通常居住地，休息地点的不同不能成为要求支付加班工资的理由。从另一方面分析，如果出差时间无论是否从事工作都认定为工作时间的话，用人单位则应对劳动者出差时间按每日24小时支付加班工资，显然违背客观事实，有失公平。因此对于劳动者的出差时间适逢或包括双休日或节假日，用人单位是否要向劳动者支付加班工资问题要由前述时间要件和事实要件来衡量。如劳动者在双休日或节假日并未从事单位安排的工作或为工作做准备，不能成为要求支付加班工资的理由。

《最高人民法院关于审理劳动争议案件适用法律若干问题的解释（三）》第九条规定："劳动者主张加班费的，应当就加班事实的存在承担举证责任。但劳动者有证据证明用人单位掌握加班事实存在的证据，用人单位不提供的，由用人单位承担不利后果。"劳动者在出差时，其工作及休息时间可自行安排，故劳动者主张出差期间休息日加班费的，劳动者应当对其在出差期间存在休息日加班进行举证。

（北京市第三中级人民法院　龚勇超　郭妍子）

# 57. 劳动争议案件中如何看待董事会决议的效力

## 争议焦点

1. 董事会是否有权通过决议对公司高管调岗降薪；
2. 董事会是否有权通过决议不予发放公司高管的绩效工资；
3. 仲裁庭审后作出的董事会决议效力如何认定；
4. 如何认定高管是否未尽勤勉尽职之责。

## 基本案情

**申请人（原告）：高某**

**被申请人（被告）：北京M证券股份有限公司**

高某于2004年2月入职北京M证券股份有限公司（以下简称M公司），后M公司聘任其为执行副总裁、执行委员会委员、合规总监、首席风险官（系高管人员），分管M公司法律合规、风险管理、质量管理工作。因高某任职期间工作表现不佳，导致M公司发生重大的合规风险，M公司经董事会决议于2016年12月20日免除高某合规总监职务，于2017年7月17日免除高某执行副总裁、首席风险官、执行委员会委员职务。后M公司聘任高某为风险管理总部高级顾问，高某于2018年6月8日提出离职。

高某2017年1月至7月17日期间，月薪资标准为30万元，其中50%为绩效工资，依据M公司制度，绩效工资需在次年根据年度考核结果决定发放比例。具体要求为：当公司净资产收益率达到或高于8%时，考核结果为称职以上的100%发放，年度考核为基本称职的发放50%，年度考核为不称职的不予发放；

当公司净资产收益率低于8%时，由董事会根据公司年度经营业绩，参考行业整体状况、结合高管个人业绩指标和管理指标完成情况确定绩效奖金发放比例。高某2016年度的考核结果为基本称职，对此双方均无异议。

2017年度，高某在年底参加了普通员工的考核，结果为称职。2018年8月10日，M公司董事会作出决议，对包括高某在内的所有2017年离任高管进行2017年度任职期间考核，考核结果均为不称职，决定不发放绩效工资。

M公司《董事会奖励基金管理办法》规定，当年净资产收益率高于6%时，可以提取奖金用于奖励高管。董事会奖励基金需分三年发放，首年发放60%，剩余40%在第二、第三年各自发放20%。M公司依据证监会《证券公司治理准则》第六十五条，规定在奖金延期支付期间，“高管人员未能勤勉尽责，致使分管业务亏损或存在重大违法违规行为或重大风险的，公司停止支付全部或者部分未支付的奖金：（1）高管在奖金延期支付期间离职的，停止发放全部未支付的奖金；（2）高管年度考核结果为不称职的，停止发放当年应发放奖金；（3）高管年度考核结果为基本称职的，发放当年延期支付奖金部分的50%。”

M公司于2015年、2016年分别从2014年、2015年利润中提取部分作为高管人员奖金，分三年递延发放，奖金应于2015年、2016年发放部分已发放完毕。2015—2016年，M公司受到多次监管处罚，并有一起严重的员工涉及刑事案件，导致M公司经营受重大影响，分类评价降低至CC级，并引发大量民事诉讼，有大量债权至今未收回。2018年8月10日，M公司董事会决议，因高某及另一高管2014—2016年未勤勉尽责导致公司风险事件，根据《证券公司治理准则》第六十五条及M公司相关管理办法规定，停止向高某等人支付董事会奖励基金递延部分。2018年年底，M公司董事会再次作出决议，因2014—2016年经营管理层对公司重大风险负有管理责任和领导责任，依据《证券公司治理准则》的规定，对全体高管人员停止支付递延奖金。

高某被免除高管职务后，公司依照监管要求对其进行了离任审计，审计报告第六项列举了公司的风险事件，第七项列举了高某在任期间未妥善处理的重大诉讼，审计报告结论为：对高某进行离任审计，除“六、审计期内公司风险事件”及“七、审计关注的事项”描述的事项外，未发现违反法律法规的情况，未发现违反公司规定情况。

## 审理结果

**(一)劳动争议仲裁**

2018年7月11日，高某向劳动人事争议仲裁委员会申请立案。以M公司拖欠其工资及奖金为由，申请：

1. 支付2017年1月1日至7月17日期间应于2018年发放的50%工资97.921 3万元；

2. 支付2017年7月18日至2018年6月10日期间工资差额268.873 5万元；

3. 支付2015—2017年内核负责人津贴共计72.5万元；

4. 支付2014年董事会奖励基金中应于2017年支付部分60.056万元，支付2015年董事会奖励基金中应于2017年支付部分193.667万元、应于2018年支付部分193.667万元，共计447.39万元；

5. 支付2004年2月至2018年6月10日期间解除劳动合同经济补偿金30.481 2万元（后修改为147.941 1万元）。

2018年10月，仲裁委员会裁决：

1. M公司支付高某2018年4—5月工资差额4.050 0万元；

2. M公司支付解除劳动合同经济补偿金27.941 1万元；

3. 驳回高某其他申请请求。

**(二)一审法院判决**

M公司认可该裁决结果，高某不服裁决结果，向人民法院提起诉讼。

关于工资差额，M公司认为，公司董事会免除了高某的高管职务，对其薪酬级别也作了相应调整，高某未对其职务和薪资调整提出任何异议。高某主张，对于工资的调整，M公司并未与其进行过协商，亦没有书面通知。

关于绩效工资，M公司认为，绩效工资根据M公司高管考核制度决定是否发放，2017年度公司净资产收益率低于8%，应由董事会决定发放与否及比例，高某当年考核为不称职，董事会最终决定不予发放奖金。高某主张，2018年8月的考核决议系其离职后公司在仲裁期间作出，对其无效。

关于内核负责人津贴，M公司认为，内核负责人津贴待次年监管部门公布证券公司分类评审结果后，如不存在质量风险或其他扣分情形，则一次性全额发放，否则不予发放。高某担任内核负责人期间公司存在因违规行为被扣分情形，且高某没有完整承担整个2017年度的内核负责人工作，故不应向其支付该项津贴。高某主张，M公司提交的处罚决定中没有一件涉及保荐业务，且其担任内核负责人期间，M公司并没有作出过不予发放内核负责人津贴的决定。

关于董事会奖励基金，M公司认为，高某任期内公司发生多起风险事件，高某作为合规总监和首席风险官对此应负责，M公司提交的各式监管函件以及其离任审计报告足以说明其工作未能勤勉尽责导致重大风险。且2018年8月10日M公司董事会对停止支付高某递延奖金作出决议，无论依照《证券公司治理准则》还是M公司制度，均不应向其发放递延奖金。高某主张，离任审计报告显示其没有个人责任，其上列举的风险事项是公司风险，与其个人无关，其个人未受任何处罚，2018年8月的决议系其离职后作出，对其无效。

一审法院认为：第一，M公司董事会作出免除高某高级管理人员职务的决定，符合《公司法》关于董事会有权决定聘任或解聘公司高级管理人员的相关规定，M公司聘任高某为风险管理总部高级顾问，并按照公司员工薪资标准表调整高某月工资并无不妥。但2018年4月1日以后M公司未能提交再次调整工资标准的依据，故M公司应补足工资差额。第二，M公司提交的各种决定书和意见函可以证明其未向高某发放内核负责人津贴，符合M公司高管考核制度。第三，M公司对高某2017年考核结果在仲裁庭审后作出，不予采信。第四，M公司在高某卸任高管时出具的离任审计报告中未明确载明高某对M公司风险事件承担个人责任，高某主张报告中列举的风险事件属于公司的风险事件，其无须承担个人责任，M公司未举证证明高某需承担个人责任，且M公司2017年报显示应付奖金320.532 2万元。

2019年11月5日，一审法院判决M公司向高某支付：

1. 2017年1月1日至7月17日期间应于2018年发放的50%工资97.586 207万元；

2. 2018年4月后工资差额4.050 0万元；

3. 董事会奖励基金延期支付部分320.532 2万元；

4. 解除劳动合同经济补偿金27.941 1万元。

**（三）二审法院判决**

M公司和高某均不服一审判决，提出上诉。

二审法院在一审判决基础上补充认为：第一，M公司提交的证据显示其公司董事会决定不发放高某上述期间绩效工资的原因为高某考核结果为不称职，而非公司净资产收益率低于8%时由董事会决定高管的绩效奖金发放比例。该考核结果在本案仲裁庭审后作出，一审法院对该考核结果未予采信并无不当。第二，高某在奖金延期支付期间离职系M公司违法降低工资等过错行为导致。M公司对高某的考核属于事后考核。M公司董事会决定对高某停止支付董事会奖励基金延期尚未支付的部分，亦在本案仲裁庭审后才作出，在M公司未能证明高某“未能勤勉尽责，导致分管业务亏损或存在重大违法违规行为或重大风险”的情况下，其公司依据此决定不同意支付高某董事会奖励基金延期支付部分，理由不充分。

2019年12月27日，二审法院判决：驳回M公司和高某的上诉请求，维持原判。

## 评析意见

**（一）本案判决肯定了公司董事会有权通过决议对公司高管合理调岗降薪，体现了对公司自治权与劳动者合法权益的均衡保护**

公司高管因其身份特殊，同时受到公司法与劳动合同法的规制。一方面，公司高管与公司建立劳动关系，遵守其与公司之间签订的劳动合同约定；另一方面，还应按照公司法规定，接受董事会对其任免、职责、薪酬等决定事项的管理。针对实务中常见的高管调岗降薪问题，劳动合同法侧重于保护高管作为劳动者的合法权益，强调劳资双方协商一致以及依据法律规定调岗降薪；公司法则侧重于保障企业正常开展经营活动，强调公司组织机构的自治管理，维护企业在市场经济中的竞争优势，尊重股东会、董事会的决议。

本案中，M公司董事会基于高某任职高管期间公司业绩不佳的事实作出对高某调岗降薪的决议，是行使公司法赋予董事会的合法权利，是企业经营自主权的直接体现。法院对M公司董事会调岗降薪决议合法性的确认，有力保障了公司意思自治的自由。与此同时，法院亦对M公司董事会调岗降薪决议的合理性进行了审查，以确保公司不得滥用自治权侵害劳动者合法权益。

**（二）本案判决肯定了公司董事会有权通过决议不予发放公司高管的绩效工资，有助于形成动态薪酬激励机制，构建富有活力的劳资关系**

绩效考核制度实质上是公司通过奖惩结合的手段优化对劳动力资源的使用方式，其最终目的是使公司创造更大效益。绩效考核制度虽更多地体现了劳动关系的从属性特征，但公司在施行绩效考核制度的过程中，也与劳动者在绩效考核目标、绩效考核程序、绩效薪酬标准等方面达成了某种合意，劳动者因此形成的信赖利益应当受到保护。公司应建立对包括高管在内的劳动者的工作业绩、工作能力、工作纪律及对公司目标达成的贡献度的科学考评机制及办法，综合考评后依规发放绩效薪酬。

本案中，M公司依据经法定程序制定并公示的考核制度，基于高某担任内核负责人期间公司多次受到监管机构处罚的事实，最终由董事会作出不予发放内核负责人津贴的决议，符合法律规定，亦没有损害高某的合法权益。

**（三）本案判决以“决议在仲裁庭审后作出”为由对公司依法作出的董事会决议不予认可，似存在进一步商榷之必要**

首先，“决议在仲裁庭审后作出”显然不属于公司法规定的决议无效或可撤销情形，涉案董事会决议应为有效。其次，没有任何明确的法律、行政法规或者公司制度规定M公司应在何时对离任高管进行专项考核。M公司考核管理办法对高管人员考核的具体内容、程序和方式作出了规定，M公司董事会有权根据自身工作安排对高某进行专项考核。最后，按照本案判决的裁判逻辑，只要高某提起了仲裁，M公司将永远无法对高某在2017年1—7月任职高管期间的工作表现进行专项考核，事实上剥夺了公司董事会对高管进行考核的合法权利。

综上，本案判决把高某是否申请仲裁作为区分公司董事会决议是否可以被认可的标准，将导致公司董事会职权的行使存在极大的不确定性，如此该认定有待商榷。

**（四）如何认定公司高管是否勤勉尽责**

对高管来说，显然不同于普通员工的“绩效管理”，按照劳动合同法规定制定的一般性规章制度难以覆盖对高管勤勉尽责的考量。在司法实践中，在认定公司高管是否履行了勤勉尽责义务方面，至少包括以下六方面要素，需要予以考虑。

1. 应以同样职位应有的充分善意履行高管职责，而不是消极懈怠。

2. 在处理公司事务时尽到处于相似位置上的普通谨慎的人在相同或类似情况下所需要的注意义务。

3. 令人信服地相信是为了公司最大利益的方式履行其职责。

4. 基于自身故意或过失形成的过错，应为履职失察，而非商业风险或不可抗力。

5. 对于公司的重大决策或交易与法律规定相冲突时，应有从公司利益及满足合规要求考虑的明确态度。

6. 未尽勤勉尽责义务给公司造成损失时，应承担相应的赔偿责任。

此外，当公司高管因未勤勉尽责被追责时，通常会被要求承担一定的举证责任，证明自己已尽责。

（北京市金诚同达律师事务所　梁枫）

# 社会保险与福利待遇

# 58. 非工伤保险统筹治疗费应该由谁来承担

## 争议焦点

不符合工伤保险统筹的治疗费应该由谁来承担。

## 基本案情

**申请人：承德某实业有限公司**

**被申请人：吕某**

吕某2009年1月1日到承德某实业有限公司处工作，双方签订了劳动合同，缴纳社会保险。2018年9月8日吕某在工作中受伤入院治疗，后经承德市人力资源和社会保障局认定为工伤。2018年11月24日，吕某经承德市劳动能力鉴定委员会鉴定为骨科八级伤残。吕某住院共花费医疗费29 332.05元，均由承德某实业有限公司垫付。承德市社会保险局工伤保险中心实际报销工伤医疗待遇22 455.17元，由于有6 876.88元是吕某所用的非对症药、住院费超标等非统筹项目费用，不能报销，就该笔治疗费用的承担问题，吕某与承德某实业有限公司未达成一致意见。在协商未果的情况下，2019年3月15日，承德某实业有限公司向承德市劳动人事争议仲裁委员会提起仲裁申请，请求依法裁决吕某返还公司为其垫付的医疗费6 876.88元。

## 审理结果

本案经调解无效，依据《工伤保险条例》第三十条的规定，裁决如下：吕某返还承德某实业有限公司为其垫付的医疗费6 876.88元，吕某在本裁决书生效后十五日内一次性支付给承德某实业有限公司。

## 评析意见

本案的焦点是不符合工伤保险统筹的治疗费应该由谁来承担？《工伤保险条例》规定，符合工伤保险诊疗项目目录、工伤保险药品目录、工伤保险住院服务标准的费用，可以由工伤保险基金支付。本案中，吕某发生工伤后，申请人紧急将其送医救治并在此后工伤职工住院期间派人护理看望的做法是值得肯定的。用人单位及时向医生及工伤职工本人提出了按照工伤保险目录用药。调查中得知，医生已嘱咐吕某使用属于工伤药品目录的药品，非工伤目录的药品需要自费。而职工坚持使用不属于目录的药品，那么该笔医药费就应当由工伤职工自行承担。

《工伤保险条例》的立法本意在于保障因工作遭受事故伤害或者患职业病的职工获得医疗救治和经济补偿，促进工伤预防和职工康复，分散用人单位的工伤风险。为了进一步规范工伤职工的就医诊疗，国家同时也制定了工伤保险诊疗项目目录、工伤保险药品目录、工伤保险住院服务标准等一系列配套文件。《工伤保险条例》规定只有符合这些目录中的项目才能从工伤保险基金中支付保险赔偿。这是否意味着在工伤治疗中超出目录规定的部分，应该由工伤职工自行负担或由用人单位承担呢？

实践中，在进行医学治疗过程中，有些药品不属于治疗工伤职工的必备药，或者虽属必备药但存在属于工伤保险药品目录的替代品，而工伤职工往往出于各种目的使用这些不属于工伤保险药品目录的药品，因而造成工伤治疗医药费无法报销的情况。建议用人单位在工伤职工就医治疗时，首先选择与工伤保险经办机构签订服务协议的医疗机构，并声明是否按照工伤保险目录诊治。

（河北省承德市劳动人事争议仲裁院　韩春江　张勇）

# 59. 上班途中发生非主要责任的交通事故认定工伤后赔偿争议

## 争议焦点

1. 误工费与停工留薪期工资是否可以同时获赔；

2. 护理费的支付标准；

3. 关于七级至十级伤残职工一次性工伤医疗补助金和一次性伤残就业补助金的支付条件。

## 基本案情

**申请人：王某某**

**被申请人：张家口市某企业**

申请人王某某2012年3月到被申请人张家口市某企业工作，岗位为储蓄客户经理，2013年3月被调岗为营业员，工资按月发放，申请人与被申请人之间形成事实劳动关系。工作期间，被申请人未依法为申请人缴纳社会保险，实际发放工资低于张家口市最低工资标准。2017年6月29日，申请人在上班途中发生交通事故，单位停发工资。后经张家口市劳动和社会保障局认定为工伤；张家口市劳动能力鉴定委员会鉴定为八级伤残，停工留薪期八个月。2018年1月，被申请人领导与包括申请人在内的数位职工谈话，通知解除劳动关系。

申请人请求：（1）支付违法解除劳动关系赔偿金；（2）支付工作期间低于最低工资标准差额；（3）支付停工留薪期工资；（4）支付住院伙食补助费、护理费、医药费、一次性伤残补助金、一次性工伤医疗补助金、一次性伤残就业补助金；（5）支付2017年2月至2017年5月产假工资；（6）补缴工作期间的养老保险；(7) 支付失业金。

被申请人辩称：(1) 申请人所提出的各项申请仲裁事项超过一年的仲裁时效期间，如支付最低工资差额、产假工资以及补缴养老保险，请仲裁委员会依法驳回申请人的仲裁请求。(2) 对申请人经张家口市劳动能力鉴定委员会鉴定为八级伤残、停工留薪期八个月的鉴定结论不予认可，申请再次鉴定。(3) 申请人由于第三人侵权导致工伤，根据相关规定，由于第三人侵权导致工伤的申请人也只能享受一次性伤残补助金、一次性工伤医疗补助金和一次性伤残就业补助金，除此三项请求，被申请人不予承担。(4) 由于第三人侵权导致工伤的，应由第三人支付工伤医疗费用。工伤医疗费用包括：治疗工伤的医药费；治疗工伤的伙食补助费；停工留薪期费用。以上费用均应由侵权的第三人支付，被申请人不承担赔偿责任。(5) 申请人与被申请人未解除劳动关系，不应支付赔偿金和失业金。(6) 申请人请求支付护理费没有依据，不应支付。

经仲裁委员会调查：申请人2012年3月到被申请人处工作，双方未签订书面劳动合同；申请人提供与被申请人营业部副主任、主任的谈话记录等证据，证明2018年1月被申请人口头通知申请人解除劳动关系；2018年8月被申请人与申请人协商，要求申请人回被申请人处工作，申请人未同意。被申请人未为申请人缴纳2012年3月至2018年1月的社会保险；被申请人未支付申请人2017年2月至2017年5月产假期间的工资。2017年6月29日申请人上班途中发生交通事故，被认定为八级伤残。被申请人支付申请人2017年6月工资545元，2017年7月工资227.60元，2017年8月工资323元，2017年11月工资326.23元，2018年1月工资10元，被申请人未全额支付申请人停工留薪期工资。申请人2017年6月29日至8月28日住院共计60天，医疗费共计52 128.95元，商业保险部门报销6 681.33元，申请人提供医疗门诊收费票据不属于住院医疗费用。被申请人未支付申请人劳动能力鉴定费600元。张家口市第二医院出具的《诊断证明》中明确申请人需1~2人护理，申请人母亲在其住院期间对其进行护理，申请人母亲无工作。河北省张家口市宣化区人民法院出具的申请人《赔偿明细》，申请人已向侵权第三人李某某请求支付医疗费、伙食补助费、误工费、护理费。2017年11月28日河北省张家口市宣化区人民法院出具的《民事调解书》中，申请人与侵权第三人李某某自愿达成调解协议。被申请人未支付申请人医疗费、伙食补助费、护理费、一次性伤残补助金、一次性工伤医疗补助金、一次性伤残就业补助金。张家口市宣化区2017年最低工资标准为1 590元/月。申请人停止工作前12月，被申请人支付申请人工资均低于张家口市宣化区最低工资标准。2016年度河北省社平工资为4 748.92元/月，2017年度河北省社平工资为5 438.83元/月。

## 审理结果

该案为劳动者上下班途中发生非主要责任的交通事故认定为工伤要求工伤赔偿的案件。本案中，侵权第三方李某某对申请人进行了先行赔付，依据河北省张家口市宣化区人民法院出具的申请人《赔偿明细》（包括医疗费42 460.65元、住院伙食补助1 800元、护理费9 000元、误工费11 764.93元等），申请人王某某已向侵权第三人李某某请求支付医疗费、伙食补助费、误工费、护理费，并在2017年11月28日河北省张家口市宣化区人民法院出具的《民事调解书》中，申请人王某某与侵权第三人李某某自愿达成调解协议，该《民事调解书》中未明确申请人王某某放弃了部分或全部《赔偿明细》中的请求。在申请人王某某与侵权第三人达成调解后，因被申请人未为申请人缴纳工作期间的工伤保险，申请人到仲裁委员会提起劳动仲裁申请，要求被申请人支付其工伤待遇。依据《中华人民共和国社会保险法》第四十二条、《工伤保险条例》第六十二条第二款的规定，申请人王某某住院期间的医疗费用（包括医疗费、伙食补助费）应由侵权第三人支付，本案中侵权第三人李某某已与申请人王某某达成和解，该部分费用不应再向被申请人张家口市某企业要求支付。

仲裁结果如下：

1. 被申请人支付申请人违法解除劳动关系赔偿金19 080元。

2. 被申请人支付申请人2017年6月低于最低工资标准差额1 045元。

3. 被申请人为申请人缴纳2012年3月至2018年1月的养老保险，申请人缴纳个人部分，具体数额以张家口市社会保险事业管理局计算为准。

4. 被申请人支付申请人失业金12 820元。

5. 被申请人补足申请人停工留薪期工资的差额68.24元。

6. 被申请人支付申请人劳动能力鉴定费600元。

7. 被申请人支付申请人一次性伤残补助金31 342.87元。

8. 被申请人支付申请人一次性工伤医疗补助金108 776.60元。

9. 被申请人支付申请人一次性伤残就业补助金43 510.64元。

10. 驳回申请人的其他仲裁请求。

## 评析意见

**（一）误工费与停工留薪期工资是否可以同时获赔**

申请人王某某与侵权第三人李某某达成的民事调解中已主张了误工费，并得到了赔偿，是否可以再向被申请人张家口市某企业要求支付停工留薪期工资？笔者认为停工留薪期工资虽与误工费名义不同，但是均属于对申请人受伤期间无法工作造成损失的补偿，不应重复计算，但是被申请人张家口市某企业应对申请人王某某停工留薪期工资与误工费的差额予以补足。

**（二）护理费的支付标准**

申请人王某某住院期间根据医嘱，需1～2人陪护，依据《工伤保险条例》第三十三条第三款、《河北省工伤保险实施办法》第二十七条第三款规定，护理应由用人单位指派专人护理；或者经工伤职工或者其近亲属同意，用人单位也可以按本单位上一年度职工月平均工资一人的标准支付护理费。但在实际操作中，用人单位指派专人护理较少，基本是由劳动者家属或者医院护工护理，而用人单位上一年度职工月平均工资并不好核实取证，是否可以参考陪护人员即医院护工护理实际收费标准和陪护家属的月工资要求用人单位支付（无工资收入的人员参考当地最低工资标准）？本案中，护理申请人王某某的是其母亲，而其母亲并没有工作，被申请人张家口市某企业未提供上一年度职工月平均工资，笔者认为护理费应按照张家口市最低工资标准支付。

**（三）关于七级至十级伤残职工一次性工伤医疗补助金和伤残就业补助金的支付条件是否受劳动关系解除的影响**

依据《工伤保险条例》第三十七条第（二）项的规定，七级至十级伤残职工在劳动、聘用合同期满终止，或者职工本人提出解除劳动、聘用合同的，由工伤保险基金支付一次性工伤医疗补助金，由用人单位支付一次性伤残就业补助金。在实际操作中，七级至十级伤残职工被用人单位解除劳动关系的情况下，是否可以领取这两项补偿？笔者认为，这两项补偿是针对职工工伤与单位解除劳动关系后的相应补偿，不能单纯因为解除劳动关系时的方式而决定是否支付，在用人单位未为劳动者缴纳工伤保险的案件中，这两项补偿应全额由用人单位支付给劳动者；在已缴纳工伤保险的案件中，一次性工伤医疗补助金按照工伤保险待遇审核部门核算为准，一次性伤残就业补助金由用人单位支付给劳动者。

（河北省张家口市人力资源和社会保障局　马丽）

# 60. 当工伤待遇与交通事故赔偿竞合时能否获得双重赔偿

## 争议焦点

公司员工在交通事故中死亡，可否获得人身损害赔偿与工伤待遇双重赔偿。

## 基本案情

**申请人：张某之父、张某之母、张某之女**

**被申请人：某路桥公司**

张某于2008年6月入职某路桥公司从事道路维修、养护工作，日工资130元，月工资3 900元，某路桥公司一直未给张某缴纳社会保险。2019年4月23日，张某在北京市昌平区G6高速公路施工时，王某驾驶的轻型普通货车与赵某驾驶的中型普通货车相撞，赵某车前部将道路施工人员张某撞出，造成张某死亡。经交管部门认定，王某承担事故主要责任，赵某承担事故次要责任，张某无责任。2020年5月12日，机动车交通事故责任纠纷一案经终审判决支付张某之父、张某之母、张某之女张某死亡赔偿金［含被抚（扶）养人生活费］1 817 677元、精神损害抚慰金47 129元、丧葬费47 129元、因丧葬事宜支出的误工费和交通费3 000元。

北京市延庆区人力资源和社会保障局于2019年11月15日认定张某因工死亡。张某之父、张某之母、张某之女与某路桥公司就张某因工死亡赔偿事宜协商未果，于2020年4月提出仲裁申请，要求某路桥公司支付：（1）一次性工亡补助金785 020元［39 251元/年×20年=785 020元（2018年全国城镇居民可支配收入为39 251元）］；（2）丧葬补助金50 802元（8 467元/月×6个月=50 802

元)；(3) 供养亲属抚恤金 594 000 元 (计算方式：①张某之父，1951 年出生，67 周岁，80−67 = 13 年，月工资 5 000 元×30%×12 个月×13 年 = 234 000 元；②张某之母 1951 年出生，67 周岁，80−67 = 13 年，月工资 5 000 元×30%×12 个月×13 年 = 234 000 元；③张某之女 2007 年 10 月 16 日出生，11 周岁，18−11 = 7 年，5 000×30%×12 个月×7 年 = 126 000 元)。

某路桥公司对供养直系亲属抚恤金以 5 000 元为标准计算有异议，表示张某出事故时在其单位上班，事故现场是在高速公路上，两车相撞冲向安全区，将张某撞死，是交通事故致其死亡，属于意外，某路桥公司给员工上有意外保险，交通肇事车应赔付，保险公司应赔付，赔付之后差额部分可以由公司承担。

## 审理结果

1. 某路桥公司支付张某之父、张某之母、张某之女一次性工亡补助金 785 020 元、丧葬费差额 8 443 元。

2. 某路桥公司支付张某之父、张某之母、张某之女 2019 年 4 月 24 日至 2020 年 6 月 23 日期间 (因工死亡时至裁决当月) 供养直系亲属抚恤金共计 63 000 元，自 2020 年 6 月 24 日起应按照每人每月 1 667 元的标准按月支付张某之父、张某之母、张某之女供养直系亲属抚恤金，之后遇政策调整，按新政策调整后标准按月支付至张某之父、张某之母去世，张某之女年满 18 周岁止。

## 评析意见

### (一) 第一种观点，交通事故赔偿与工伤待遇“互补论”

发生交通事故后，劳动者可以同时主张交通事故赔偿与工伤保险给付，但其所获得的赔偿，不应超过实际遭受的损害。持这种观点的主要依据是 1996 年颁布的《企业职工工伤保险试行办法》(劳部发〔1996〕266 号)①。该办法第二十八条规定，“由于交通事故引起的工伤，应当首先按照《道路交通事故处理办法》及有关规定处理。工伤保险待遇按照以下规定执行：(一) 交通事故赔偿已给付了医疗费、丧葬费、护理费、残疾用具费、误工工资的，企业或者工伤保险

① 该文件已废止。

经办机构不再支付相应待遇（交通事故赔偿的误工工资相当于工伤津贴）。企业或者工伤保险经办机构先期垫付有关费用的，职工或其亲属获得交通事故赔偿后应当予以偿还。（二）交通事故赔偿给付的死亡补偿费或者残疾生活补助费，已由伤亡职工或亲属领取的，工伤保险的一次性工亡补助金或者一次性伤残补助金不再发给。但交通事故赔偿给付的死亡补偿费或者残疾生活补助费低于工伤保险的一次性工亡补助金或者一次性伤残补助金的，由企业或者工伤保险经办机构补足差额部分……”

**（二）第二种观点，交通事故赔偿与工伤待遇“双赔论”**

持这种观点的主要依据是《最高人民法院关于审理人身损害赔偿案件适用法律若干问题的解释》，该解释第十二条第二款规定：“因用人单位以外的第三人侵权造成劳动者人身损害，赔偿权利人请求第三人承担民事赔偿责任的，人民法院应予支持。”该条款非常明确地规定劳动者向第三人提起人身损害赔偿应当支持。因此，当交通事故赔偿与工伤待遇发生竞合，职工可以依照不同的法律规定分别获得救济。

**（三）第三种观点，认同交通事故与工伤赔偿的“双赔论”，但认为应按具体项目分别处理，区别对待**

1. 属于发生的医疗费、康复费、辅助器具配置更换费等费用项目的，只能按实际发生金额给付，已按相关事故伤害处理规定获得相应赔付的，不能重复给付；若其赔付金额低于工伤保险规定的标准水平，属参保职工的，应当由工伤保险基金补足差额至规定标准。

2. 属于住院伙食补助费、就医交通住宿费、停工留薪期工资和护理费项目，已按相关事故伤害处理规定获得相应赔付的，不能重复给付；若其赔付金额低于工伤保险规定的标准水平的，应当由用人单位补足差额至规定标准。

3. 属于赔偿性的待遇项目，如一次性工伤补助金、一次性工伤医疗补助金、一次性伤残补偿金、一次性工亡补助金等，只要工伤保险法律法规对赔偿待遇项目没有作出竞合规定的，应依法按规定赔偿相应的待遇项目。

笔者同意第三种观点，理由如下。

法律法规条文内容的调整，实际上已经否定了第三人原因导致工伤情形下工伤待遇与民事赔偿之“差额赔偿”原则。《企业职工工伤保险试行办法》第二十八条实际上规定了因交通事故引起的工伤，工伤保险待遇与民事侵权赔偿采取的是

“差额赔偿”模式。尽管2004年出台及2011年修订的《工伤保险条例》均没有明确规定民事损害赔偿请求权与工伤保险待遇支付请求权重合时的处理规则，然而《企业职工工伤保险试行办法》第二十八条内容的删除实际上等于否定了该种情形下的“差额赔偿”模式。2004年《工伤保险条例》颁布实施不久，针对司法实践中出现的第三人工伤赔偿问题，最高人民法院以司法解释的形式明确了相应处理规则，即业界所熟知的《最高人民法院关于审理人身损害赔偿案件适用法律若干问题的解释》第十二条。至此，“双重赔偿”之处理原则已明确通过最高人民法院的“解释性立法”，成为各部门处理该问题的指导准绳。

当交通事故赔偿与工伤保险待遇两者发生竞合时，在我国法律没有明确规定两者实行择一赔偿原则或者差额互补原则时，工伤职工完全可以获得双重赔偿，这将使工伤职工的合法利益得到最大限度的保护。北京市在2008年4月18日发布《关于工伤保险工作若干问题的处理意见》（京劳社工发〔2008〕86号），其中工伤保险待遇部分明确2007年11月9日发生的因机动车事故引起的伤害，经劳动保障行政部门认定为工伤的，享受工伤保险待遇，符合工伤保险基金支付的项目从工伤保险基金中支付。由此可以明确看出工伤事故与交通事故发生竞合的，工伤保险基金可以支付相应待遇。

实际案件中，交通事故中的人身损害赔偿案件与工伤待遇案件有很多雷同项，完全一致的有医疗费、护理费、交通费、住宿费，名目不同但实际一样的有误工费和停工留薪期工资、丧葬费和丧葬补助金，类似的有营养费和伙食补助费。对于以实报实销为原则的医疗费、康复费、辅助器具费等，以及护理费、丧葬费等为弥补损失而产生的费用，侵权方或者工伤人员单位已经承担的，不应重复享受；如存在差额的，应补齐差额部分。对于因身体受到损伤而产生的赔偿项目，如工伤的一次性伤残补助金和人身损害赔偿的残疾补助金、一次性工亡补助金和死亡赔偿金，因交通事故赔偿与工伤待遇系因不同的法律关系产出，可以获得双重赔偿。

本案中，张某因工死亡，某路桥公司未为张某缴纳工伤保险，依据《工伤保险条例》第三十九条第一款、第六十二条第二款、第六十四条第二款规定，某路桥公司应当支付张某之父、张某之母、张某之女丧葬补助金、一次性工亡补助金、供养直系亲属抚恤金等工伤待遇。一次性工亡补助金和供养直系亲属抚恤金属于张某因工导致死亡对其亲属的赔偿，可以与交通事故赔偿同时享受。对于丧葬补助金，因张某因工死亡系机动车交通事故导致，张某之父、张某之母、张某之女已先获得侵权赔偿，用人单位承担的丧葬补助金应扣除侵权方已赔付的丧葬费。

（北京市延庆区人力资源和社会保障局　董艳艳）

# 61. 抑郁症等特殊疾病医疗期认定标准及举证责任

## 争议焦点

1. 需要给予24个月医疗期的特殊疾病的认定标准；
2. 劳动争议中劳动者患精神类疾病的举证责任。

## 基本案情

**申请人：宋某某**
**被申请人：公用工程公司**

宋某某于2009年8月1日入职公用工程公司，担任管理岗位，双方自2011年12月1日起签订无固定期限劳动合同。2018年4月30日，公用工程公司以宋某某医疗期满，不能从事原工作，也不能从事单位另行安排的工作为由，提出解除劳动关系。双方产生争议。

就解除劳动关系问题，公用工程公司主张根据宋某某的工作年限，其医疗期为9个月，具体期限为2017年6月30日至2018年3月30日；宋某某自2017年6月30日开始休病假，之后未再上班。公用工程公司提交了以下相关证据。

1. 员工医疗期满相关规定告知书，内容载明“宋某某，您2017年6月30日开始病休的9个月医疗期将于2018年3月30日期满，请于2018年4月2日复工上班……公用工程公司，2018年2月23日”。

2. 员工医疗期满复工通知书，内容载明“宋某某，您2017年6月30日开始病休的9个月医疗期将于2018年3月30日期满，请于2018年4月2日复工上班。如未按时复工，请及时到公司人力资源部办理相关手续。公用工程公司，

2018年2月23日”。

3. 调岗通知书，内容载明“宋某某，因您在医疗期满后无法从事原工会副主席工作，经公司决定，向您发出调整工作岗位通知，调整前岗位为工会副主席，调整后岗位为党群工作部普通管理岗，请您于2018年4月9日到岗，如届时未予到岗，公司将按照相关规定予以处理。公用工程公司，2018年4月3日”。

4. 宋某某所写说明，内容载明“……医生建议我继续休假治疗，因而实在不便亲自到公司说明……宋某某，2018年4月12日”。

5. 微信聊天记录，内容载明“公司：您医疗期已满，如需继续请病假需要去做医疗鉴定，请您尽快来公司报到；宋某某：知道了”。

6. 解除合同通知书，内容载明“宋某某……您于2017年6月30日开始休病假，至2018年3月30日病假医疗期满。现您仍不能从事原工作也不能从事由甲方另行安排的工作。基于以上原因，根据《劳动合同法》相关规定，公司将于2018年4月30日与您解除劳动合同。请您收到函件后五日内前往公司人力资源部办理相关手续并领取经济补偿金。公用工程公司，2018年4月18日”。

宋某某认可上述证据的真实性，但不认可证明目的，主张其所患疾病属精神类疾病，应享受24个月的医疗期，公用工程公司在医疗期内解除劳动合同，属违法解除劳动关系。就其上述主张，宋某某向法院提交就诊病历、诊断证明等，显示宋某某诊断为“抑郁状态、精神障碍”。公用工程公司不认可上述证据的真实性。

另，经法院释明，宋某某明确拒绝对其患有的疾病情况是否属于“精神病”进行司法鉴定。首都医科大学附属某医院2017年6月29日的诊断证明载明宋某某患有中重度焦虑症、重度抑郁症。

## 审理结果

仲裁委员会作出裁决书，裁决：(1) 公用工程公司支付宋某某2017年8月1日至2017年8月31日期间工资差额81.57元；(2) 公用工程公司支付宋某某2071年度年终奖4万元；(3) 公用工程公司支付宋某某违法解除劳动合同赔偿金25.200396万元；(4) 公用工程公司支付宋某某医疗补助费84001.32元；

（5）驳回宋某某的其他仲裁请求。宋某某与公用工程公司均不服仲裁裁决，诉至法院。

一审法院判决：（1）公用工程公司于判决生效之日起五日内支付宋某某2017年8月1日至2017年8月31日期间工资差额81.57元；（2）公用工程公司于判决生效之日起五日内支付宋某某2017年度年终奖1 500元；（3）公用工程公司于判决生效之日起五日内支付宋某某医疗补助费72 272.34元；（4）公用工程公司无须支付宋某某违法解除劳动关系赔偿金252 003.96元；（5）驳回宋某某的其他诉讼请求；（6）驳回公用工程公司的其他诉讼请求。

二审法院改判判决：（1）维持一审判决第一、二项；（2）撤销一审判决第三、四、五、六项；（3）公用工程公司无须支付宋某某医疗补助费72 272.34元；（4）公用工程公司于本判决生效之日起五日内支付宋某某违法解除劳动关系赔偿金252 003.96元；（5）驳回宋某某的其他诉讼请求；（6）驳回公用工程公司的其他诉讼请求。

## 评析意见

医疗期是指企业职工因患病或非因工负伤停止工作治病休息不得解除劳动合同的时限。关于如何确定劳动者的医疗期期限，劳动部下发了《企业职工患病或非因工负伤医疗期规定》（劳部发〔1994〕479号，以下简称《医疗期规定》）；针对部分患有特殊疾病，暂时无法痊愈，不能提供劳动的职工，如何延长医疗期、灵活适用医疗期的情况，劳动部颁布了《关于贯彻〈企业职工患病或非因工负伤医疗期规定〉的通知》（劳部发〔1995〕236号，以下简称《医疗期通知》）予以调整。但是由于近20年来新型疾病特别是抑郁症等精神类疾病层出不穷，医疗水平同时也日新月异，而上述文件颁布较早且本身表述存在歧义，已经不能完全适应社会发展的现状，同时上述文件在对于特殊疾病的列举、认定上也存在滞后的情形，不利于保护特殊疾病劳动者的合法权利，也不利于用人单位处理好患特殊疾病劳动者的安置问题。主要的争议问题如下。

**（一）特殊疾病是种类界定还是性质界定**

针对特殊疾病，《医疗期通知》第二条规定：“根据目前的实际情况，对某些患特殊疾病（如癌症、精神病、瘫痪等）的职工，在24个月内尚不能痊愈的，经企业和劳动主管部门批准，可以适当延长医疗期。”对于上述特殊疾病的列举究竟是对于疾病种类的列举还是对于疾病性质严重程度的列举在司法裁判的过程中存在较大争议，也因此引发了对于非列举范围内的特殊疾病是否适用24个月医疗期的争议。

笔者认为，随着医疗技术及时代的发展，《医疗期通知》中所指的精神病、瘫痪等特殊疾病应当理解为泛指劳动者患有较为严重性质的疾病，在法定的普通医疗期内无法康复正常工作的情况，而并非对于劳动者所患疾病种类的严格限制。

第一，《医疗期通知》形成时间较早，在通知内仅列举了癌症、精神病、瘫痪等三种疾病属于特殊疾病，并未对特殊疾病包含的种类进行清单式列明，而是采用了“等”这样的兜底条款，所以不应该将该条款理解为对于疾病种类的排他性界定。由于现代医疗水平的提高、医疗保险制度的普及，早期癌症、轻度精神疾病患者等大多数病情都可以得到有效的控制，治愈率较高，且即使解除了与原用工单位的劳动合同，也能得到社会保险制度的有效保障，如果再将该类疾病作为特殊疾病直接给予24个月医疗期无疑过度地加重了企业的负担，同时也与患病程度不对等，不符合公平原则。与此同时，抑郁症等一批新类型精神类疾病又逐渐被社会认识，成为精神类疾病的重要组成部分，严重影响患者的身心健康。

第二，由于《医疗期通知》提到的精神病、瘫痪这类特殊疾病的表述过于随意，缺乏明确的法律定义或医学专业定义及具体司法评判标准，在具体司法裁判中缺乏可操作性，笔者认为在司法裁判中应当充分考虑疾病是否导致劳动者无法正常工作、需要长期治疗等因素予以综合认定。例如，针对抑郁症类疾病，世卫组织的流行病学调查数据显示，全球预计有3.5亿人患有抑郁症，数十万人因抑郁症自杀，中国罹患抑郁症人数也持续增加，因重度抑郁严重影响生活甚至自杀的情况也层出不穷。但是抑郁症、焦虑症未被《医疗期通知》列举，根据现有医学及法律规定也难以认定抑郁症是否属于《医疗期通知》列举的精神病，如简单认为病症达不到癌症、瘫痪的严重程度不给予24个月医疗期，则不能实现实质的公平。故笔者认为在缺乏疾病认定的具体医疗、法律标准的情况下，法院在认定特殊疾病标准时，不能机械排除癌症、精神病、瘫痪三种疾病外的疾病。

**（二）劳动争议中精神疾病的举证责任分配问题**

劳动争议中，劳动者罹患职业病或者因工患病的举证责任在劳动者，但是由于精神疾病属于涉及个人隐私的事宜，不应强制要求劳动者对于患精神疾病承担举证责任。

《中华人民共和国精神卫生法》第二十七条第二款规定："除法律另有规定外，不得违背本人意志进行确定其是否患有精神障碍的医学检查。"因此不应强制劳动者进行精神鉴定，对于患有精神类疾病的劳动者，不应将其是否属于"精神病"的举证责任分配给劳动者，该项举证责任的分配方式等同于变相强制要求劳动者接受"精神病"鉴定，既不符合立法的本义，也不符合人权保护的原则，同时缺少司法关爱和司法文明。但是鉴于劳动者患病情况与医疗期的确定问题具有密切联系，虽然不强制要求劳动者进行精神疾病鉴定，但是仍需要劳动者对其罹患疾病且达到长期影响正常工作、生活的程度提供证明，只要劳动者提供长期稳定的诊断证明、处方等证据即视为劳动者完成了举证责任。

由此建议：一是对于涉及新冠肺炎疫情病人的医疗期期限如何确定进行调研，对于新冠患者是否应给予 24 个月医疗期及何种情况下能够给予 24 个月医疗期进行探讨；二是针对年代较早的劳动部的规定、通知文件，滞后于现阶段社会发展应及时进行更新，对于需要长期适用的应以部门规章形式提升其效力，对于 24 个月医疗期适用的疾病可采用清单式列明，以增加司法实践中的可操作性，避免司法过程中的执行标准不明。

（北京市第三中级人民法院　刘茵　沈力）

# 62. 规章制度中规定竞业限制条款对劳动者是否具有约束力

## 争议焦点

用人单位在规章制度中规定竞业限制条款的相关内容，对双方是否具有约束力。

## 基本案情

**上诉人（被告）：途家在线公司**

**被上诉人（原告）：李某某**

李某某于2015年7月7日入职途家在线公司，双方签订有期限为2015年7月7日至2018年7月31日的劳动合同，后续订劳动合同期限为2018年8月1日至2023年8月31日，岗位为总平台运营部门业务支持。2019年4月25日双方解除劳动关系。后双方发生争议，李某某向北京市顺义区劳动人事争议仲裁委员会提出仲裁申请，要求解除双方之间《保密、知识产权与不竞争协议》，途家在线公司支付违法解除劳动合同赔偿金、未休年休假工资、加班费、竞业限制补偿金等。北京市顺义区劳动人事争议仲裁委员会经审理后作出裁决：（1）途家在线公司支付李某某一个月竞业限制补偿金2 200元；（2）途家在线公司解除与李某某签订的《保密、知识产权与不竞争协议》；（3）驳回李某某其他仲裁请求。李某某不认可该裁决，起诉至一审法院。

## 审理结果

一审法院经审理查明，2018年8月1日，李某某与途家在线公司签订了

《保密、知识产权与不竞争协议》。第4.3.3条约定：因乙方（李某某）在解除/终止劳动关系后履行本协议有关竞业限制义务的约定，竞业限制期内乙方将从甲方（途家在线公司）获得竞业限制补偿金（简称补偿金）。补偿金将由甲方在竞业限制期内按月发放，补偿金标准将由双方另行约定。第6.4条约定：本协议是对甲方与乙方间有关标的事项的完整规定，取代此前双方在这方面的任何协议，并涵盖此前双方的所有讨论。非经双方书面同意，任何对于本协议的变更和修改以及对于协议项下权利的放弃都无效。双方签订的劳动合同约定途家在线公司在李某某履行竞业限制义务期间，每月支付竞业限制经济补偿，标准为劳动合同第五条约定之月固定工资4 000元的30%，取整到元。

李某某称其已经依照劳动合同和《保密、知识产权与不竞争协议》的约定履行了竞业限制义务，但途家在线公司一直未支付竞业限制补偿金，故要求按照北京市最低工资标准2 200元支付自公司通知解除劳动合同时间的次日即2019年4月26日至仲裁裁决生效之日起即2019年9月27日共计5个月的竞业限制补偿金。途家在线公司则称该协议属于普遍性协议，实际并未履行，且在2019年8月7日的仲裁庭审笔录中认可解除双方签订的《保密、知识产权与不竞争协议》，并称依据其公司《员工行为规范管理细则》第六条第4款第2项规定，在劳动关系终结之日起一个月后，员工仍未收到相关协议中约定的经济补偿，视为竞业限制义务已免除，公司不再另行书面通知。

此外，其公司认可李某某主张的竞业限制补偿标准为2 200元，并于8月初向李某某邮寄了离职证明，离职证明中显示李某某从公司离职后无须履行竞业限制义务。为此，途家在线公司提交了《员工行为规范管理细则》、职工大会（或职工代表大会）会议决议书、公司规章制度签收单、离职证明、邮寄单及查询单。其中，《员工行为规范管理细则》第六条第四款规定，“……如果公司与员工签订《竞业保密协议》的，员工应严格履行协议条款。无论何种原因使员工与公司劳动关系得以灭失，员工仍受此竞业限制约定的约束，但可在以下情形得以免除约束：2）在劳动关系终结之日起一个月后，员工仍未收到相关协议中约定的经济补偿，视为竞业限制义务已免除，公司不再另行书面通知。”签收单显示李某某签字确认已阅读和认可由公司制定并通过企业邮箱、各类张贴公示的包括但不限于《员工行为规范管理细则》等规章制度，并对规章制度的各项内容进行了全面阅读和了解，同意规章制度的规定内容及日后的修订，并承诺自愿遵守，日期为2016年7月19日。会议决议书显示途家在线公司2015年12月1日对《员工行为规范管理细则》进行讨论并表决通过。查询单显示离职证明邮件于2019年8月9日被签收。李某某认可公司规章制度签收单、离职证明、邮寄单及查询单的真实性，亦认可收到了离职证明，但对《员工行为规范管理细则》的合法性不予认可，也不认可会议决议书的真实性，称决议书不符合完整的制定规章制度的流程，且规章制度签收单在前，竞业协议是2018年8月1日签订的，该协议第6.4条约定该协议已取代双方之间的所有协议。

李某某、途家在线公司均认可仲裁裁决的解除双方签订的《保密、知识产权与不竞争协议》，亦认可李某某解除劳动关系前12个月平均工资为22 039.79元。

一审法院判决：(1) 解除李某某与途家在线公司签订的《保密、知识产权与不竞争协议》；(2) 途家在线公司于判决生效之日起七日内支付李某某2019年4月26日至2019年8月7日竞业限制补偿金7 409元；(3) 途家在线公司于判决生效之日起七日内支付李某某违法解除劳动合同赔偿金差额94 892.47元；(4) 驳回李某某的其他诉讼请求。

途家在线公司不服上述一审判决，提起上诉。

二审法院认为，本案的争议焦点之一为途家在线公司主张的《保密、知识产权与不竞争协议》解除时间是否于法有据。

关于《员工行为规范管理细则》和《保密、知识产权与不竞争协议》的关系问题，《员工行为规范管理细则》在前，《保密、知识产权与不竞争协议》签订在后；《员工行为规范管理细则》作为公司规章制度虽约定了“在劳动关系终结之日起一个月后，员工仍未收到相关协议中约定的经济补偿，视为竞业限制义务已免除，公司不再另行书面通知”适用于公司所有劳动者，但途家在线公司作为用人单位，亦可与劳动者单独签订竞业禁止相关协议，修改或变更前述约定。本案中，《保密、知识产权与不竞争协议》第6.4条明确约定：“本协议是对甲方与乙方间有关标的事项的完整规定，取代此前双方在这方面的任何协议，并涵盖此前双方的所有讨论。非经双方书面同意，任何对于本协议的变更和修改以及对于协议项下权利的放弃都无效。”即《员工行为规范管理细则》中有关免除竞业限制义务的约定已不再约束双方，途家在线公司的相关上诉主张，没有合同和法律依据，法院不予采信。

二审法院于2020年3月作出判决：驳回上诉，维持原判。

## 评析意见

本案中，途家在线公司在《员工行为规范管理细则》中规定“在劳动关系终结之日起一个月后，员工仍未收到相关协议中约定的经济补偿，视为竞业限制义务已免除，公司不再另行书面通知”。对于该规定的效力，双方存在争议。在司法实践中，一些用人单位在规章制度中规定了竞业限制条款的相关内容，基于各自利益考量，用人单位和劳动者对于规章制度相关条款的效力有的情况下主张有效，有的情况下则主张无效。司法实践中，对于规章制度中竞业限制条款的内容对双方是否具有约束力，存在较大争议。

一种观点认为，用人单位不能在规章制度中规定竞业限制条款，用人单位在规章制度中规定竞业限制条款的相关内容对劳动者不具有约束力。理由如下：第一，根据《劳动合同法》第二十三条的规定，用人单位可以在劳动合同或者保密协议中与劳动者约定竞业限制条款，该条款并未规定用人单位可以在规章制度中规定竞业限制的相关内容，且《劳动合同法》第四条列举了用人单位规章制度中直接涉及劳动者切身利益的事项，其中并不包括竞业限制条款。第二，劳动者并不当然负有竞业限制的义务，该义务的根源在于当事人之间的合同，用人单位无权通过制定规章制度的方式强制劳动者履行竞业限制义务。第三，用人单位对规章制度的制定、修改具有决定权，如果允许用人单位可以通过制定规章制度的方式规定竞业限制条款的相关内容，则用人单位极易利用优势地位侵害劳动者的合法权利。第四，竞业限制条款的内容往往是对劳动者离职之后竞业限制的约定，而在劳动者离职后，双方之间不存在劳动关系，劳动者并不需要遵守用人单位的规章制度，故规章制度关于竞业限制的规定在劳动者离职后对劳动者并无效力。

另一种观点认为，一般情况下，用人单位在规章制度中规定竞业限制条款的相关内容对劳动者不具有约束力，但如果用人单位在劳动合同或者保密协议中与劳动者约定竞业限制条款，并且在劳动合同或者保密协议中将规章制度作为劳动合同或者保密协议的一部分，则规章制度中的相关条款对双方具有约束力。理由如下：如上所述，竞业限制义务来源于当事人之间的约定，双方在劳动合同或者保密协议中将规章制度作为劳动合同或者保密协议的一部分，则规章制度的内容转化为双方合同的约定，在此情况下，双方均应按照双方约定履行相关的义务。当然，在双方签订劳动合同或者保密协议后，如果用人单位单方修改规章制度对竞业限制条款的内容进行变更，则用人单位单方变更的内容不能约束劳动者。

笔者同意上述第二种意见。

（北京市第三中级人民法院　龚勇超　程惠炳）

# 63. 用人单位未缴纳社会保险的损失认定

## 争议焦点

1. 李某之父、李某之女未作为申请人申请劳动仲裁，是否能作为原告参加本案诉讼；

2. 原告作为李某的继承人，是否有权要求被告支付未签订劳动合同双倍工资；

3. 被告应否赔偿原告相关医疗费损失。

## 基本案情

**上诉人（被告）：唐山某配送服务公司**

**被上诉人（原告）：芦某某、李某之父、李某之女**

芦某某、李某之父、李某之女诉称：李某系原告芦某某、李某之父之子，原告李某之女之父。李某自2018年5月到被告处工作，职务为快递员。自实际用工之日起至李某死亡之日，被告一直没有与李某签订劳动合同，也没有给李某缴纳养老、失业、医疗等社会保险。2018年12月6日下午4点左右，李某在送快递途中突然感觉头疼，便回到被告处休息，被同事发现其言语不清，身体软弱无力，无法正常活动。后由同事拨打120将其送往某大学附属医院接受治疗，经医生抢救无效，于2018年12月11日13时10分死亡。第一，被告未与李某签订书面劳动合同，应当按照法律规定支付因未签订劳动合同应付的两倍工资差额，因被告一直以现金的形式发放工资，且李某已故，每月支付工资的具体数额已无从考证，所以原告依照2017年度河北省统计部门公布的交通运输、仓储和邮政业在岗职工平均工资68 929元计算出因未签订劳动合同应付的二倍工资差额共计34 706元。第二，参加医疗保险、缴纳医疗保险费为用人单位的法定义务，且职工医疗保险费属于预缴保险费，不能通过事后补缴保险费而享受保险待遇。由于被告没有给李某缴纳医疗保险，且已经不能通过补缴来弥补损失，导致李某在患病时没有享受到相应的医疗保险待遇，支付了巨额医疗费。根据相关规定，被告应当赔偿因其没有给李某缴纳医疗保险而造成的医疗费损失146 269.66元。综上，被告应当向原告支付各项赔偿款180 975.66元。

唐山某配送服务公司辩称：第一，被告不应支付原告未签订劳动合同的双倍工资。发生劳动争议的，劳动者和用人单位为劳动争议仲裁案件的当事人，二倍工资差额的诉讼权只有劳动者本人主张时才必然发生。由于李某已经死亡，行使追偿的权利主体已经消失，原告作为李某的近亲属，无权独立主张该二倍工资差额。遗产是公民死亡时遗留的个人合法财产，因用人单位没有和劳动者签订劳动合同产生的二倍工资的差额实际上是一种惩罚性的工资，属于对用人单位违法行为的经济处罚，而作为处罚在李某死亡之前并不存在，不应属于遗产。而且是否因未签订书面劳动合同而主张双倍工资是劳动者的一项权利，该项权利是否行使，完全取决于劳动者。李某作为劳动者，从未向被告索要双倍工资，这也说明李某已经放弃了该项权利。该权利不属于遗产，不能作为遗产进行继承，其相关近亲属无权主张该双倍工资。原告提交的工资数额也有误，根据被告查询的李某的工资发放记录，在2018年5月至12月期间，因派件数量较少，工资数额远达不到快递服务业人员的平均工资。自2018年5月入职至12月李某住院，工资累计发放12 811元。其双倍工资差额也并非原告主张的数额，双倍工资差额应是12 376元。第二，原告要求被告承担李某未缴纳医疗保险造成的医疗费损失146 296.66元，依据不足。因为医药费是社保机构支付的项目，根据我国《社会保险法》第十七条的规定，参加基本养老保险的个人，因病或者非因工死亡的，其遗属可以领取丧葬补助金、抚恤金；未达到法定退休年龄时，因病或非因工致残，完全丧失劳动能力的，可以领取病残津贴；所需资金从基本养老保险基金中支付。根据该规定，只有李某参加了医疗保险才能享受相应的医保报销待遇。因李某并未缴纳医疗保险，导致其在医保范围内应报销的项目无法报销，这与被告无关，并且支付医保待遇的是社保机构，而不是被告。又根据《社会保险费征缴暂行条例》的规定，缴费单位、缴费个人应当按时足额缴纳社会保险费，医疗保险的缴纳是由用人单位和个人按照相应比例缴纳。但李某的工资显示，其工资中并没有扣除个人应当缴纳的部分，均是全额发放，而李某对此是知情并认可的。

所以原告以被告未缴纳社保为由要求被告赔偿李某全部药费毫无依据。退一步讲，即便由被告承担相应的损失也仅限于被告应缴社保费用而不是由此产生的间接的医疗费。第三，关于原告主体身份，因为本案是劳动者李某和被告之间的劳动争议纠纷，属于身份权的范畴。而身份权是自然人因具有特定的身份而依法享有的民事权利，是与自然人人身不可分离，且不含有财产权利的内容，具有强烈的人身性。基于身份权与人身不可分离的特征，相应的请求权只能由劳动者李某本人行使，即便在劳动者死亡后，该权利也无法继承。因此，即便是李某的近亲属，或者法定继承人，也无权行使该项请求权。

法院经审理查明：2018 年 5 月，李某到被告唐山某配送服务公司工作，岗位为快递员。被告未与李某签订书面劳动合同，亦未给李某缴纳社会保险。被告以现金方式向李某发放工资，2018 年 5 月，李某工资收入为 589 元；2018 年 6 月，李某工资收入为 2 971 元；2018 年 7 月，李某工资收入为 3 410 元；2018 年 8 月，李某工资收入为 3 277.2 元；2018 年 9 月，李某工资收入为 4 218 元；2018 年 10 月，李某工资收入为 3 525 元；2018 年 11 月，李某工资收入为 4 182.8 元；2018 年 12 月，原告自认李某工资收入为 302 元。2018 年 6 月至 12 月李某的工资性收入累计 21 886 元（包含发件和代收费用）。2018 年 12 月 6 日 17 时 50 分，李某因身体不适被送往某大学附属医院（三级甲等）住院治疗，2018 年 12 月 11 日 13 时 10 分，李某因抢救无效死亡。原告芦某某、李某之父系李某之父母，原告李某之女系李某之女。原告因李某入院支付 120 救护费用 165 元，支付住院医疗费用 146 104.66 元（其中医保类 31 105.8 元、甲类 4 673.86 元、乙类 58 910.435 元、特检特治 26 955.531 元）。因被告未为李某缴纳社会保险，李某未享受医保报销。2019 年 5 月 16 日，芦某某作为申请人以唐山某配送服务公司作为被申请人，向唐山市高新区劳动人事争议仲裁委员会提出仲裁申请，申请事项为：(1) 确认李某与被申请人存在事实劳动关系；(2) 被申请人支付因未签订劳动合同应付的两倍工资 34 706 元；(3) 被申请人支付丧葬费 5 032 元、抚恤金 5 032 元；(4) 被申请人支付因未为李某缴纳医疗保险而造成的医疗费损失 146 269.66 元。2019 年 6 月 20 日，唐山市高新区劳动人事争议仲裁委员会作出裁决：(1) 被申请人与申请人之子李某自 2018 年 5 月至 2018 年 12 月 11 日期间存在劳动关系；(2) 被申请人于 2019 年 7 月 5 日前支付申请人与其子李某未订立书面劳动合同的二倍工资差额 21 442.98 元；(3) 对申请人的其他请求事项不予支持。芦某某不服该仲裁裁决书，诉至法院后，李某之父李某某、李某之女李某某申请作为原告参加本案诉讼，法院经审查后，认为该二人与本案有利害关系，故通知该二人参加诉讼。

## 审理结果

唐山市高新技术产业开发区人民法院于2019年8月作出一审判决：（1）被告于本判决生效之日起十日内给付原告未与李某签订劳动合同二倍工资差额21 886元；（2）被告于本判决生效之日起十日内赔偿原告医疗费损失96 315.56元；（3）驳回原告其他诉讼请求。

宣判后，唐山某配送服务公司提出上诉。唐山市中级人民法院于2019年12月作出二审判决，认为李某生前从上诉人处领取的工资数额为扣除互带费、发件及代收的金额，故一审法院对上诉人应当支付的二倍工资差额计算有误，应当扣除互带费、发件及代收金额，其应当支付的二倍工资差额为12 376元，故判决：（1）维持一审判决第二项；（2）撤销一审判决第三项；（3）变更一审判决第一项为上诉人于本判决生效之日起十日内给付被上诉人未与李某签订劳动合同二倍工资差额12 376元；（4）驳回被上诉人的其他诉讼请求。

## 评析意见

1. 劳动者死亡的，所有第一顺位继承人均应作为共同申请人申请劳动仲裁，如果仲裁裁决遗漏了必须共同参加仲裁的当事人的，依照《最高人民法院关于审理劳动争议案件适用法律若干问题的解释（三）》第六条第一款的规定，法院可依职权或经当事人申请直接追加其他继承人作为原告参加诉讼。

2. 关于已故劳动者的继承人可否向用人单位主张二倍工资，劳动合同法、调解仲裁法等相关法律都将保护劳动者合法权益作为其立法的根本目的，通过法律促使用人单位主动履行签订劳动合同的义务，从而达到保护弱势群体的合法权益之目的。未签订劳动合同的二倍工资系用人单位对劳动者所负的法定义务，不能因劳动者死亡而免除。此外，公民的收入和其他合法财产均属于遗产，双倍工资属于劳动者的合法收入，应属于遗产，故劳动者死亡后，其近亲属有权向用人单位主张未签订劳动合同二倍工资差额。

3. 用人单位与劳动者建立劳动关系，应为劳动者依法缴纳社会保险，因用人单位未为劳动者缴纳社会保险而导致劳动者无法享受社会保险待遇，遭受损失的，用人单位应予赔偿。被告未为李某缴纳社会保险，导致李某受伤住院期间不能正常使用职工医疗保险，自行支付了医疗费用，被告应对由职工医疗保险统筹基金支付但由李某自行支付的部分承担赔偿责任。具体损失数额应参照各地市城镇职工基本医疗保险实施办法的规定，确定职工医保统筹基金支付范围及金额。此外，因基本医疗保险统筹基金支付有上限规定，故若超过职工基本医疗保险统筹基金一个自然年度内最高支付限额上限的，还应参照各地市补充医疗保险办法的规定，确定补充医疗保险的支付比例，最终综合确定因用人单位未为劳动者缴纳医疗保险而产生的医疗费损失。

（河北省唐山市高新技术产业开发区人民法院　刘小利）

# 64. 一次性工伤医疗补助金的支付主体认定

## 争议焦点

在用人单位为劳动者缴纳工伤保险费的情况下，用人单位依法与劳动者解除劳动合同时，是否应由用人单位承担支付一次性工伤医疗补助金的责任。

## 基本案情

**上诉人：某驾校**

**被上诉人：胡某**

胡某于2002年6月7日入职某驾校，双方签订有无固定期限劳动合同。胡某于2017年5月6日因工负伤，后被认定为伤残等级十级。2017年12月26日胡某停工留薪期结束，其返岗工作至2018年3月29日，双方劳动关系于2018年3月30日解除。

胡某主张其停工留薪期结束返岗工作后，某驾校降低其工资标准。经询问，某驾校表示胡某工作时间为早8：00至下午16：00，其受伤后，该单位安排其从事与教练员相关的岗位工作，每天工作8小时，每周工作5天；胡某庭审中对此予以认可，后又改称其工作时间为早8：00至下午15：45。某驾校称胡某工资按照每天出勤小时数乘以小时工资11.5元计算得出，并提交考勤表证明胡某的出勤小时数。经询问，胡某表示认可某驾校根据考勤表核算的出勤小时数，但对某驾校所称的小时工资不予认可，称其担任教练员期间，合格率高的情况下小时工资为13元，合格率低的情况下小时工资为12元，另有每月绩效工资900元、每月安全奖400元、校龄工资每月300元，故其按照小时工资13元、每月绩效工资900元、每月安全奖400元、校龄工资每月300元的标准主张2017年12月26日至2018年3月30日期间的工资差额。某驾校不予认可，称胡某返岗前后小时工资并未发生变化，均为11.5元；返岗后胡某仍然从事与教练员相关的岗位工作，负责对教练车出入停车场进行协调工作，但是不带车，不带车的情况下没有安全奖；出勤满168小时月绩效工资为900元，不满168小时月绩效工资为450元，校龄工资每月300元。另查，胡某在仲裁阶段自行陈述执行小时工资，不带车的情况下小时工资为11.5元，月出勤满168小时绩效工资为900元，不满168小时绩效工资为450元，每月安全奖400元，校龄工资每月300元。

胡某要求某驾校支付医疗费及护理费，并就此提交医疗费单据以及北京某人力资源管理有限公司开具的护理费发票。某驾校对上述票据的真实性不持异议，对证明目的不予认可，称胡某符合报销条件的医疗费及护理费已由医保部门进行报销，其本次提交的票据均不符合报销条件。

某驾校称其曾为胡某申请一次性工伤医疗补助金，但相关部门答复，只有劳动者本人提出解除劳动合同的，工伤保险基金才对该款项予以列支，胡某不属于此情形，故工伤保险基金不予列支此款项。

2018年3月30日，某驾校作出《关于解除胡某劳动合同的处理决定》，载明："2018年3月28日，胡某在'海驾一桥'6号岗位工作期间操作手机，在培训部管理人员发现其违纪行为并予以指出时，胡某拒不服从管理并辱骂、顶撞管理人员，严重影响驾校正常办公。按照员工手册'员工奖励、管理办法'有关规定，其行为属于严重违反驾校规章制度，减发相应全部奖项（服务奖、安全奖），同时解除劳动合同。根据以上事实，经校务会研究决定，并报工会同意，给予原第二教练队教练员胡某解除劳动合同（劳动关系）处理。"胡某认可收到该处理决定，但认为某驾校属于违法解除劳动合同。同日，该单位工会复函同意某驾校与胡某解除劳动合同。某驾校就其解除与胡某劳动合同的合法性提交以下证据：（1）部分视频对话资料。其中某驾校相关人员称胡某上班时间操作手机，违纪一次，胡某称"随便"，并称"我没说没操作呀"，校方人员告知其违纪一次，安纪科记录一次。视频对话中胡某多次出现辱骂及不文明用语。胡某对该证据的真实性不持异议，对证明目的不予认可，称系与校方员工私下发生口角，且时间显示为当日15：57：20，系下班时间，其与对方沟通过程中所使用的系口头语，不属于辱骂。某驾校不予认可，称视频时间为15：57：20，但胡某操作手机时间早于该时间，该校系发现其操作手机行为之后才派人与其谈话。（2）员工手册。员工手册第45页及46页内容载明，违纪不接受处理，无理取闹，劝阻无效影响驾校正常办公或打骂、报复管理人员、检查人员、举报人员的情形，属严重违反驾校规章制度，可以解除劳动合同。某驾校称根据员工手册减发安全奖条款第四项第八条及第十条，减发绩效奖条款第五项第29条，操作手机视为违纪。员工手册声明中有胡某签字确认。胡某对其签字的真实性不持异议，对员工手册内容真实性不予认可，对证明目的亦不予认可，称员工手册中所载明的操作手机行为均不适用于胡某的工作岗位。

胡某以要求某驾校支付违法解除劳动合同赔偿金、待通知金、工资差额、一次性工伤医疗补助金、一次性伤残就业补助金、医疗费及护理费为由向劳动人事争议仲裁委员会申请仲裁，仲裁委员会作出裁决：（1）某驾校向胡某支付2017年12月26日至2018年3月30日期间工资差额671元；（2）某驾校向胡某支付一次性工伤医疗补助金23 118元；（3）某驾校向胡某支付一次性伤残就业补助金23 118元；（4）驳回胡某的其他申请请求。某驾校与胡某均不服仲裁裁决，于法定期限内向法院提起诉讼，某驾校起诉在先。

某驾校向一审法院起诉请求：（1）某驾校无须支付胡某一次性工伤医疗补助金23 118元；（2）本案诉讼费用由胡某承担。

胡某向一审法院起诉请求：（1）某驾校支付违法解除劳动合同赔偿金129 415.68元；（2）支付未提前30日通知解除劳动合同一个月工资补偿4 044.24元；（3）支付2017年12月26日至2018年3月30日期间工资差额3 633.38元；（4）支付一次性工伤医疗补助金23 118元；（5）支付一次性伤残就业补助金23 118元；（6）支付医疗费2 652.71元；（7）支付护理费3 400元；（8）本案诉讼费用由某驾校承担。

## 审理结果

一审法院认为：本案中，胡某所要求的医疗费已经过医保实时结算，确不符合工伤保险再次报销范围，故其要求某驾校再行支付医疗费的请求，依据不足，法院不予支持。胡某未举证证明护理需求系遵医嘱建议，故其要求某驾校支付护理费的请求，依据亦不足，法院不予支持。

胡某未举证证明不带车的情况下仍应享受安全奖，故法院对其主张不予采信。胡某在仲裁阶段自行陈述执行小时工资，不带车的情况下小时工资为11.5

元，月出勤满168小时绩效工资为900元，不满168小时绩效工资为450元，该陈述与某驾校陈述一致，现胡某在本案庭审中陈述与仲裁庭审陈述不一致，但未就此充分举证，故法院对其主张不予采信，根据其在仲裁阶段主张与某驾校的主张核算其2017年12月26日至2018年3月30日期间工资差额，具体数额以法院核算为准。

就劳动关系处理一节。胡某在员工手册声明中签字，故其所持的对员工手册内容不予认可的主张，法院不予采信。员工手册明确规定上班时间操作手机视为违纪，并载明辱骂管理人员、检查人员的行为属于严重违反单位规章制度，可以解除劳动合同。某驾校提交的视频资料显示管理人员和检查人员就其上班期间操作手机事宜进行询问沟通时，胡某认可上班期间操作手机的事实，并且存在辱骂对方的情形，故某驾校视其该行为属于严重违反单位规章制度进而与其解除劳动合同并无不当。胡某要求某驾校支付违法解除劳动合同赔偿金及未提前30日通知解除劳动合同待通知金的请求，依据均不足，法院不予支持。

某驾校同意向胡某支付一次性伤残就业补助金23 118元，法院对此不持异议。工伤职工离职后应当享受的一次性工伤医疗补助金系基于双方劳动关系终止或解除后，对其伤情及日后看病的一次性补偿，故排除工伤保险列支情形外，该待遇应当由用人单位支付。

一审法院依照《劳动法》第五十条、《工伤保险条例》第三十七条之规定，判决：(1) 某驾校于判决生效之日起七日内向胡某支付2017年12月26日至2018年3月30日期间工资差额647元；(2) 某驾校于判决生效之日起七日内向胡某支付一次性工伤医疗补助金23 118元；(3) 某驾校于判决生效之日起七日内向胡某支付一次性伤残就业补助金23 118元；(4) 驳回某驾校的其他诉讼请求；(5) 驳回胡某的其他诉讼请求。

某驾校不服一审判决，提起上诉。二审法院认为，《社会保险法》第三十八条规定，“因工伤发生的下列费用，按照国家规定从工伤保险基金中支付：……(七) 终止或者解除劳动合同时，应当享受的一次性医疗补助金。”该法第三十九条规定，“因工伤发生的下列费用，按照国家规定由用人单位支付：(一) 治疗工伤期间的工资福利；(二) 五级、六级伤残职工按月领取的伤残津贴；(三) 终止或者解除劳动合同时，应当享受的一次性伤残就业补助金。”本案中，在某驾校已为胡某缴纳工伤保险费的情形下，某驾校并非支付一次性工伤医疗补助金的责任主体，故胡某要求某驾校支付一次性工伤医疗补助金的诉讼请求缺乏法律依据，二审法院不予支持。判决：（1）维持一审判决第一项、第三项；（2）撤销一审判决第二项、第四项、第五项；（3）某驾校无须支付胡某一次性工伤医疗补助金23 118元；（4）驳回胡某的其他诉讼请求。

## 评析意见

**（一）关于一次性工伤医疗补助金的规范梳理**

在2003年国务院通过的《工伤保险条例》中，第三十五条规定，职工因工致残被鉴定为七级至十级伤残的，享受以下待遇：……（二）劳动合同期满终止，或者职工本人提出解除劳动合同的，由用人单位支付一次性工伤医疗补助金和伤残就业补助金。具体标准由省、自治区、直辖市人民政府规定。

2010年10月28日，全国人大常委会通过《社会保险法》，第三十八条规定，“因工伤发生的下列费用，按照国家规定从工伤保险基金中支付：……（七）终止或者解除劳动合同时，应当享受的一次性医疗补助金。”第三十九条规定，“因工伤发生的下列费用，按照国家规定由用人单位支付：（一）治疗工伤期间的工资福利；（二）五级、六级伤残职工按月领取的伤残津贴；（三）终止或者解除劳动合同时，应当享受的一次性伤残就业补助金。”

2010年12月20日，国务院公布《关于修改〈工伤保险条例〉的决定》，将第三十五条改为：职工因工致残被鉴定为七级至十级伤残的，享受以下待遇：……（二）劳动、聘用合同期满终止，或者职工本人提出解除劳动、聘用合同的，由工伤保险基金支付一次性工伤医疗补助金，由用人单位支付一次性伤残就业补助金。一次性工伤医疗补助金和一次性伤残就业补助金的具体标准由省、自治区、直辖市人民政府规定。

从上述规定可知，在《社会保险法》出台之前，一次性工伤医疗补助金和伤残就业补助金均由用人单位支付。而在《社会保险法》中规定，终止或者解除劳动合同时，应当享受的一次性医疗补助金，按照国家规定从工伤保险基金中支付。但对于如何理解《社会保险法》的该规定，实践中存在分歧，原因在于《关于修改〈工伤保险条例〉的决定》中规定，劳动、聘用合同期满终止，或者职工本人提出解除劳动、聘用合同的，由工伤保险基金支付一次性工伤医疗补助金，由用人单位支付一次性伤残就业补助金。有观点据此认为，《工伤保险条例》在《社会保险法》出台之后修改，是对《社会保险法》中“按照国家规定从工伤保险基金中支付”的明确，即只有在劳动、聘用合同期满终止，或者职工本人提出解除劳动、聘用合同时，从工伤保险基金中支付一次性工伤医疗补助金，而在用人单位解除劳动合同时，由于不符合从工伤保险基金中支付一次性工伤医疗补助金的条件，故仍应由用人单位支付一次性工伤医疗补助金。笔者认为，该观点值得商榷，具体理由将在下文详述。

**（二）一次性工伤医疗补助金的性质及支付主体**

从立法目的看，在2003年的《工伤保险条例》中规定了一次性工伤医疗补助金和一次性伤残就业补助金，是由于工伤职工在伤病治愈或医疗终结后，有可能伤病发生变化需要治疗，而且可能会在今后的求职就业中与非工伤人员相比存在一定的困难，为了使工伤职工在寻找到新的工作以前，基本生活开支有必要的保障，并有能力医治疾病，规定由用人单位支付一次性工伤医疗补助金和一次性伤残就业补助金。由上可见，一次性工伤医疗补助金的性质属于因工伤产生的对劳动者的法定医疗补助，并不以实际存在医疗花费为前提，且在2003年的《工伤保险条例》中，无论用人单位是否缴纳工伤保险费，一次性工伤医疗补助金的支付主体均为用人单位。

随着工伤保险实践不断推进，很多用人单位提出，缴纳工伤保险费，本来是为了分散用人单位的经营风险，由工伤保险基金替用人单位分担一部分工伤医疗费用，而规定由用人单位支付一次性工伤医疗补助金和一次性伤残就业补助金，并没有使用人单位的负担减轻，影响了制度的吸引力。故《社会保险法》规定，一次性医疗补助金由工伤保险基金负担，从而使用人单位和工伤保险基金的责任分担更加科学合理。但需要指出的是，一次性工伤医疗补助金由工伤保险基金负担的前提是，用人单位依法为劳动者缴纳工伤保险费，如果用人单位未依法给劳动者缴纳工伤保险费，根据《工伤保险条例》第六十二条规定，应由用人单位按照规定的标准向劳动者支付一次性工伤医疗补助金。

**（三）在用人单位为劳动者缴纳工伤保险费的情况下，用人单位依法与劳动者解除劳动合同，不应由用人单位承担支付一次性工伤医疗补助金的责任**

2010年的《关于修改〈工伤保险条例〉的决定》中规定，劳动、聘用合同期满终止，或者职工本人提出解除劳动、聘用合同的，由工伤保险基金支付一次性工伤医疗补助金，由用人单位支付一次性伤残就业补助金。但在实践中，除劳动、聘用合同期满终止，或者职工本人提出解除劳动、聘用合同外，在工伤职工具有《劳动合同法》第三十九条规定的情形时，用人单位也可以解除劳动合同。虽然劳动合同系由于劳动者的过错而解除，但从一次性工伤医疗补助金的立法目的看，是对工伤职工在伤病治疗方面的保障，与工伤直接相关，而与解除原因不具关联性，故即使由于劳动者存在过错导致劳动合同解除，并不因此影响工伤职工享受一次性工伤医疗补助金的权利，也并不免除工伤保险基金支付一次性工伤医疗补助金的责任。

事实上，从规范层级看，《社会保险法》中规定，终止或者解除劳动合同时，工伤职工应当享受的一次性医疗补助金由工伤保险基金支付，并未区分终止或者解除劳动合同的具体原因，同时，《社会保险法》中并未规定用人单位负有支付一次性工伤医疗补助金的责任，《社会保险法》属于全国人民代表大会常务委员会通过的法律，效力高于作为行政法规的《工伤保险条例》，《工伤保险条例》未规定在用人单位合法解除劳动合同时一次性工伤医疗补助金和一次性伤残就业补助金的支付责任，属于法律漏洞，应当按照《社会保险法》的规定，由工伤保险基金支付一次性工伤医疗补助金，而不应由用人单位支付一次性工伤医疗补助金。因此，在用人单位已为劳动者缴纳工伤保险费的情形下，对劳动者要求由用人单位支付一次性工伤医疗补助金的请求，人民法院不予支持。

（北京市第一中级人民法院　何锐）

# 商业秘密与竞业限制

# 65. 竞争关系的认定与竞业限制违约金畸高的酌减

## 争议焦点

1. 甲公司与某物流公司是否存在竞争关系；
2. 某物流公司要求刘某支付的竞业限制违约金是否畸高。

## 基本案情

**原告：刘某**

**被告：某物流公司**

刘某于2015年12月31日与某物流公司建立劳动关系，岗位为总裁，工作内容为负责某物流公司的全面管理，双方签订了期限为三年的《劳动合同书》及期限为两年的《保密与竞业限制协议》。

《保密与竞业限制协议》中列举的竞争企业未包括甲公司，但表述为“包括但不限于”；竞业限制补偿金标准为离职前12个月平均月工资的30%；竞业限制违约金为竞业限制期内应支付的竞业限制补偿金总额的3倍。诉讼中，该协议到期。

刘某于2016年9月29日向某物流公司提出辞职，最后出勤日为2016年11月4日。刘某离职前12个月的月平均工资为15万元。刘某于2016年11月入职甲公司，担任总裁。在入职某物流公司前，刘某曾在甲公司工作17年，最后职务为副总裁。

甲公司与某物流公司营业执照上的经营范围均包括普通货运、仓储、国际航空货物运输。某物流公司主营业务为大宗货物物流，甲公司主营业务为小件物流。某物流公司曾经将自身某些电器货物运输业务，委托甲公司承担。刘某在某物流公司担任总裁期间，曾参与某物流公司收购甲公司的相关事宜。

某物流公司向北京市朝阳区劳动人事争议仲裁委员会提出仲裁申请，要求裁决：刘某支付违反竞业限制义务的违约金。仲裁委员会裁决：刘某支付某物流公司违反竞业限制义务的违约金337万元。刘某不服，诉至法院。

## 审理结果

2018年11月28日，一审法院判决：（1）刘某于本判决生效之日起十日内支付某物流公司违反竞业限制义务违约金220万元；（2）驳回刘某的其他诉讼请求。

刘某与某物流公司均不服一审判决，提起上诉。二审法院同意一审法院裁判意见，判决：驳回上诉，维持原判。

## 评析意见

竞业限制是用人单位对高级管理人员、高级技术人员和其他负有保密义务的人员所作出的择业限制。法律在衡量用人单位的商业利益与劳动者的择业自由后，允许用人单位与负有保密义务的劳动者约定竞业限制条款，劳动者违反该约定的，需向用人单位支付违约金，其主要目的在于保护用人单位的商业秘密。

竞业限制违约金类案件的争议焦点往往集中在以下两点：一是劳动者的新单位是否与原单位存在竞争关系；二是用人单位要求劳动者支付的竞业限制违约金是否畸高。

**（一）竞争关系应根据双方约定、经营范围、实际运营以及是否存在竞争风险，予以认定**

首先，应根据双方的约定判断是否构成竞争关系，尤其是看是否属于列举的竞争对手。但需注意的是，不应苛求列举穷尽，未列举不代表不存在竞争关系，竞争关系的判断仍应以实际是否存在竞争为准。

其次，应审查两家单位的经营范围。经营范围是企业在设立登记时依据国家相关规定在营业执照上刊载的经营活动内容。若两家企业的经营范围存在重合，那么实际运营中极有可能与本单位生产或者经营同类产品、从事同类业务，构成竞争关系。主营业务是指企业为完成其经营目标而从事的日常活动中的主要活动，可根据企业营业执照上规定的主要业务范围确定。但主营业务方向不同不能直接排除存在竞争关系，非主营业务也可构成竞争关系。

再次，应审查两家单位的实际运营情况。实际运营中存在经营同类或类似业务的行为，显然构成竞争关系。即使营业执照上未能体现经营范围的重合，用人单位超出经营范围但实际经营该业务，也可以与劳动者就该业务的竞业限制进行约定，该约定合法有效。用人单位应就其实际经营该业务，承担举证责任。

最后，还应审查两单位是否存在竞争风险，可以通过劳动者的职务以及作用进行判断。本案中，刘某在某物流公司和甲公司均属负责公司运营管理的高级管理人员，从事的工作关乎两单位在行业中的核心竞争力；刘某在某物流公司担任总裁期间，亦曾参与某物流公司收购甲公司的相关事宜；刘某的职务和作用导致其入职甲公司后对于某物流公司来说具有经营同类或类似业务的竞争风险。

**（二）竞业限制违约金的畸高与酌减，应当综合考量实际损害、主观过错、收入水平、职务特点、违约期间等具体情况，根据公平原则和诚实信用原则，予以确定**

竞业限制违约金兼具补偿性及惩罚性功能，其目的在于防止企业的商业秘密被人为泄露，维护企业的竞争优势。劳动者违反竞业限制义务可能会给用人单位带来有形和无形损失，其经济损失难以进行准确量化，故竞业限制违约金的确定并不以用人单位遭受实际损失为前提。

但在确定具体的竞业限制违约金时，亦应当遵循公平原则和诚实信用原则，在用人单位的损失与劳动者的赔偿责任之间进行衡量，不能因承担过高竞业限制违约金导致劳动者陷入困窘，致使双方权利义务严重失衡。

实践中，可以综合考量劳动者给用人单位造成的损害、劳动者的主观过错程度、工资收入水平、职务特点、在职时间、违约期间、用人单位应支付的经济补偿数额以及当地的经济发展水平等案件具体情况，具体判断竞业限制违约金是否畸高以及可调整的数额。

综上，本案提出的“竞争关系应根据双方约定、经营范围、实际运营以及是否存在竞争风险，予以认定；竞业限制违约金的畸高与酌减，应当综合考量实际损害、主观过错、收入水平、职务特点、违约期间等具体情况，根据公平和诚实信用原则，予以确定”的裁判规则，可为竞业限制违约金类案件裁判标准的完善提供有益的借鉴，具有参考价值。

（北京市朝阳区人民法院　肖唯）

# 66. 竞业限制效力及范围的法律适用

## 争议焦点

竞业限制效力及范围的法律适用。

## 基本案情

**上诉人（原告）：邯郸某图书中心**

**被上诉人（被告）：魏某某**

魏某某于2015年9月通过网络招聘就职于邯郸某图书中心，从事幼儿体智能教育培训工作，双方未签订劳动合同，属于事实劳动关系，魏某某工资待遇是月平均工资2 000元左右，2019年7月12日，魏某某与邯郸某图书中心解除劳动关系。2019年7月12日邯郸某图书中心的经营者吕某以个人名义与魏某某签订《同业竞避协议》，约定的竞业限制是幼儿体智能教育培训。而邯郸某图书中心营业执照确定的经营范围是图书、报刊、零售，其经营幼儿体智能教育培训是超范围经营。双方解除劳动关系后，魏某某又在他处从事幼儿体智能教育培训，邯郸某图书中心以魏某某违反竞业限制为由起诉至法院。

## 审理结果

河北省邯郸市邯山区人民法院作出判决：驳回原告邯郸某图书中心的诉讼请求。

判决后，邯郸某图书中心不服原判，上诉至河北省邯郸市中级人民法院要求撤销原判并依法改判或发回重审。

河北省邯郸市中级人民法院认为：当事人对自己提出的诉讼请求所依据的事

实或者反驳对方诉讼请求所依据的事实有责任提供证据加以证明。没有证据或者证据不足以证明当事人的事实主张的，由负有举证责任的当事人承担不利后果。当事人的合法权益依法应当得到保护。本案中，虽然邯郸某图书中心与魏某某签订有《同业竞避协议》，但该协议中约定的竞业限制内容并无证据证明属于其依法或经特别批准的经营项目，故《同业竞避协议》对魏某某不应具有约束力。邯郸某图书中心以魏某某违反《同业竞避协议》为由请求赔偿证据不足，一审判决驳回邯郸某图书中心诉讼请求并无不当。

河北省邯郸市中级人民法院判决：驳回上诉，维持原判。

## 评析意见

竞业限制劳动争议主要围绕的争议包括竞业限制的对象主体身份及职业状态的判定、竞业限制约定上的生效要件的判定、劳动者或用人单位能否单方解除约定以及劳动者或用人单位能否要求继续履行约定等。

**（一）竞业限制的对象主体身份及职业状态**

公司的董事、高级管理人员、合伙企业的合伙人、个人投资企业的管理人等主体的在职限制义务，属于法定竞业限制，其义务直接源于法律对忠实义务的禁止性规定，防止上述主体的贪婪自私行为损害公司利益。其他劳动者的竞业限制义务，有观点认为对了解或知悉商业秘密的劳动者均可以约定竞业限制义务。劳动者与用人单位都负有依据诚实信用原则产生的保密义务，《劳动合同法》第二十三条第二款的规定也可作为该义务的根源。用人单位作为竞业限制约定的发起者，可根据实际情况选择与有可能知悉商业秘密的劳动者约定竞业限制，但其他劳动者所负担的竞业限制义务范围比董事等特殊主体范围小。

**（二）竞业限制约定上的生效要件**

对于经济补偿是否为竞业限制的生效要件，理论界与实务界有三种观点。其一，“无效说”。竞业限制应以约定经济补偿为生效要件，理由是竞业限制对劳动者的就业权进行限制，经济补偿作为其限制的对价，应为竞业限制约定的必备条款，否则说明用人单位排除劳动者权利且免除自身责任，显失公平，因而约定无效，对劳动者无拘束力。其二，“有效说”。经济补偿不作为生效要件，竞业限制协议乃用人单位与劳动者就是否有经济补偿以及数额、支付方式达成一致的意思表示，因而约定对双方具有约束力。其三，针对这两种观点，有的研究者认为两种学法都有瑕疵，只有“有效说”辅以“无效说”的理念，才能解决问题，未约定经济补偿的竞业限制条款对劳动者不发生效力。笔者认为第二种观点更合适，因该观点一方面赋予用人单位保护商业秘密的权利，劳动者违反约定的用人单位可要求其支付违约金，另一方面没有剥夺劳动者争取经济补偿的权利，劳动者依约履行的可要求用人单位支付其经济补偿，有利于合法合理平衡双方的权利。

**（三）劳动者或用人单位能否单方面解除双方的竞业限制约定**

其一，劳动者单方解除存在两种观点，观点一类比《合同法》关于合同解除的规定，认为劳动者解除约定须先经催告，用人单位迟延给付经济补偿达到3个月才可解除；观点二则认为无须经过催告程序，只需用人单位3个月未支付，劳动者即可直接请求解除约定。劳动者离职后如遵守与用人单位的限制约定，将面临收入减少的困境，通过正式催告程序可能面临举证困难，此时立法赋予弱势劳动者解除约定的权利应尽可能符合实际情况。其二，用人单位单方解除存在相反的两种观点，观点一认为竞业限制约定为双方协商一致作出，对双方均有约束力，用人单位不能单方解除；观点二认为可以，若用人单位作为约定的发起者，约定目的是为保护商业秘密，但因时效性有的秘密已不具备保密的必要，用人单位经过评估进行单方解除无可厚非。当然，劳动者对经济补偿有一定预期，可根据规定要求额外支付3个月经济补偿，但不能说执意不同意用人单位终止双方之间的约定。

**（四）劳动者或用人单位能否要求继续履行竞业限制约定**

其一，劳动者要求用人单位继续履行约定这个请求能得到支持的前提是，用人单位有继续保护其商业秘密这个需求的必要。用人单位作为约定的发起者，必定对其保密信息有需求，才会要求与劳动者订立竞业限制协议，才会要求其履行。故劳动者不论何种情形下被要求继续履行约定，均需以用人单位的决定为依据。这个方面的理解争议较少。其二，劳动者在违反约定的情况下，在向用人单位支付完违约金后是否应继续履行约定存在较大争议，原因是劳动合同法对于违约金的性质到底是惩罚性质还是赔偿性质没有规定。主张无须继续履行的观点认为，若要求劳动者在支付违约金后继续履行约定，无异于强迫其只能在非专业擅长领域就业，而该不作为义务又具有强烈的人身属性，故要求其继续履行无异于对劳动者采取某种人身强制措施，而这种做法违背国际劳工组织有关公约确立的禁止强迫劳动这一原则。笔者认为，该要求与国际劳工组织有关公约的强迫劳动情形还是有所区别的，因为二者所处情景的前提并不相同。前者是劳动者在与用人单位确认约定时自愿接受了限制的风险，对此产生的后果是知悉且接受的。但后者属于劳动者在没有选择权利的情况下被迫接受劳动条件，且自身对此产生的后果是拒绝的。虽然类比的方法是形象的，但用这个例子推断劳动者在支付违约金后无须继续履行约定的逻辑有待进一步商榷。主张仍须继续履行的理由是该规定属于惩罚属性，支付违约金并不代表约定义务的履行，否则会损害用人单位在市场的竞争地位。笔者认同该观点，劳动者违约后造成用人单位损失的，其实在整个诉讼过程中，用人单位均有权主张其赔偿损失，如果约定的违约金并不足以弥补用人单位的损失，用人单位可主张超出违约金且在损失范围以内的赔偿。但赔偿后，用人单位可期待的商业利益依然存在，依然需要保护，仍须继续履行与支付违约金并不冲突。当然，如果理解为是惩罚属性的话还有另一个益处，就是有警示的作用，约定目的未实现就可以要求继续履行，否则会变相鼓励市场进行不正当竞争。

本案虽未涉及上述多种情况，但是对于用人单位的经营者或者法定代表人个人签字，并从事超出经营范围的竞业限制，本案认为对劳动者不具有约束力。

（河北省邯郸市中级人民法院　高晨阳）

# 67. 对竞业限制违约认定的两点问题

## 争议焦点

1. 竞业业务的界定；
2. 违反竞业限制违约金的认定。

## 基本案情

**上诉人（原告）：承德某电子公司**
**被上诉人（被告）：张某某**

2015 年 1 月 1 日和 2016 年 4 月 1 日，承德某电子公司与张某某签订两次书面劳动合同，两份合同分别约定：张某某的工作期限自 2015 年 1 月 1 日至 2015 年 12 月 31 日和 2016 年 4 月 1 日至 2016 年 12 月 31 日。张某某所从事的工作均为销售工作，工作地点为承德，月工资标准为 1 420 元。但根据承德某电子公司提供的月工资发放明细表显示，张某某 2015 年和 2016 年的工资均在 3 000 元以上。除上述劳动合同外，承德某电子公司、张某某分别于 2015 年 1 月 1 日、2016 年 4 月 1 日签订了企业用工附属协议。其中，2016 年 4 月 1 日签订的企业用工附属协议中约定：张某某离开承德某电子公司后两年内，双方协商一致，按法律规定给予张某某经济补偿，此给付条件是张某某没有违反国家的法律法规和本附属协议而离开公司，给付期限为两年，但张某某在两年内找到工作之月起即停止给付；张某某在补偿金发放日未领取，即视为自动放弃；只要有证据证明张某某违反了本条款其中任何一项内容，张某某即赔偿承德某电子公司违约金 100 000 元。上述协议签订后，张某某在承德某电子公司处工作至 2016 年 6 月 1 日申请辞职，双方劳动关系也自 2016 年 6 月 1 日解除。张某某离职后到与承德某电子公司具有同行业竞争关系的承德市某自动化工程有限公司工作，承德某电子公司也未向张某某支付过竞业限制补偿金。后承德某电子公司以张某某没有遵守双方竞业限制约定，到与其有竞争关系的企业或经营相同、相类似产品的企业工作，张某某的行为构成违约为由，诉至人民法院，请求人民法院依法判令张某某向承德某电子公司支付违反竞业限制约定的违约金100 000元，依法判令张某某继续履行竞业限制义务。

## 审理结果

河北省承德市双桥区人民法院于2017年9月18日作出判决：驳回承德某电子公司的诉讼请求。审判后，承德某电子公司提出上诉。

二审法院审理后认为，按张某某与承德某电子公司所签订的劳动合同的约定，张某某在承德某电子公司从事产品销售工作，其能够掌握承德某电子公司所生产的产品的最低价格、浮动价格等商业秘密，其应属于除用人单位的高级管理人员、高级技术人员以外的其他负有保密义务的工作人员，应该履行竞业限制协议约定的义务。张某某与承德某电子公司解除劳动关系后，应在竞业限制期限内履行竞业限制协议约定的义务的前提下，与承德某电子公司协商补偿金的支付数额、支付方式等，并向承德某电子公司请求补偿金的给付，也可在因承德某电子公司的原因导致三个月未向其支付经济补偿的情形下向人民法院提起诉讼解除竞业限制的约定。因张某某辞职后便到与承德某电子公司具有同行业竞争关系的承德市某自动化工程有限公司工作，违反了双方所签订的竞业限制协议的约定在先，应承担相应违约责任。因双方未就补偿金的支付数额、支付方式进行约定，依据张某某在承德某电子公司所从事的工作、工作年限及其月工资收入情况，承德某电子公司与张某某约定的违反竞业限制的违约金10万元标准过高，显失公平，法院酌定为5万元。

河北省承德市中级人民法院于2017年12月作出二审判决：（1）撤销一审判决；（2）被上诉人张某某于本判决生效后十日内支付上诉人承德某电子公司违约金5万元；（3）驳回承德某电子公司的其他诉讼请求。

## 评析意见

竞业限制制度作为规制市场运行的重要法律制度，在保护用人单位商业秘密、维护公平竞争的市场秩序方面发挥着重要的作用。伴随着我国经济的高速发展，对知识产权保护意识的不断提高，近年来，竞业限制纠纷案件的数量呈明显的上升趋势。结合竞业限制纠纷的司法审判实务中存在的问题，这里就以下两个问题进行评析。

**（一）竞业业务如何界定**

由于经营权与劳动权的冲突，对劳动者的竞业限制应当符合合理性的要求。其中，竞业限制范围是竞业限制合理性标准的重要参考因素之一。审判实务中，应对我国《劳动合同法》第二十四条第二款提到竞业限制的行业范围“同类产品、同类业务”以及地域范围进行一定的系统解释，并考虑劳动合同法和竞争法两种法律规范的联系。法律上对竞业限制竞争性业务范围的规定为：与本单位生产或者经营同类产品、从事同类业务的有竞争关系的其他用人单位，或者自己开业生产或者经营同类产品、从事同类业务。其中关键词“同类产品”和“同类业务”，强调的是企业竞争，而非岗位竞争，就是说员工可以到与原单位不具有竞争关系的同类新单位从事相同的岗位。对“同类”的理解应当解释为“同类、相似、相关”等尽可能扩大竞业限制的保护范围而符合双方订立竞业限制协议的初衷。在司法实践中，判断竞争业务时，应多以经营范围的对比重合性为主要证据。

**（二）用人单位是否可以按约定向劳动者主张违反竞业限制义务的违约金**

虽然用人单位可以与劳动者约定违反竞业限制义务的违约金，但在相关纠纷中，司法机关一般要结合劳动者的主观因素和违约行为、劳动者的工作年限和工作职责、原用人单位的过错程度等因素，根据员工的要求或依职权调整违约金数额，从公平合理原则出发，予以调整。

1. 劳动者的主观因素和违约行为

从《劳动合同法》第二十四条和竞业限制的定义来看，劳动者违反竞业限制主要有两种形式：一是入职有竞争关系的企业工作，二是自营有竞争关系的业务。对于本案劳动者而言，应在审理时根据其在原单位掌握和积累的知识、经验、技能和人脉，入职有竞争关系的新单位工作并获取劳动报酬的行为等因素，来判定其行为对原用人单位商业秘密泄露或商业机会流失的直接影响和主观恶性。

2. 劳动者的工作年限和工作职责

劳动者在原单位的工作年限和工作职责直接影响了该劳动者掌握商业秘密的

广度和深度，而在有竞争关系的新单位的工作年限和工作职责反映了劳动者违约行为的持续时间和严重程度。在司法实践中，可能出现因劳动者的职级不同导致裁量结果不一。因此，对于违约金的标准设定不应仅限于广度，还应根据各类人员的工作年限、职级、劳动报酬以及对商业秘密的掌握程度设置不同标准的违约金。

3. 原用人单位的过错程度

原用人单位履约过程中的不当行为将直接导致竞业限制违约金予以调整降低，目前用人单位的行为主要集中在经济补偿金支付时间的拖延。如用人单位未按时向劳动者支付经济补偿，劳动者采用合理方法在法定时间内催要仍未给付的，劳动者迫于生活需要在其掌握的技能范畴内寻求新的工作机会，此时如因用人单位违约在先，难以判断其是否需要继续履行竞业限制协议，为保护弱势劳动者的权益，此种情况下应当减轻或免除劳动者的违约责任。

（河北承德市中级人民法院　张喜艳）

# 68. 竞业限制的构成条件

## 争议焦点

竞业限制的构成要件。

## 基本案情

**申请人：甲公司**

**被申请人：刘某**

刘某于2017年12月4日入职甲公司，从事安全评价岗位工作，其主要工作内容包括报告编制等。双方签有自2018年4月2日起至2021年4月1日止的书面劳动合同书。2020年2月25日，刘某因个人原因向甲公司提出辞职申请，并于2020年3月25日正式离职。

刘某与甲公司签订了《竞业限制协议》，约定在甲公司至少要工作三年，否则将承担违约责任。刘某工作期间依托单位的工作平台及培训取得了安全评价师资质证书，甲公司认为该证书具有竞业价值，因此当被申请人向单位提出解除劳动关系时，甲公司并没有同意。双方产生争议，甲公司因此向劳动人事争议仲裁委员会提起仲裁申请。甲公司要求：（1）刘某支付甲公司单位培训费9 800元；（2）返还在竞业限制协议下取得的资质证书专项奖励20 000元；（3）支付给甲公司违反竞业限制违约金10 000元；（4）赔偿给甲公司因违约离职和违反竞业协议而给单位造成的经济损失共计1 666 650元。

刘某认为，根据双方签订的劳动合同规定，刘某岗位是安全部岗位，具体工作是安全报告，工资是每个月3 000元。安全报告是向社会公开的，不属于企业的秘密，因此刘某也不负有对其保密义务，刘某不是竞业限制的主体范围。关于培训费，单位对20多名职工进行全体培训，并没有针对刘某个人进行专项的培训。关于刘某取得的资质证书，是刘某自己利用业余时间参加培训、学习，参加考试取得的成果。专项奖励2万元，是甲公司对职工的福利奖励，与竞业限制无关。即使竞业限制协议是有效的，刘某在工作期间以及离职后，都没有从事与甲方同类的业务，刘某不存在违反竞业限制的行为。刘某依据《劳动合同法》第三十七条合法解除劳动合同，不应当承担单位的任何损失，应当驳回甲公司的仲裁请求。

## 审理结果

仲裁委员会认为，竞业限制的目的是为防止劳动者违反保密义务，确保劳动者从本单位离职后不在特定的行业范围、区域、期限从业，以免泄露用人单位的商业秘密及知识产权等事项。刘某与甲公司所签订《竞业限制协议》中“乙方需连续在甲方工作满三年”，应视为双方对服务期的约定，不适用于竞业限制约定，甲公司不能举证刘某在职及离职后从事竞业限制类工作，违反竞业限制规定，依据《劳动合同法》第二十三条规定，其要求刘某支付违反竞业限制违约金100 000元的诉请，无相关事实依据，仲裁委员会不予支持。

依据《劳动合同法》第二十二条规定，劳动者违反服务期约定的，用人单位应向劳动者主张违约金，本案甲公司要求刘某支付培训费9800元并无相关法律依据，仲裁委员会对该项诉请不予支持。

依据《劳动争议调解仲裁法》第二条规定，甲公司要求刘某返还证书及专项奖励20 000元的诉请不属于仲裁委员会受理范围，对于该项诉请，仲裁委员会不予支持。

甲公司当庭所提供刘某因违约离职和违反竞业协议而造成损失的证据缺乏效力，不能证明待证事实，仲裁委员会对甲公司该项诉请无法支持。

裁决：驳回申请人全部仲裁请求。

## 评析意见

**（一）竞业限制适用人员范围的规定**

《劳动合同法》第二十四条对用人单位可以与之约定竞业限制的人员作了规定，《劳动合同法》中的竞业限制专指用人单位的高级管理人员、高级技术人员和其他负有保密义务的人员，不是所有劳动者，仅限于掌握、接触和知悉用人单位商业秘密的劳动者。对于其中规定的前两种人员，实务中比较容易判断，一般没有异议。但是法律对于其他负有保密义务的人员的规定较为笼统，界定不清，给了用人单位自由发挥的空间。在具体的实务操作中，用人单位往往会对负有保密义务的人员作扩大解释，甚至将其范围扩大到单位所有的劳动人员，严重损害了劳动者的就业权利。

如何界定竞业限制适用的人员对象，主要还是要看劳动者是否掌握、接触、知悉用人单位的商业秘密以及泄漏后是否对原用人单位造成了损害。用人单位应当对劳动者岗位工作内容进行分析研究，如果认为其离职后泄露的商业秘密可能会对本单位造成较为严重的损害，那就应该与劳动者约定竞业限制条款。否则，就不必约定竞业限制条款。

**（二）竞业限制的期限**

竞业限制期限由用人单位与劳动者约定，但最长不得超过 2 年。这也就是说，竞业限制只存在于劳动合同解除或者终止之日起 2 年内，超过 2 年的，约定无效。劳动合同中约定竞业限制时间要明确从何时起算，如从用人单位批准离职之日起算多少个月，或从办理完离职交接手续之日起算多少个月，或从办理完社会保险关系转移之日起算多少个月，总之，不应笼统写竞业限制时间。

**（三）在竞业限制期间应当给予劳动者经济补偿**

用人单位必须在竞业限制期间给予劳动者经济补偿，且必须按月支付，这是《劳动合同法》明确规定的。用人单位支付竞业限制经济补偿金不能包含在日常发放的工资中，不能在劳动关系结束时一次性支付，也不可以在竞业限制期间分批支付，或者在竞业限制期限结束时支付。此外，按月支付也要明确每月何日支付，以何种方式支付。双方可约定遇到特殊情况是否可以延期支付，延期多少日支付；是否可以改变支付方式，改变为何种方式支付。用人单位没有约定竞业限制经济补偿，或没有支付经济补偿，劳动者可以要求其支付经济补偿，但不能免除其履约义务。

《最高人民法院关于审理劳动争议案件适用法律若干问题的解释（四）》明确了竞业限制的补偿标准。司法解释规定，当事人在劳动合同中约定了竞业限制但未约定经济补偿的，用人单位应按照劳动合同解除或者终止前 12 个月平均工资的 30%按月支付经济补偿。

**（四）明确劳动者违反竞业限制的责任**

《劳动合同法》第二十三条规定，用人单位与劳动者可以在劳动合同中约定保守用人单位的商业秘密和与知识产权相关的保密事项。劳动者违反竞业限制约定的，应当按照约定向用人单位支付违约金。第九十条规定，劳动者违反本法规定解除劳动合同，或者违反劳动合同中约定的保密义务或者竞业限制，给用人单位造成损失的，应当承担赔偿责任。

**（五）明确竞业限制违约金的性质**

竞业限制违约金性质的确定不仅关系到劳动者支付违约金与继续履行竞业限制义务能否并存的问题，同时也关系到竞业限制与其他制度的衔接。笔者认为，应该在《劳动合同法》或者其他法律中以具体的条款对其性质作出明确的规定，明确该违约金兼具惩罚与赔偿性。这样既解决了理论界关于竞业限制违约金与继续履行之间的问题争议，同时也使得有关竞业限制违约金的规定能更好地与其他制度相衔接，符合竞业限制设置的初衷，为具体的司法实践清空障碍。

**（六）确定违约金的最高限额**

明确竞业限制违约金的最高额度，给违约金设定一个金额范围，在这个范围内根据某些因素进行金额的上下调整，可以有效地解决用人单位单方面设定过高违约金的问题，减少由此引发的竞业限制纠纷，同时也可以对司法机关的裁量权作出限制。笔者认为，可以以劳动者获得的竞业限制经济补偿为标准确定违约金的最高额度，规定劳动双方约定的违约金的金额不得超过劳动者获得经济补偿金的5倍。这样可以为司法机关诉讼过程中及时判断违约金是否过高提供法律依据，也可以依法限制用人单位损害劳动者的合法权益。然后在最高金额的限制范围内，赋予司法机关关于竞业限制违约金的酌情调整权，参考多方面因素，最终确定最合理的违约金金额。这样既起到事先预防的作用，也为后期的纠纷案件处理提供法律依据，提高司法效率。

该案涉及的主要是竞业限制违约金的问题，这也是引发竞业限制纠纷案件中占比率很高的因素。本案中涉及的几个争议问题主要是：一是刘某与甲公司签订的竞业限制协议，在没有约定经济补偿金的情况下，是否仍旧有效，刘某是否还要继续履行该协议，该如何处理此类纠纷；二是在没有约定经济补偿金及竞业限制违约金数额的情况下，应该按照什么样的标准进行支付，该支付多少，以何种方式支付。

（天津市滨海新区劳动人事争议仲裁院　李鑫超　卢熠）

# 69. 竞业限制案件的违约金、损失赔偿以及行为保全

## 争议焦点

1. 如何调整竞业限制案件的违约金；
2. 如何认定违反竞业限制义务造成的损失；
3. 竞业限制案件可否申请行为保全。

## 基本案情

**上诉人（申请人）：比特大陆公司**

**被上诉人（被申请人）：潘某、李某、朱某**

### （一）履行竞业限制义务的基本情况

潘某、李某、朱某（以下统称三员工）与比特大陆公司的劳动关系基本情况见下表。

| | 潘某 | 李某 | 朱某 |
|---|---|---|---|
| 入职时间 | 2015年4月10日 | 2015年4月10日 | 2015年6月9日 |
| 入职时职务 | 研发办高级经理 | 研发办软件工程师 | 软件办产品经理 |
| 离职时间 | 2017年8月10日 | 2017年9月14日 | 2017年9月1日 |
| 离职原因 | 个人原因提出离职 | | |
| 离职时职务 | BTC. com<br>部门负责人 | BTC. com<br>研发工程师 | BTC. com<br>产品经理 |
| 备注 | BTC. com是比特大陆公司运营比特币矿池的团队 | | |

三员工与比特大陆公司均签订有《保密、不竞争及知识产权协议》，就竞业

禁止约定如下："……甲乙双方（甲方为比特大陆公司、乙方为三员工）认同乙方在受聘期间有接触或知悉甲方商业秘密的可能，且甲方的商业秘密对其在市场上的竞争优势具有重要影响。3.2 在甲方任职期间和离职后在甲方支付了竞业禁止补偿费的期限内（最长不超过2年），未经甲方事先书面同意，乙方承诺不从事第二职业，乙方不得直接或间接开办或经营竞争性单位，且不得在竞争性单位内接受或取得任何职务……7.2 如乙方离职后违反竞业禁止义务，乙方应全部退回甲方已发放的竞业禁止补偿，还应按照约定的竞业期间乙方可获得的竞业禁止补偿的10倍向甲方支付违约金。给甲方和甲方关联公司造成的损失高于违约金数额的，乙方还应承担赔给甲方和甲方关联公司造成的全部损失中已支付的违约金不足补偿部分。甲方损失包括但不限于律师费、公证费、鉴定费、调查费、权利救济费以及其他直接损失、间接损失（直接损失和间接损失包括甲方因为乙方违约所产生的经济损失、商誉损失、利润损失等，以及调查该项侵害合法权益行为所支付的合理费用）。损失额难以计算的，赔偿额为乙方因违约获得的利益，包括但不限于自己生产、与他人合资、合作生产经营、任职、技术入股、信息披露、权利转让等所获得的利益。"

三员工与比特大陆公司还签署有一份《补充协议》，约定如下："3.《保密、不竞争及知识产权协议》中第1.5条所述的'竞争性单位'仅包括从事下列业务的个人、公司……（i）虚拟数字货币挖矿机研发、生产……（iv）比特币矿池。4. 乙方应在《劳动合同》解除后2年内，继续履行《保密、不竞争及知识产权协议》项下的竞业禁止义务……"此外，三员工与比特大陆公司签署的《补充协议》中还约定每月竞业禁止补偿费的标准，分别为19 250元/月、17 000元/月、14 667元/月。

2017年11月8日，中本聪明公司成立，一审庭审时潘某为该公司的法定代表人，持股80%；李某为该公司的经理，持股10%；朱某持股10%。中本聪明公司经营的币印矿池中包括比特币矿池业务。截至2019年2月14日，比特大陆公司经营的BTC.com及蚂蚁矿池算力排名第一、第二，中本聪明公司经营的币印矿池算力排名为第三，币印矿池已经挖出26 825枚比特币。

**（二）比特大陆公司关于损失的主张**

比特币的实质是一串无规律的数字代码，投资者（"矿工"）利用计算机进行特定方式的大量计算（"挖矿"），计算结果与特定代码一致时即可获得该比特币。为更快挖到比特币，矿工通常会选择使用特定芯片的高级计算机（“矿机”），来进行比普通计算机能力更强的运算。如果将多个矿工和他们的矿机连接起来（“矿池”），用大家的矿机一起来挖比特币，就有可能更快挖到比特币。挖到比特币，矿池扣除手续费后，按照各矿工的矿机的出力进行分配。

作为虚拟货币，比特币的挖出和交易信息均上传至区块链，区块链“人人记账”的特点以及通过哈希值校验的技术保证比特币的挖出（包括从哪个矿池挖出）和交易信息（包括交易价格）是全网公开、透明的。

比特币一共有2 100万枚，总数恒定。矿工通过挖矿挖到特定的区块，就可以获得该区块中包含的比特币（即区块奖励，最初，区块奖励是50枚比特币，2016年7月10日，区块奖励发生了第二次减半，减少到12.5枚比特币，2020年5月12日，区块奖励发生了第三次减半，减少到6.25枚比特币。三员工竞业限制期间，区块奖励恒定为每区块对应12.5枚比特币）。

挖矿难度的调整频率为每隔2016个区块调整一次。系统会通过调整挖矿难度，使每出块一次的时间是10分钟左右，理想情况下挖矿难度的调整时间约为2周。换言之，每个难度调整周期（约2周）内，出块量是固定的。

2018年8月至2019年9月期间（即三员工违反约定经营比特币矿池，开始挖出比特币并收取手续费，至竞业限制期满），包含多个难度调整周期，但该期间内全网总出块量是固定的。如果市场上没有币印矿池，币印矿池挖得的比特币将由其他矿池按各自所占的市场份额获得。

各矿池所占的市场份额在公开渠道可查询得到。经计算，2018年8月至2019年9月期间，比特大陆公司经营的矿池所占的实际市场份额平均值为30.25%。如果没有币印矿池，这个周期内的总出块数量将由比特大陆经营的矿池和其他矿池按照市场份额分配，比特大陆公司经营的矿池占剩余市场份额的比例为33.27%。因此，比特大陆公司经营的矿池的出块量占全网市场的份额将会增加3.02%，可以获得总出块数量中的更多区块，即更多的比特币。

若三员工未违反竞业限制义务，2018年8月至2019年9月期间，因为币印矿池的出现，导致比特大陆公司少获得的利益即比特大陆公司的损失，计算公式为：

$$\left(\text{币印矿池的市场份额}\times\frac{\text{比特大陆公司经营矿池的市场总份额}}{1-\text{币印矿池的市场份额}}\right)\times 2018\text{ 年 }8\text{ 月}$$

至2019年9月全网挖出的比特币总数量（786 521.5枚）×比特币交易价格（74 930.9元，竞业限制期间最高价与最低价之和的一半）×比特大陆公司的手续费（4%）

据此计算出比特大陆公司的损失为71 193 194.75元。如果按照竞业限制期间比特币最低交易价格计算，比特大陆公司的损失为22 198 632.31元，均远高于三人的竞业限制违约金总额12 220 080元。

**（三）比特大陆公司的请求**

2018年8月，比特大陆公司向北京市海淀区劳动人事争议仲裁委员会申请仲裁，要求三员工继续履行竞业限制协议，返还已支付的竞业限制补偿，分别按照约定支付竞业限制违约金4 620 000元、4 080 000元、3 520 080元，赔偿损失6 783 922.8元等。

一审起诉时，因三员工违约经营比特币矿池非法获利有所增加，比特大陆公司要求三员工分别赔偿因违约给公司造成的损失26 439 227.01元、26 327 927.01元、26 327 927.01元或者返还1 073个比特币。

## 审理结果

仲裁、一审、二审均支持了返还已支付的竞业限制补偿金的请求，均部分支持了违约金的请求（支持金额差异较大），均没有支持赔偿损失的请求。由于一审判决作出时，三人的竞业限制期限已满，继续履行竞业限制协议的请求已无实际意义。

仲裁委员会裁决三员工分别支付比特大陆公司竞业禁止违约金2 587 400元、1 661 031.82元、1 295 409.76元（分别相当于三员工离职前12个月工资总额的两倍）。

一审法院判决三人分别支付比特大陆公司违反竞业限制违约金462 000元、408 000元、352 008元（分别相当于三员工离职后两年内可获得的竞业限制补偿金的总和的一倍）。

二审法院判决三人应当分别支付比特大陆公司违反竞业限制违约金1 386 000元、1 224 000元、1 056 024元（分别相当于三员工离职后两年内可获得的竞业限制补偿金总和的三倍）。

## 评析意见

### （一）争议焦点一：裁判竞业限制案件违约金的考量因素

本案中，竞业限制期限是两年，仲裁委员会裁决违约金的数额为员工两年的收入，即离职前12个月的工资总额乘以2。本案中，仲裁委员会在裁决违约金数额时考虑的是员工离职前的收入情况。

一审法院认为约定的违约金数额畸高，故对违约金的数额进行适当调整。一审法院酌定的违约金数额相当于三员工离职后两年内可获得的竞业限制补偿金的总和的一倍。本案中，一审法院并未在判决中提及酌定违约金的考虑因素。

二审法院认为，三员工出资并入职中本聪明公司，中本聪明公司经营的币印矿池包括比特币矿池业务，该业务与比特大陆公司开展的业务存在重合，考虑到比特币矿池业务的特点，中本聪明公司比特币矿池业务的算力份额在特定时间内明显提升，该情形势必影响比特大陆公司该项业务的开展，故中本聪明公司与比特大陆公司存在竞争关系。三员工出资并入职中本聪明公司显属违反了约定的竞业限制义务。三员工应当按照约定支付比特大陆公司违反竞业限制义务违约金。但协议约定的违约金数额畸高，应对违约金数额进行调整，同时一审法院酌定的违约金数额过低，综合考虑三员工的违约情况、收入状况、约定的补偿金数额等因素，酌定的违约金数额相当于三员工离职后两年内可获得的竞业限制补偿金总和的三倍。

二审法院提及综合考虑三员工的违约情况、收入情况、约定的补偿金数额等因素。此处的收入情况实际上是指三员工在比特大陆公司任职期间的工资收入。三员工从比特大陆公司离职后，成立中本聪明公司并经营币印矿池期间的收入情况，案件中并未涉及。

一审法院、二审法院酌定的违约金的数额相差三倍，同时均是“酌低”，一审判决的数额相当于约定违约金数额的10%，二审判决的数额相当于约定违约金数额的30%。“违反竞业限制义务违约金如何调整这一问题”近年来引发热议，尚无定论。各地、各级法院、仲裁委员会酌定违反竞业限制义务违约金的标准亦存在很大的差异。

竞业限制案件作为劳动争议案件，在审理这类案件时，裁判者可能会下意识地考虑员工一方的偿付能力。本案中，不论是仲裁裁决与三员工离职前收入挂钩，还是一审判决、二审判决均与离职补偿金挂钩，其实都是考虑了员工一方的偿付能力。但是，如果认定存在违反竞业限制的事实，那么员工其实更准确的描述应当是违约方。在裁判违约方应当支付多少违约金时，违约的过错程度、违约的情节、违约造成的损失应当是着重考量的因素。员工是否有偿付能力，更多的是执行层面会面临的问题，审判层面不应被如此重视。

如果考虑偿付能力，是否应当调查员工在违反竞业限制期间的收入情况以及其个人财产情况？在本案中，三员工离职后创业，短期内成为全行业的佼佼者，全网排名前三，完成了从“员工”到“老板”角色的转换，可能需要用“身价”来衡量了。

**（二）争议焦点二：如何认定员工违反竞业限制义务给用人单位造成的损失**

一审法院和二审法院均认为，法院已经判定三员工向比特大陆公司支付违约金，比特大陆公司未能提交充分有效的证据证明其公司遭受的损失高于违约金，故比特大陆公司要求三员工赔偿损失，依据不足，不予支持。

本案中计算比特大陆公司遭受损失所需的数据大多公开可查，比特大陆公司也已据此计算出其损失。在此情况下，应当要求用人单位承担何种标准的举证责任，有待进一步商榷。

本案中三员工的获利为比特币。比特币作为一种虚拟货币，其总数量有限，获得难度极大，并且兑换人民币的汇率不断变化。本案中一审法院和二审法院均未质疑比特币的财产属性。（2018）京01民终9579号判决书中，法院亦指出“比特币属于《民法总则》第一百二十七条规定的网络虚拟财产，具有应当受到法律保护的‘民事利益’”。考虑到比特币的上述特性，可以探索直接判决三员工向比特大陆公司支付比特币的可能性。

**（三）争议焦点三：竞业限制案件可否申请行为保全**

本案中，币印矿池2018年7月挖出比特币，比特大陆公司发现后于2018年8月提起仲裁，本案一审判决作出时，三员工的竞业限制期限已满，比特大陆公司关于继续履行竞业限制协议的请求已无实际意义。

由于比特币全网“人人记账”的特点，使得比特大陆公司能够及时发现三人的违约行为，并且及时提起了仲裁。近年来，竞业限制“攻”与“防”的交织愈演愈烈，违反竞业限制的手段愈来愈丰富、愈来愈隐蔽。等“守约方”好不容易发现对方的违约行为，经历“一裁两审”程序后，竞业限制期限一般也到期了。为了更好地保护“守约方”的合法权益，在竞业限制案件中，可否申请行为保全，临时禁止违约方继续从事违约行为？

《民事诉讼法》中并未规定竞业限制案件不可以申请行为保全，但是实践中行为保全申请主要集中在商业秘密案件和知识产权案件中，最高人民法院也出台了商业秘密等案件申请行为保全的相关司法解释。

当前，最高人民法院并没有出台关于竞业限制案件申请行为保全的司法解释。实践中，没有看到竞业限制案件申请行为保全被支持的先例。笔者认为竞业限制案件也可以申请行为保全。如果最高人民法院能够出台相关司法解释，将有助于当事人的申请和裁判者的审查。

（北京市金杜律师事务所　梁燕玲　王召刚）

# 70. 其他负有保密义务人员的认定

## 争议焦点

如何认定属于其他负有保密义务的人员。

## 基本案情

**上诉人：孔某**

**被上诉人：某教育机构**

孔某是某教育机构的教师资格考试培训主讲老师，该机构通过互联网从事教师资格证培训、教师招聘考试培训等业务。某教育机构与孔某签订有《竞业禁止协议书》，其上载明孔某在职期间及离职后两年之内不得以任何形式从事与其机构业务类型相同或相似存在竞争关系的业务，限制地域为全国，限制领域包括但不限于教师资格证培训、教师招聘考试培训、特岗教师培训、心理咨询、图书出版、网络教学、中小学全科辅导等，同时约定孔某若违反该协议应承担任职期间所得劳动报酬总额50%的违约金。

孔某于2017年7月向某教育机构提出辞职，某教育机构要求孔某履行竞业限制义务，并支付了竞业限制补偿金。后某教育机构发现孔某以个人实名认证的微博、腾讯课堂、千聊直播等平台从事与某教育机构相同业务的网络课程的宣传和直播业务，某教育机构认为孔某存在违反竞业限制的行为，应支付违反竞业限制违约金，返还竞业限制补偿金，并继续履行《竞业禁止协议书》。

孔某主张其仅仅是讲师，某教育机构人员数量最多的就是讲师，讲师就是教育机构的普通员工，相当于制造业中在流水线上工作的产业工人，不属于高级管理人员和高级技术人员。在教育培训机构中能够成为宝贵资源的，能够影响受众群体作出选择的，是那些有名气、有市场号召力、层级高的“名师”，而其他大多数的老师，没有名气，没人认识。这些老师离职不会对教育机构的市场竞争力产生任何影响。讲师的工作就是在线讲课，并不会接触到公司的保密信息，不属于其他负有保密义务的人员。另外，《竞业禁止协议书》中的竞业范围过广，不仅包含教育培训，还禁止从事心理咨询、图书出版、网络教学、中小学全科辅导。如果履行竞业限制协议，孔某在两年内很难找到适合自己发展的工作，这是对就业权利的严重侵犯，也是对竞业限制的滥用。

## 审理结果

**（一）关于孔某是否属于其他负有保密义务的人员**

法院认为，师资是商业教育培训机构的宝贵资源，在受众群体选择培训机构时，师资因素起到了关键的作用，而孔某的主要工作为教师资格证培训、教师招聘考试培训，系某教育机构的核心业务之一，故法院认定某教育机构与孔某签订《竞业禁止协议书》并约定孔某在一定期限内负有竞业限制义务并无不当，基于意思自治原则，孔老师应当依约履行竞业限制义务。

**（二）关于孔某离职后是否违反了竞业限制义务**

法院认为，孔某在多家网络平台上发布有偿的教师资格证培训、教师招聘考试培训等内容，而孔某在职某教育机构期间，从事的亦是上述内容的培训工作，二者在工作内容上有所重合，受众群体亦均为教师资格证培训的人员，显然构成了某教育机构的竞争业务，该行为违反了与某教育机构签订《竞业禁止协议书》中关于离职后竞业限制义务的约定。

**（三）关于孔某竞业限制违约金的标准**

法院认为，孔某在某教育机构工作一年有余，其主观知识和授课技能，与某教育机构的经营信息、授课模式与理念等，存在一定的增进过程，且在此过程中，孔某必然了解了某教育机构培训业务中相关的授课技巧和客户信息，其自某教育机构离职后从事高度重合的竞争业务，其违约行为应给某教育机构造成了一定的损失，法院以某教育机构的实际损失为基础，综合考虑到孔某的违约情形、《竞业禁止协议书》的履行情况以及公平原则和诚实信用原则等情形，认定双方在《竞业禁止协议书》中约定孔某若违反该协议应承担任职期间所得劳动报酬总额50%的违约金的标准并不违反法律法规的强制性规定，予以支持。

最终法院判决孔某继续履行《竞业禁止协议书》，并于判决生效后七日内向某教育机构支付违反竞业禁止协议违约金22万元。

## 评析意见

2020年受新冠肺炎疫情影响，中小学生不能正常到校，只能在家上网课。这带动了线上教育行业的蓬勃发展，有发展就会吸引更多资本投入，相互竞争也就随之而来。而线上教育机构除了资本竞争外，最为激烈的就是人才竞争，也导致了讲师薪资水平大幅提升。为了留住自家人才，防止被竞争对手高薪挖走，保持自己的优势，各家机构都拿起了竞业限制作为武器。可在机构之间的竞争下，教育培训机构中的普通教师成了最无力的群体，面对高薪，留守则心有不甘，离开就要荒废最长两年时间，将错过行业发展黄金期。用人单位的竞争优势和劳动者的择业权利，两者之间应该如何平衡，值得重视。

**（一）如何认定属于其他负有保密义务人员**

1. 如何界定保密信息

关于“商业秘密”，《劳动合同法》第二十三条①，《反不正当竞争法》第九条②，都有表述，两个条款中对于商业秘密的定义和范围，应当是一致的。2020年9月12日起施行的《最高人民法院关于审理侵犯商业秘密民事案件适用法律若干问题的规定》（以下简称为《侵犯商业秘密司法解释》），首先对于技术信息、经营信息和客户信息作了详细具体的规定，相当于划清了商业秘密的最广边界，然后罗列了几个消极条款，规定不属于商业秘密的情形，将边界规定得更加明晰。虽然《侵犯商业秘密司法解释》是为审理侵犯商业秘密纠纷所作出的，但竞业限制纠纷中涉及商业秘密的认定，也同样应当适用。不同的是，竞业限制纠纷中的保密信息，除了商业秘密还包含“与知识产权相关的保密事项”。

关于“与知识产权相关的保密事项”，这个范围有些大，甚至有些无迹可寻。所以竞业限制纠纷中，界定保密信息范围的难点也在于此。笔者认为，“与知识产权相关的保密事项”应当分为两大类，一类是知识产权形成过程中的保密信

---

① 《劳动合同法》第二十三条：用人单位与劳动者可以在劳动合同中约定保守用人单位的商业秘密和与知识产权相关的保密事项。

② 《反不正当竞争法》第九条：本法所称的商业秘密，是指不为公众所知悉、具有商业价值并经权利人采取相应保密措施的技术信息、经营信息等商业信息。

息，另一类是专利权，即在专利保护期内的保密事项。后者的范围比较好确认，前者相对比较难。前者的保密信息应当是知识产权形成过程中有关的重要信息，而该知识产权至少要大概率能够最终产生。若仅仅是个计划或雏形，将相关信息也列入保密信息范围，将会导致范围无限扩大。

界定保密信息的意义在于，如果用人单位要求劳动者保守的信息，不属于保密信息范围，那么不应当认定劳动者为其他负有保密信息的人员。

2. 保密义务的产生和消灭

（1）保密义务的产生。这个问题其实很简单，劳动者在工作中不可避免地接触到保密信息，用人单位要求劳动者保守这些秘密，保密义务就产生了。最普通的方式，就是用人单位与劳动者签订保密协议来约定保密义务。归纳一下，这个方式属于保密义务因约定而产生。

那么保密义务能否因法定而产生？虽然《反不正当竞争法》规定了法定保密义务，但《劳动合同法》中没有此规定。所以在竞业限制纠纷中，保密义务需要劳资双方事先约定，如果没有约定，那么用人单位不能主张保密义务来源于法律直接规定。也就是说，没有约定保密义务，用人单位就不能主张员工负有保密义务。当然，约定的方式很灵活，不限于在劳动合同中进行书面约定，但至少应当证明以某种方式约定过。

本案中，某教育机构并没有与孔老师约定保密义务，仅仅约定竞业限制。在此情况下，直接认定孔老师负有保密义务缺乏依据，值得商榷。

（2）保密义务的消灭。这个问题看似也简单，最直接的方式是用人单位免除劳动者的保密义务。不过笔者想讨论的是，保密义务约定之后，用人单位免除之前，这期间保密义务能否因为保密信息消失而消灭。《侵犯商业秘密司法解释》第四条规定了五种可以被认定为公众所知悉的信息，如果是公众所知悉的信息，显然就不再构成商业秘密。例如，劳动者与用人单位在入职时签订保密协议中所约定的保密信息，如果成了公众所知悉的信息，那么针对该部分保密信息设定的保密义务就消灭了。如果在劳动者离职时，其所接触或知悉的全部保密信息，都成了公众所知悉的信息，那么就不能认定其属于其他负有保密义务的人员，从而也会导致竞业限制义务的消灭。

（3）约定未接触的保密信息能否产生保密义务。很多用人单位使用保密协议模板，罗列了大量的保密信息，而这些保密信息，很多是劳动者不可能接触得到的，如要求教师保守财务信息。不能接触到的信息，即使作约定，也不应产生保密义务。

3. 负有保密义务的举证责任

用人单位承担证明劳动者需履行保密义务，属于其他负有保密义务人员的举证责任。具体来讲，用人单位若想证明劳动者负有保密义务应当就以下证明事项提供证据：

（1）存在保密义务约定；

（2）所约定的保密信息属于商业秘密或与知识产权相关的保密事项；

（3）劳动者能够接触或获取到保密信息；

（4）在离职时，约定的保密信息仍存在，劳动者仍然负有保密义务。

以上四点全部具备，才能够认定劳动者属于负有其他保密义务的人员，需要履行竞业限制义务。

笔者认为，本案中，某教育机构并没有证明其全部具备以上四点，应当承担举证不能的责任。

4. 能否运用推定的方式，认定劳动者负有保密义务

竞业限制义务是对劳动者择业权利的限制，如果不严格加以限制，将阻碍劳动者的发展，不能发挥人力资源的最大优势。当然，对于真正掌握用人单位商业秘密，对竞争优势有重大影响的劳动者，为防止引发行业内不正当竞争，维护正常市场竞争秩序，应当对其加以限制。那么，审理竞业限制纠纷案件中，就应当平衡这两者之间的利益。

通常，用人单位在劳动关系中处于管理者的强势地位，尤其相对于普通员工来讲。因此，若要求普通员工履行竞业限制义务，应当对用人单位进行严格审查，其作为管理者，掌握着大量的材料，应当分配给其更重的举证责任。对于员工是否属于其他负有保密义务的人员，应当要求用人单位对上述提到的四点证明事项承担举证责任，达到高度盖然性的证明标准。否则，不应认定普通员工属于负有保密义务的人员，进而对其择业权利进行限制。法院也不应在用人单位不能举证的情况下，推定劳动者承担保密义务。

本案中，法院认为，孔老师属于保密义务人员的依据是以下两点：

（1）其主观知识和授课技能，与某教育机构的经营信息、授课模式与理念等，存在一定的增进过程；

（2）其必然了解某教育机构培训业务中相关的授课技巧和客户信息。

具有上述两点的劳动者是非常普遍的。第一，无论哪个行业的劳动者，在工作工程中，个人技能与用人单位经营发展相互增进是必然结果。第二，无论哪个行业的劳动者，在工作过程中，也必然会了解用人单位的工作技巧和客户信息。例如，银行的柜员，其必然了解到柜台操作的技巧和客户信息。如果仅仅是上述两点就认定劳动者属于负有保密义务的人员，笔者认为，绝大部分的劳动者都有被竞业限制的风险。因此，对于普通员工，认定为负有保密义务人员的标准应该更加严格，法院不宜用推定的方式来认定。

而对于一些重要岗位的劳动者，如教育培训机构中的名师，用人单位的地位并没有那么强势，有时甚至还处于弱势地位。这类劳动者是用人单位的宝贵资源和核心竞争优势。用人单位的资源会向其进行倾斜，给予其大量的权限，他们不同于普通员工，在工作中往往会接触到用人单位的核心秘密和重要信息。对于这类劳动者，法院在查明用人单位举证能力确实较弱的情况下，结合案件实际情况，有限地适用推定是合理的。

综上所述，笔者认为，对于普通员工，严格由用人单位举证，没有适用推定的空间和必要；对于地位较高的核心员工，先由用人单位举证，查明事实并结合案件实际情况，用人单位确实举证困难的，有限合理地运用推定，来认定是否属于负有保密义务人员。

**（二）违反竞业限制义务是否必须返还竞业限制补偿金**

对此问题在司法实践中有两种观点。第一种观点认为有约定从约定，无约定不支持返还。因为《劳动合同法》和相关司法解释并无关于返还竞业限制补偿金的规定，反而规定了用人单位应当在竞业限制期内按月支付补偿金，因此是否返还是双方意思自治范畴，如果没有约定违反竞业限制义务时返还，那么主张返还则缺乏依据。另外，若劳动者违反竞业限制义务，用人单位可以主张违约金，已经能够获得救济，无必要再支持返还补偿金。第二种观点认为竞业限制补偿金是对劳动者在竞业限制期内择业权受限的一种补偿，是劳动者履行竞业限制义务的对价。如果劳动者未履行竞业限制义务，那么就失去了获得补偿金的基础。如果劳动者违反竞业限制仍能够获得补偿金，则权利义务不相符，对用人单位是不公平的。因此，无须特别约定违反竞业限制义务返还竞业限制补偿金。

笔者赞同第二种观点，竞业限制补偿金的目的就是补偿劳动者择业权受到限制。如果劳动者实际没有履行，则没有发生择业权受限的后果。择业权没有受损，补偿就无存在的基础。竞业限制违约金是对劳动者违反竞业限制设定的违约责任，其与补偿金是相互独立的两个概念，两者作用、性质不同。例如，甲乙签订合同，甲方付款，乙方未按约定发货，那么甲方当然可以要求乙方返还货款，并且按照约定要求乙方支付违约金。

**（三）明示违约还是否需继续支付竞业限制补偿金**

若用人单位与劳动者就竞业限制发生争议，在庭审中劳动者自认违约，或者劳动者以其他方式自认违约，用人单位是否还需继续支付竞业限制补偿金。笔者认为，解决此问题，还需返回到竞业限制补偿金性质的探讨。

若认为竞业限制补偿金就是单纯依据法律规定，用人单位在竞业限制期内应当支付的，无论劳动者是否违约，都应当依法律规定支付，那么即使劳动者自认违约，用人单位还是要继续支付，支付后再依据双方约定，要求劳动者返还，这样显然会浪费司法自愿。若未约定，那么用人单位返还请求还可能不会得到支持，就是劳动者明示违约，用人单位还要继续付钱，这毫无公平可言。

若认为竞业限制补偿金是对劳动者择业权受限的补偿，那么当劳动者自认违约时，就不存在继续支付补偿金的基础和条件，除非劳动者能够再向用人单位证明其实际履行了竞业限制协议，用人单位再恢复支付竞业限制补偿金。这样更能够体现法律的公平正义。

**（四）竞业限制违约金适用次数**

若劳动者在竞业限制期内多次入职不同的同业竞争公司，或者在法院认定违反竞业限制协议，判决继续履行竞业限制义务后，再次违反竞业限制义务，用人单位是否可以多次主张劳动者支付竞业限制违约金。

笔者认为，上述情况属于劳动者多次违反竞业限制义务行为，远比初次违约严重，主观恶性大，应当给予更严重的负面评价。如果只能判决劳动者承担一次违约金，那么用人单位的权益无法得到保障，同时劳动者一次违约和多次违约，后果相同，那么法院判决继续履行竞业限制义务则失去效力。处理此问题可以有以下几种思路。

1. 针对每次违约行为，重复判决承担违约责任

劳动者存在违反竞业限制行为，才会产生违约责任。一个违约行为应当对应一个违约责任，多个违约行为则产生多个违约责任。这样能够最大化约束劳动者

履行竞业限制义务，但缺点在于导致劳动者需承担的违约责任过重。

2. 将双方竞业限制违约金作为最高限额，在限额内可以重复判决承担违约责任

司法实践中，往往将竞业限制违约金与用人单位所受损失挂钩，劳动者往往会主张违约金畸高，而司法机关大多会对违约金进行调减，实际的违约金会低于约定违约金金额。因此，可以考虑将约定违约金金额作为最高额度。若劳动者再次违约，可以在违约金剩余额度内，判决劳动者再次向用人单位支付违约金。如此，违约金的金额可控，使用人单位和劳动者对违约责任有合理预期。

（北京市时代九和律师事务所　寇学军）

# 其他

# 71. 电子数据的认定标准

## 争议焦点

依据短信、微信截图等电子数据，如何认定事实劳动关系。

## 基本案情

**原告：童某某**

**被告：河北某塔业公司**

原告童某某及韩某某等人经贾某招用到廊坊三河市梁台子基站从事安装铁塔工作。童某某受韩某某管理，其劳动报酬由贾某支付给韩某某，再由韩某某代发。贾某以被告河北某塔业公司的名义于2015年8月17日为贾某等8人投保了团体意外险，于2015年8月28日增加被保险人肖某某等4人，于2015年9月13日删除被保险人吕某某等4人，增加原告童某某等5人。2015年11月29日童某某在三河市梁台子基站安装铁塔时，因工人操作卷扬机钢丝绳断裂致童某某受伤。童某某称贾某为河北某塔业公司的管理人员并提供了与贾某的通话录音、短信、微信截图等，与该公司熊某某的通话录音，以及上岗证、银行流水清单、证人证言等予以证明，要求确认与河北某塔业公司之间存在劳动关系。

## 审理结果

审理中，原告童某某称贾某为河北某塔业公司经理，由贾某代河北某塔业公司为其发放工资。被告河北某塔业公司提出了异议，原告也无证据证明贾某为河北某塔业公司员工，且根据证人贾某的陈述，贾某与河北某塔业公司仅为业务关系。故法院对原告诉称的贾某为被告河北某塔业公司员工、贾某代被告为其发放工资这一主张不予支持。原告主张其与被告之间存在事实劳动关系，并提供了熊某某、贾某的通话录音及与贾某的短信截图，以上证据原告童某某未提供原始的证据材料，短信内容不完整，与证人贾某的证人证言不一致，原告称其所受伤应为工伤，也并未得到被告河北某塔业公司的确认。虽然贾某以河北某塔业公司的名义于2016年9月13日为原告童某某投保了团体意外险，但该保险属于商业保险范畴，并非工伤保险，其被保险人及人数可随时变更，因此上述证据证明力不足，无法形成完整的证据链，不足以证明原告的主张。原告童某某未提供证据足以证明其受被告河北某塔业公司的劳动管理，从事其安排的有报酬的劳动。三河市梁台子基站并非是河北某塔业公司所施工工程，原告与被告间不符合建立劳动关系的特征。

法院判决：对原告要求确认其与被告河北某塔业公司存在事实劳动关系的主张不予支持。

## 评析意见

本案中涉及对短信、微信截图等电子数据的认定。我国《民事诉讼法》明确了电子数据为法定的证据类型，同时民事诉讼法司法解释进一步明确，电子数据是指通过电子邮件、电子数据交换、网上聊天记录、博客、微博、手机短信、电子签名、域名等形成或者存储在电子介质中的信息。电子数据作为证据，其首先应当符合证据“三性”即真实性、关联性和合法性。

**（一）真实性**

真实性是指证据必须是客观存在的事实，是独立于人的意志之外、不以人的意志为转移的客观存在。因短信、微信基于其电子数据的自身特点，易删除，易篡改，故作为证据使用时应出具电子数据的载体，而且保证当事人在聊天的过程中没有删除部分聊天内容，只有保证聊天内容的完整性才有可能认定聊天的真实意图。本案中原告仅截取了部分内容，也未提供电子数据的载体。

**（二）关联性**

关联性是指证据与待证事实有内在的联系，并能证明待证事实的全部或部分。网络聊天、手机短信记录的内容本身要和案件事实相关。微信并非实名制，在使用主体的身份认定上，举证一方须同时举证证明其当时聊天的相对一方就是案件当事人。

**（三）合法性**

合法性就是指证据必须具有实体法所规定的特定形式，证据必须按照法定程序提供、收集、调查和审查核实。聊天记录、手机短信作为一种新兴证据，其作为证据收集应当不同于普通证据的收集。如果是当事人提供的聊天记录，一般要想得到法院的认可，须经公证机关作相应公证。

综上，人们日常使用的短信、微信、电子邮件等电子数据是可以作为证据使用的，但是须符合证据三性的要求，其关键点在于必须确定该电子数据本身的真实性并核实数据收发主体的真实身份以满足案件关联性要求。但因电子数据存在易删改的特性，一般情况下不宜单独作为认定案件事实的依据，应结合其他证据予以补强。

（河北省衡水市景县人民法院　郭倩倩）

# 72. 已签订劳动合同却不是劳动关系

## 争议焦点

飞行员劳动关系的认定。

## 基本案情

**申请人：张某**

**被申请人：某航空公司**

张某主张于2019年7月30日与某航空公司签订《飞行员劳动合同》，担任飞行员岗位工作，劳动合同期限为40年。某航空公司安排张某学习飞行执照，学习费用由张某自负（至解除劳动关系之时，张某已经支付该航空公司20万元）。后因种种原因，张某于2019年8月20日书面提出辞职申请，双方劳动关系应于2019年9月20日依法解除，但该航空公司拒绝返还张某已经支付的20万元培训费。张某与该航空公司协商未果，因此要求仲裁某航空公司为其出具离职证明、返还学费20万元。

## 审理结果

仲裁委员会以双方不存在劳动关系为由，驳回了张某的仲裁请求。

## 评析意见

一般情况下，书面劳动合同的签订，是用以判断劳动关系成立与否的基本依据。本案中，张某与某航空公司签订了《飞行员劳动合同》，相关内容完全符合劳动合同的形式要件，那为何双方之间仍不存在劳动关系呢？

劳动关系是指劳动者与用人单位依法签订劳动合同而在劳动者与用人单位之间产生的法律关系。劳动者接受用人单位的管理，从事用人单位安排的工作，成为用人单位的成员，从用人单位领取劳动报酬和受劳动保护。认定双方是否构成劳动关系不仅要从形式上审查，更应该从劳动关系的本质进行认定。本案中，张某虽然提交了劳动合同，但结合双方在庭审中的陈述，张某尚处于学习飞行执照期间，并未作为双方约定的飞行员岗位向某航空公司提供劳动。劳动关系具有人身隶属性特征，即劳动者向用人单位提供劳动，用人单位应当根据劳动者提供劳动的情况支付劳动报酬。本案中，张某并未在其主张的劳动关系存续期间领取过劳动报酬，亦无法体现其所称的学习过程与某航空公司的具体业务存在管理与被管理的关系。加之，双方均认可张某从签订劳动合同到提出退学期间除学习外没有从事过该公司安排的工作。《劳动合同法》第十条规定："建立劳动关系，应当订立书面劳动合同。已建立劳动关系，未同时订立书面劳动合同的，应当自用工之日起一个月内订立书面劳动合同。用人单位与劳动者在用工前订立劳动合同的，劳动关系自用工之日起建立。"由此可见，劳动关系的起始点为"用工之日"，并不以双方是否签订书面劳动合同为标志。因此张某与该航空公司之间不存在劳动关系。

劳动关系主体特定，具有人身、财产关系属性和平等从属关系属性。参照劳动关系"三要素"的认定，张某是符合劳动年龄并具有与履行劳动合同义务相适应能力的自然人，某航空公司是符合劳动法所规定条件的用人单位。劳动关系以劳动力所有权与使用权相分离为核心，是劳动者的劳动力与用人单位提供的生产资料相结合的过程，劳动者将劳动力使用权让渡给用人单位，但仍保留劳动力所有权，用人单位提供劳动所需的生产资料、生产工具等内容，并在此过程中对劳动力进行分配和安排。张某与某航空公司签订劳动合同后，一直处于飞行执照学习阶段，未实际从事飞行工作，学习期间由航校对其进行管理，因此在张某未取得飞行执照前不具备按照劳动合同约定的飞行员岗位为某航空公司提供劳动的现实条件，在劳动力让渡与劳动报酬交换过程中，明显与劳动关系的核心内容不符。张某未提供劳动，航空公司未支付过劳动报酬；张某不受航空公司管理和安排，未形成职责上的隶属性，因此亦不符合劳动关系人身关系与财产关系的兼具性、平等关系和隶属关系的交错性的特征。

但是双方签订的《飞行员劳动合同》属于何种性质呢？笔者认为可理解为张

某在取得飞行执照后加入某航空公司为其服务的一个意向约定。考虑到飞行员培养周期长、费用高，处于市场供不应求的状态，其工作危险性大，具有独立的技术档案等特点，航空公司在招贤纳士上势必会提前谋划，所签劳动合同期限较长，本案中双方所签劳动合同期限为 40 年。签订劳动合同，并不代表已经形成劳动关系，但是一旦劳动者符合工作岗位条件入职航空公司，双方权利义务的履行就必然会受到劳动合同的约束。

（北京市顺义区劳动人事争议仲裁院　魏月）

# 73. 企业规章制度及管理行为合法性的认定

## 争议焦点

公司的规章制度及扣除罚款的行为是否合法。

## 基本案情

**申请人：陈某**

**被申请人：某商砼有限公司**

陈某于2019年2月12日入职某商砼有限公司担任实验室主任，工资为15 000元/月。2019年11月23日夜间陈某作为夜间值班领导，在带班期间邀约白班维修人员张某、顾某外出饮酒。返回单位后，张某与夜班维修电工贺某发生口角并动手，导致张某受伤住院，张某住院期间产生7天误工费由公司承担。事件发生后，公司根据公司管理制度《关于夜间值班管理制度》中“夜班期间不得饮酒、不得容留外人到值班室逗留、不得有聚众赌博等不良行为”，及《公司关于限量饮酒的规定》中“凡违反本规定者，如造成公司损失，个人将承担全部损失，并对相关责任人视违规情节严重程度给予2 000~50 000元处罚，直属领导及总经理（部长）负连带责任各给予500~10 000元处罚，同时扣除年终分红考核得分。如未造成公司损失，将对相关责任人视违规情节严重程度给予2 000~50 000元处罚，直属领导负连带责任各给予500~10 000元处罚，同时扣除年终分红考核得分”，对陈某罚款10 000元并从陈某当月工资中予以扣除。陈某对此处罚决定存在争议，对公司提交仲裁委员会的《关于夜间值班管理制度》和《公司关于限量饮酒的规定》等管理制度不认可，在与公司就罚款事宜多次交涉无果后，于2019年11月29日离职，并向公司所在地的劳动争议仲裁委员会提出仲裁申请，请求公司退还从工资中扣罚的不当罚款10 000元。

## 审理结果

由于某商砼有限公司不能提交证据证明相关规章制度经过民主程序确定并进行公示，根据《劳动争议调解仲裁法》第六条“与争议事项有关的证据属于用人单位掌握管理的，用人单位应当提供；用人单位不提供的，应当承担不利后果”，仲裁委员会支持了陈某的请求，裁定公司退还从陈某工资中扣除的10 000元。

## 评析意见

公司规章制度及管理行为是否合法，需要从程序、内容、履行等三个方面进行衡量，三者缺一不可。

**（一）程序要合法**

《劳动法》第四条规定：“用人单位应当依法建立和完善规章制度，保障劳动者享有劳动权利和履行劳动义务。”《劳动合同法》第四条规定：“用人单位在制定、修改或者决定有关劳动报酬、工作时间、休息休假、劳动安全卫生、保险福利、职工培训、劳动纪律以及劳动定额管理等直接涉及劳动者切身利益的规章制度或者重大事项时，应当经职工代表大会或者全体职工讨论，提出方案和意见，与工会或者职工代表平等协商确定。在规章制度和重大事项决定实施过程中，工会或者职工认为不适当的，有权向用人单位提出，通过协商予以修改完善。用人单位应当将直接涉及劳动者切身利益的规章制度和重大事项决定公示，或者告知劳动者。”《最高人民法院关于审理劳动争议案件适用法律若干问题的解释》第十九条规定：“用人单位根据《劳动法》第四条之规定，通过民主程序制定的规章制度，不违反国家法律、行政法规及政策规定，并已向劳动者公示的，可以作为人民法院审理劳动争议案件的依据。”根据上述规定，用人单位规章制度的制定，需要经过民主程序确定和公示程序告知。是否经过民主程序和公示告知，由单位负责举证证明。

**（二）内容要合法**

《最高人民法院关于审理劳动争议案件适用法律若干问题的解释》第十九条规定，用人单位的规章制度内容上不得与国家法律、行政法规及政策等强制性规定相抵触。关于本案中某商砼有限公司规章制度中罚款的规定是否合法，根据《中华人民共和国立法法》和《中华人民共和国行政处罚法》之规定，对财产的处罚只能由法律、法规和规章设定，用人单位在没有法律、法规明确授权的情况下，不能设定罚款权。另1982年国务院颁布的《企业职工奖惩条例》已于2008年1月15日废止，用人单位不能再依据该条例在单位规章制度中设立罚款条款。

**（三）履行要合法**

如果职工的行为给单位造成损失，单位是否可以要求职工进行赔偿？如何赔偿？《劳动法》第一百零二条和《劳动合同法》第九十条规定的劳动者赔偿责任只限于两种：一是劳动者违反劳动合同法规定解除劳动合同的行为；二是劳动者违反劳动合同中约定的保密事项或者竞业限制行为。《工资支付暂行规定》第十六条规定："因劳动者本人原因给用人单位造成经济损失的，用人单位可按照劳动合同的约定要求其赔偿经济损失。经济损失的赔偿，可从劳动者本人的工资中扣除。但每月扣除的部分不得超过劳动者当月工资的20%。若扣除后的剩余工资部分低于当地月最低工资标准，则按最低工资标准支付。"因此，用人单位可以要求职工赔偿因本人原因给单位造成的经济损失，并用从工资中扣除的方式履行，但扣除的金额有明确规定，不得超过劳动者本人当月工资的20%，且扣除后的剩余工资低于当地月最低工资标准的，按最低工资标准支付。

本案中，某商砼有限公司的规章制度在程序上没有经过民主程序确定和公示程序的证据加以证明，程序不合法；内容上设定罚款与法律法规政策的规定相抵触，内容不合法；履行过程中，一次性扣除金额达10 000元，超过了陈某月工资15 000元的20%，也违反了相关规定。因此某商砼有限公司的规章制度及管理行为因违法而无效，仲裁委员会支持了陈某的仲裁请求。

（河北省沧县人力资源和社会保障局　史均臣）

# 74. 劳务派遣制度中用人单位与用工单位连带责任问题探析

## 争议焦点

1. 解除劳动合同是否存在违法情形；

2. 用工单位与劳务派遣公司是否应对失业保险金损失承担连带赔偿责任。

## 基本案情

**申请人：石某**

**被申请人：A 公司、B 公司**

石某于 1998 年 3 月 16 日入职 A 公司，并于 2002 年 4 月 1 日被派遣至 B 公司工作，岗位为转型与产品经理。石某与 A 公司自 2013 年 6 月 1 日起签订了无固定期限劳动合同，2019 年 12 月 25 日 B 公司以石某在“服务期间存在多项严重不当行为，严重违反基本劳动纪律和职业道德”为由将其退回 A 公司，A 公司于当日依据《劳动合同法》第三十九条和第六十五条与石某解除劳动合同。同时，A 公司并没有为石某缴纳失业保险费。石某于 2019 年 12 月向劳动人事争议仲裁委员会提起仲裁请求，认为 B 公司违法将其退回 A 公司，A 公司违法与其解除劳动合同。要求：（1）撤销 A 公司作出的解除劳动合同决定，继续履行劳动合同；（2）恢复与 B 公司的工作关系；（3）A 公司向其支付失业保险金损失，B 公司承担连带责任。

## 审理结果

仲裁委员会裁决：（1）撤销 A 公司作出的解除劳动合同决定，石某与 A 公司恢复劳动关系，继续履行劳动合同；(2) A公司向石某支付失业保险金；(3) 驳回石某其他申请请求。

## 评析意见

针对第一个争议焦点，本案中A公司向石某送达的解除劳动合同通知中明确载明了解除依据为《劳动合同法》第三十九条和第六十五条，用人单位与劳动者解除劳动合同的理由应以向劳动者送达的解除理由为准，因此A公司以石某违反用工单位规章制度为由与其解除劳动合同不符合《劳动合同法》中关于用人单位可以与劳动者解除劳动合同的情形，属于违法解除。

针对第二个争议焦点，存在两种观点。一种观点是认为A公司与B公司应当承担连带责任，依据为《劳动争议调解仲裁法》第二十二条“发生劳动争议的劳动者和用人单位为劳动争议仲裁案件的双方当事人。劳务派遣单位或者用工单位与劳动者发生劳动争议的，劳务派遣单位和用工单位为共同当事人”，因此双方对失业保险金承担连带赔偿责任。另一种观点则认为用工单位只有在劳务派遣中存在过错并因该过错对劳动者造成伤害，才会与劳务派遣单位承担连带赔偿责任，依据为《劳动合同法》第九十二条“用工单位给被派遣劳动者造成损害的，劳务派遣单位与用工单位承担连带赔偿责任”。笔者认同第二种观点，缴纳失业保险费是用人单位应尽的义务，用工单位不存在过错，不应一概与用人单位承担连带责任。

本案中，无论是石某要求继续履行劳动合同、恢复工作关系还是要求A公司与B公司连带承担其失业金损失责任，都涉及一个问题，就是劳务派遣制度中用人单位与用工单位的连带责任问题。

2013年《关于修改〈中华人民共和国劳动合同法〉的决定》第九十二条第二款修改了原本的连带责任，规定只有在用工单位给被派遣劳动者造成损害的情况下，用工单位才和劳务派遣单位承担连带赔偿责任，即存在过错的情况下才承担连带责任。法律关于用工单位与劳务派遣单位连带责任承担的规定尚不全面，司法实践中各地操作也不尽相同。用工单位具体承担的连带责任具体细分如下。

### （一）劳动报酬及各项福利待遇

用工单位违反劳务派遣规定或者未按约定支付劳动者劳务派遣期间工资、加班费、绩效奖金、应休未休年休假等工资报酬及各项福利待遇而给劳动者造成损害的，应承担连带赔偿责任。笔者认为，基于劳动报酬项目的复杂性和难以区分性，从保护劳动者合法权益的原则出发，对于劳动报酬类的连带赔偿责任问题，不应区分劳动报酬的性质和项目，如因用工单位造成劳动者损害的，用工单位均应与用人单位承担连带赔偿责任。

**（二）解除、终止劳动关系经济补偿金、赔偿金类争议**

该类争议需分以下情形探讨。一是劳务派遣单位非因用工单位原因自行与劳动者解除或者终止劳动合同的，用工单位不承担连带赔偿责任。二是用工单位违法将被派遣劳动者退回劳务派遣单位，劳务派遣单位因此解除与被派遣劳动者劳动关系的，因劳务派遣单位是基于用工单位的退回而解除与劳动者的劳动关系，而用工单位的退回行为被认定为违法行为，因此必然导致劳务派遣单位的解除属于违法解除，用工单位应承担连带赔偿责任。三是劳动者依照《劳动合同法》第三十八条的规定行使被迫解除权，与劳务派遣单位解除劳动关系的相关情形，若用工单位存在过错的，如未提供劳动保护或者劳动条件，也应当对劳动者的损失承担连带赔偿责任。而劳动者若因该条第一款第（三）、（五）、（六）项情形被迫解除劳动关系并要求支付经济补偿金的，用工单位通常不需要承担连带赔偿责任，因缴纳社会保险费、签订劳动合同的责任一般在劳务派遣单位。

**（三）社会保险待遇损失**

在劳务派遣用工关系中，与被派遣劳动者签订劳动合同、缴纳社会保险费的义务主体是劳务派遣单位，用工单位无义务也即无责任，因此一般情况下，就社会保险待遇损失用工单位无须与劳务派遣单位承担连带赔偿责任；但用工单位对此存在过错并造成被派遣劳动者损害时，应与劳务派遣单位承担连带赔偿责任。

**（四）其他用工单位无须承担连带责任的情形**

《劳动合同法》第五十八条规定："劳务派遣单位是本法所称用人单位，应当履行用人单位对劳动者的义务。"因此，劳务派遣单位作为用人单位，因未订立书面劳动合同、未依法出具解除终止劳动合同证明以及用工单位并未参与也无过错等其他情形，均由劳务派遣单位独立承担责任。而实践中，关于违反服务期、保密义务、竞业限制类的争议，要视情况而定，若劳务派遣单位作为用人单位直接与劳动者签订关于服务期、保密、竞业限制等协议，用工单位不直接参与，除非用工单位对相关争议存在过错并造成劳动者实际损害，否则用工单位无须与劳务派遣单位承担连带责任。若用工单位直接与劳动者签订上述协议，则用工单位理应与劳务派遣单位承担连带责任。

劳务派遣制度中劳务派遣单位与用工单位的连带责任，法律规定较笼统也不明确，司法实践中存在差异，因此有待进一步完善。

（北京市东城区劳动人事争议仲裁院　董雪）

# 75. 关于赔偿用人单位经济损失问题探讨

## 争议焦点

何种情况下劳动者应当赔偿用人单位经济损失。

## 基本案情

**申请人：某销售公司**

**被申请人：李某**

李某于2019年1月9日与某销售公司签订《劳动合同书》，期限为2019年1月9日至2022年1月8日，岗位为项目经理。试用期内李某提出新的工作内容及考核办法，并就此提出薪金要求。双方经平等、自愿协商，达成共识，于2019年2月14日签订《某项目运营协议》（以下简称《运营协议》），作为《劳动合同书》的补充。依照《运营协议》约定，甲方（某销售公司）负责“提供平台、流动资金等可能资源支持乙方（李某）开展运营工作”，乙方“受甲方委托，以向甲方预借资金的形式为甲方运营项目，并提供专业技能确保完成双方协定的考核指标”。在此基础上双方约定，“如果乙方在2019年12月31日前完成全年考核任务指标，甲方对乙方个人薪资按照税前30万元/年进行一次性补足，并分配项目净利润的20%对乙方进行额外奖励”。双方约定“由于乙方违约，或由乙方单方面原因给甲方造成的损失，乙方须对甲方全部投资款项进行追回，并对给甲方造成的直接经济损失承担补偿责任”。同时，《运营协议》还约定，“如乙方未完成双方协定的季度或年度考核指标，甲方有权对乙方进行降薪或终止合作，同时要求乙方赔偿甲方投入该项目资金总额的50%至100%（包括但不限于人员开支、营销费用、办公场所开支等）”。此外，《运营协议》还约定，“甲方对乙方拥有监督、指导的权利；如乙方作出有损甲方利益的行为，甲方有权立即停止与乙方的合作，并由乙方承担甲方一切相关损失即100%”。2019年3月5日，某销售公司和李某依照上述《运营协议》确认了《2019年度某销售公司电商项目部年度费用预算一览表》，并作为具体的考核指标纳入月度、季度和年度考核中，确认李某要完成全年360万元的销售收入，其中一季度6万元，二季度39万元，三季度85万元，四季度230万元。综上所述，如果李某完成360万元销售收入，并给某销售公司创造11.1万元的净利润，某销售公司应按照约定支付李某税前30万元年薪。同时净利润超过11.1万元的，李某还享有20%的额外奖励。反之，李某应该依照约定，承担50%到100%的损失给某销售公司。根据某销售公司的考核以及李某的书面确认，李某不仅没有完成上述任务指标，而且给某销售公司造成了比较大的经济损失。为此某销售公司2019年6月初提出，终止合作并进行项目清算，但李某不同意，并要求坚持到9月底，如果9月底仍然不能完成，同意届时做终止清算。与此同时，李某提出如果9月底仍然不能完成《运营协议》约定的指标，希望继续留在公司，与公司重新签订劳动合同。截至2019年9月底，李某未能按照约定完成销售收入，并造成194 236.09元的直接经济损失。在办理项目结算时，李某拒不配合办理有关结算和清算手续，且有15 057.02元借款尚未归还，致使项目结算和清算工作无法全部完成。某销售公司提起仲裁申请，要求李某赔偿194 236.09元的直接经济损失，返还15 057.02元的借款。

李某入职后业绩一直不达标，直至2019年10月初某销售公司通知李某交接工作的相关事宜，李某2019年10月29日后再没到岗。某销售公司提交《劳动合同书》和《运营协议》证明项目经理的岗位职责，以及双方约定李某所具有的权利和应承担的义务；提交《2019年1月–9月经营情况统计表》（以下简称经营情况统计表），证明李某的借款金额及应当承担的经济损失。

## 审理结果

仲裁委员会裁决：（1）李某归还15 057.02元的借款；（2）李某无须赔偿经济损失。

## 评析意见

本案的争议焦点是某销售公司提出的经济损失是否应当由李某全额承担？

第一，劳动关系的特点之一在于劳动者并不直接获取用人单位经营利润，而是通过付出劳动的形式领取劳动报酬，劳动者既无须承担企业的经营成本，亦无须承担经营风险，因此，不能将用人单位在经营过程中所有经济上遭受的损失均归责于劳动者，只有确系因劳动者本人原因给用人单位造成经济损失的，用人单位可以按照法律规定或劳动合同约定要求其赔偿经济损失。本案中，某销售公司并未提交证据证明其中产生的利润损失系因李某的过错行为所产生，现某销售公司要求李某承担全部损失，没有法律依据。

第二，双方签订的《运营协议》约定，“如乙方李某未完成双方协定的季度或年度考核指标，甲方有权对乙方李某进行降薪或终止合作，同时要求李某赔偿甲方投入该项目资金总额的50%至100%（包括但不限于人员开支、营销费用、办公场所开支等）”，某销售公司与李某的书面约定中，并未再就如何承担50%至100%投入资金总额的具体情形进行约定，且某销售公司提交的证据中仅显示了利润合计为-194 236.09元，并未提交对李某的处罚决定或其他相关材料，对认定李某应当承担100%责任的原因亦未作合理说明，仅仅凭借李某运营项目利润为负就要求李某承担全部赔偿责任，也不符合双方在《运营协议》的约定。

（北京市延庆区人力资源和社会保障局　肖拓）

# 76. 确认不存在劳动关系是否属于仲裁受案范围

## 争议焦点

申请人要求确认不存在劳动关系的，是否属于劳动仲裁的受案范围。

## 基本案情

**申请人：某食品公司**

**被申请人：张某**

张某于2009年4月1日入职某食品公司，担任生产车间职工，双方签订的劳动合同期限为2009年4月1日至2010年3月31日。后张某于2009年9月1日因个人原因向某食品公司提出离职，某食品公司为张某出具了离职证明。张某于2010年4月1日再次入职该公司，并与公司签订为期二年的劳动合同，合同期限为2010年4月1日至2012年3月31日，该合同期满后，张某没有再与公司续签劳动合同。2020年7月张某查询自己的社会保险缴纳记录时发现某食品公司没有为自己缴纳过社会保险费，遂拿着两份劳动合同去社保稽核部门要求补缴。社保部门与某食品公司核实情况时，公司提出张某曾在2009年9月1日提出离职，双方在2009年9月1日至2010年3月31日期间不存在劳动关系，但由于张某离职时间太久，某食品公司已经找不到张某当时的离职证明等离职材料。张某亦不承认自己曾经提出过离职，坚持认为自己在2009年4月1日至2012年3月31日期间一直与某食品公司存在劳动关系。某食品公司遂将张某诉至劳动人事争议仲裁委员会，要求确认与张某自2009年9月1日至2010年3月31日期间不存在劳动关系。

## 审理结果

仲裁委员会以申请事项不属于仲裁受案范围为由，出具不予受理通知书。

## 评析意见

对于本案的争议焦点，主要有三种不同的观点。第一种观点认为，确认不存在劳动关系的申请请求，不属于劳动人事争议的受案范围。理由是《劳动争议调解仲裁法》第二条中规定的受案范围仅为“因确认劳动关系发生的争议”，并未明确规定用人单位单独提起的确认不存在劳动关系的请求属于劳动争议受案范围［参见广东省江门市中级人民法院（2017）粤 07 民终 1619 号民事裁定书］。且劳动仲裁大多数情况下都是由劳动者一方提起的，通常是在履行劳动关系的过程中产生的争议。而“不存在劳动关系”更多的是作为庭审中用人单位一方的答辩意见，而非一项单独的申请请求。第二种观点认为，确认不存在劳动关系不涉及对于权利、义务的设立与变更问题，而仅仅是对于事实的单纯确认，不符合诉的构成要素。并且诉讼当事人应当具有诉的利益，只有自己的合法权益受到侵犯的主体，才具备起诉的资格，成为诉讼的当事人。在劳动者并未提起仲裁申请或诉讼的情况下，用人单位提起确认不存在劳动关系之诉，不具备诉的利益，因此不符合起诉的条件。第三种观点认为，确认之诉既包括积极确认之诉，亦包括消极确认之诉，具体到确认劳动关系的争议而言，是对于是否存在劳动关系而产生的争议，不仅包括确认存在劳动关系的争议，也应该包括确认不存在劳动关系的争议。消极确认之诉蕴含的诉的利益为：主张权利的一方不主动提起诉讼而是采取其他方式来主张权利，使得双方的权利义务关系处于一种不稳定的状态，导致纠纷另一方即义务人感到不安状态存在，并且这种不安状态无法通过非诉讼方式消除，只能通过确认之诉终结这种法律上的不安定性［参见江苏省南通市中级人民法院（2018）苏 06 民终 4285 号民事裁定书］。

笔者更倾向于第三种观点，即确认不存在劳动关系的争议也应属于劳动仲裁的受案范围。参照民事诉讼中的概念，诉是民事争议发生时一方当事人向人民法院提出的关于解决争议的请求。[①] 简而言之，诉就是当事人向法院提出的请求，诉是抽象的请求，而诉讼请求是对诉的具体化，是具体的权利义务要求。按照诉讼请求的不同，诉可以分为三类，分别是确认之诉、给付之诉和变更之诉。其中确认之诉是指当事人要求法院认定某种法律关系存在或者不存在的诉讼。从字面概念上看，确认法律关系存在、确认法律关系不存在均属于确认之诉的范畴，前者被称为积极的确认之诉，后者被称为消极的确认之诉。确认之诉的目的不是改变某种法律关系，也不涉及当事人对于权利义务的履行，而仅仅是对于争议期间的法律关系的状态进行确认。此外，在审理确认劳动关系之诉的过程中，也是围绕劳动关系存在还是不存在进行的。因此，从概念上看本案中某食品公司要求确认与张某不存在劳动关系应属于消极的确认之诉。

参照民事诉讼理论，构成一个完整的诉的三要素包括诉的主体、诉的标的以及诉的理由。诉的主体是指诉讼当事人，在劳动仲裁中是指提起仲裁申请的一方与被申请的一方。诉的标的是指发生争议并要求法院作出裁判的民事法律关系，劳动仲裁争议通常都是基于劳动关系而产生的或者围绕是否存在劳动关系而引发的争议。诉的理由是当事人起诉的事实和法律依据。事实依据一般包括两类：一类是引起民事法律关系发生、变更或消灭的事实，一类是权利受到侵害或法律关系发生争议的事实。上述第二种观点即认为确认不存在劳动关系之诉缺乏诉的理由，不构成一个完整的诉，正所谓“无利益即无诉讼”。在劳动者没有提起仲裁申请的情况下，用人单位提起确认不存在劳动关系之诉看似没有诉的理由，不符合诉讼利益，但劳动关系的存在与否往往不是单纯涉及劳动争议范畴的问题，而是通常与缴纳社会保险费、住房公积金以及工伤认定等具有密切联系，并且是其前提和基础。就本案而言，如果某食品公司无法证明与张某 2009 年 9 月 1 日至 2010 年 3 月 31 日期间不存在劳动关系，则张某可凭借两份劳动合同到社保稽核部门要求某食品公司补缴 2009 年 4 月 1 日至 2012 年 3 月 31 日期间的社会保险费。按照《社会保险法》的相关规定，社会保险费征收机构不仅可以要求某食品公司将未缴纳的社会保险费限期补缴上，还有权加收滞纳金，甚至有关行政部门还有权对某食品公司的违法行为进行处罚。因此，双方在 2009 年 9 月 1 日至 2010 年 3 月 31 日期间是否存在劳动关系影响到某食品公司的责任承担等实体权

① 宋朝武. 民事诉讼法学：第二版［M］. 福建：厦门大学出版社，2008.

益问题，该公司对此具有利害关系，符合诉的利益的要求。

在案件审理中，证明“存在”和证明“不存在”的标准和要求是不一样的，相比之下消极的事实通常难以通过显性的方式来进行证明。本案中，对于提起消极的确认之诉的公司一方，很难要求其提供证据来证明劳动关系不存在的事实。但是如果不对消极确认之诉加以限制，容易造成滥诉的情况发生，不仅会增加当事人的诉累，也造成了司法资源的浪费，扰乱正常的司法秩序。因此，笔者认为消极的确认之诉虽然应属于仲裁的受案范围，但也应当对于消极的确认之诉作出一定的限制，避免滥诉的情况发生。第一，提起消极确认之诉的一方与其提起的申请事项应具有现实的利害关系。消极确认之诉是对双方权利义务关系或者事实状态的否认，如确认不存在劳动关系，看似是争议双方并无关系，但会因此影响申请人后续义务的承担。本案中，某食品公司提起消极确认之诉的起因便是涉及其公司可能要承担为张某补缴社会保险的义务。第二，提起消极确认之诉的一方只能以仲裁、诉讼的方式来维护自身权益，没有其他救济途径，且争议事项的解决具有紧迫性。一般情况下，仲裁或者诉讼是权利人最后的救济途径，是在没有其他救济方式的情况下不得已的选择。本案中，如果某食品公司能够出具张某当时的离职手续，或者张某认可曾经有一段时间离职，则双方之间不存在争议，某食品公司亦无须来提起此次的消极确认之诉。综上所述，笔者认为消极的确认之诉应属于仲裁的受案范围，但是由于此类案件对于提起仲裁申请一方的举证能力无法进行太多要求，应对于此类申请作出一定的限制，避免滥诉的情况发生。

（北京市顺义区劳动人事争议仲裁院　柳赛）

# 77. 员工违反户口协议中服务期约定提前离职，用人单位要求赔偿损失的认定

## 争议焦点

1.《劳动合同续订书》中关于服务期及违约金约定的效力；

2. 劳动者违反约定提前离职，如何认定公司的损失，以及劳动者是否应当承担赔偿责任。

## 基本案情

**申请人：北京某出版公司**

**被申请人：陈某**

陈某为应届毕业生，经北京某出版公司（以下简称公司）招聘程序，于2017年5月1日入职该公司，担任图书编辑岗位，劳动合同期限为2017年5月1日至2018年4月30日。2017年8月21日，陈某向公司提交了书面的北京市落户申请，自述求学及入职几个月内的工作学习情况，对未来工作作出规划并申请落户。公司经多次考核、讨论，最终决定为陈某办理落户手续。双方在2017年12月13日签署了劳动合同期限为5年（2018年5月1日至2022年4月30日）的《劳动合同续订书》，约定“甲方（公司）承诺为乙方（陈某）办理北京户籍，乙方承诺在本单位的服务期为5年。乙方在约定的服务期内因任何个人原因离职，即视为违约，乙方需承担违约责任，并向甲方交纳违约金。违约金按照不满服务期的年限计算，每年乙方需向甲方交纳违约金6万元，6个月以上不满1年的按1年计算，6个月以下不足半年按照半年计算”。

公司在签订协议之后安排工作人员为陈某办理了北京市落户手续。2018年9

月21日，陈某与北京某人才服务中心签订了《集体户口管理协议》，并出具书面证明，证明陈某的人事档案自2018年4月起至今存在该人才服务中心；同时，教育部也出具书面证明，证明2018年3月陈某在该处办理了就业落户北京手续，接收单位为北京某出版公司。

2018年11月9日，陈某向公司提交离职报告，载明“由于个人原因，无法为单位继续服务”，故提出离职申请，并在同日填写了离职审批单，明确写明因“个人原因”提出离职。公司于2018年12月6日审批“在服务期内因个人原因辞职，违背当初承诺，不同意”，并同时向陈某送达书面《关于不同意陈某在服务期内提出辞职申请的答复》，再次明确告知陈某不同意其离职申请，要求履行5年服务期；如坚持离职，可“承诺放弃北京户籍将户口迁回原籍，并配合办理完成相应手续”。双方均认可陈某最后工作至2018年12月3日，之后未在出勤，也未办理后续离职手续。

公司认为陈某的行为严重违反合同约定，有违诚实信用原则，且由于为陈某办理北京市落户手续，在人才服务中心增加存档名额给公司造成了巨大的经济损失及严重的不良影响，为此提起劳动仲裁及诉讼，要求陈某赔偿其经济损失共计27万元。

## 审理结果

在本案的仲裁阶段，北京市东城区劳动人事争议仲裁委员会经审理认为，根据《劳动合同法》第二十二条、第二十三条、第二十五条的约定，除专项培训或竞业限制的情况外，用人单位不得与劳动者约定由劳动者承担违约金。据此，仲裁委员会认为公司与陈某约定的办理北京户口产生的违约金条款违反法律强制性规定，应属于无效条款，公司据此要求承担违约金无依据；同时认为公司主张为陈某办理了北京市户口，导致其集体户口存档费用增加及产生人力成本，属于用人单位应付出的用工成本，要求陈某承担于法无据，不应得到支持。最终裁决驳回了公司的仲裁请求。

公司向北京市东城区人民法院提起诉讼，要求支持其仲裁请求。法院经审理认为：第一，依法订立的劳动合同具有约束力，用人单位与劳动者应当履行劳动合同约定的义务。用人单位为劳动者提供专项培训费用，对其进行专业技术培训的，可以与该劳动者订立协议约定服务期。该条法律规定授予用人单位可以自行选择是否通过对劳动者进行专业技术培训的方式约定服务期的权利。在用人单位为劳动者提供足以与专业技术培训相对等的特殊待遇时，如用人单位通过提供住房、汽车、现金补贴、落户等特殊待遇的方式与劳动者约定服务期的，应当参考适用《劳动合同法》第二十二条之规定，以避免造成用人单位和劳动者之间的劳动关系不稳定，以及因相关约定无效导致劳动者需要承担全额返还特殊待遇的后果。第二，北京市户口属于稀缺资源，本案中公司根据相关政策为陈某解决了北京市户口的行为属于用人单位为劳动者提供特殊待遇的范畴，陈某亦同意接受；双方基于此订立的协议，双方均应诚信守约。陈某明知协议内容且北京市落户手续办理完毕的情形下，仍提前提出离职，已经违背了诚实信用原则，理应向公司支付因此给公司造成的经济损失。但公司提供的证据虽然可以证明人力成本支出与为陈某等人员办理落户手续相关，但不足以证明系因陈某一人原因造成，判决：陈某赔偿公司经济损失10万元。

一审判决后，陈某不服一审判决，向北京市第二中级人民法院提起上诉，要求撤销一审判决，依法予以改判。在本案的二审阶段，二审法院认为陈某所享有的进京落户指标属于稀缺资源，为陈某办理进京落户手续并非公司的法定义务，属于用人单位为劳动者提供特殊待遇的范畴，双方据此签订的协议中关于服务期为5年以及陈某提前离职所需承担责任的约定应当参照《劳动合同法》第二十二条之规定。陈某既可以选择工作至5年期限届满，也可以选择将户口迁回原籍，亦可以选择提前离职并向公司支付相应损失。现陈某明知双方存在5年服务期之约定的情况下，仍然选择提前离职，且从未表达将户口迁回原籍的意思表示，表明其基于谋求更高待遇等想法自愿选择了最后一种方式，有违公平原则和诚实信用原则，亦对公司造成较大的损失，故陈某理应向公司支付相应的经济损失。判决：驳回上诉，维持原判。

## 评析意见

### （一）关于服务期及违约金约定的效力

我国《劳动合同法》第二十二条规定，用人单位为劳动者提供专项培训费用，对其进行专业技术培训的，可以与该劳动者订立协议，约定服务期。劳动者违反服务期约定的，应当按照约定向用人单位支付违约金。违约金的数额不得超过用人单位提供的培训费用。用人单位要求劳动者支付的违约金不得超过服务期尚未履行部分所应分摊的培训费用。同时第二十五条规定，除《劳动合同法》第二十二条和第二十三条规定①的情形外，用人单位不得与劳动者约定由劳动者承担违约金。

但上述规定中，第二十二条第一款为授权性的规定，并未禁止用人单位就其他事项约定服务期，用人单位为劳动者提供足以与专业技术培训相对等的特殊待遇时，如用人单位向劳动者提供住房、汽车、现金补贴、落户等特殊待遇时，用人单位与劳动者仍可以选择约定服务期，以避免造成用人单位和劳动者之间的劳动关系不稳定，以及因相关约定无效导致劳动者需要承担全额返还特殊待遇的后果，据此签订的对于服务期的约定并不违反法律强制性规定，应为有效；但由于第二十五条对于违约金的限制性规定，基于特殊待遇而约定的违约金的内容则可被认定为无效条款。

**（二）关于损失赔偿问题**

户口与人才流动、个人发展、待遇指标等密切相关，北京等城市的户口对求职者有着极大的吸引力，因此成了用人单位吸引求职者、留住求职者的重要条件，属于稀缺资源，劳动者违反约定，则有可能给用人单位造成经济损失。

如前所述，上述服务期的约定是基于用人单位提供了“北京市户口”这一特殊待遇而达成的，用人单位按照约定已经为劳动者提供了相应待遇且该待遇并非法定义务，劳动者也有义务按照约定履行服务期的义务，现劳动者在服务期未满之前以个人原因提出离职无疑破坏了上述利益平衡，理应赔偿用人单位因此遭受的损失。对于损失的认定，则需要用人单位基于实际情况提供相应的证据，承担举证责任，除了证明损失的金额或具体组成，还需要证明损失与劳动者的因果关系，否则也难以获得全部支持。

（北京市继来律师事务所律师　于倩雯）

---

① 《劳动合同法》第二十三条：用人单位与劳动者可以在劳动合同中约定保守用人单位的商业秘密和与知识产权相关的保密事项。对负有保密义务的劳动者，用人单位可以在劳动合同或者保密协议中与劳动者约定竞业限制条款，并约定在解除或者终止劳动合同后，在竞业限制期限内按月给予劳动者经济补偿。劳动者违反竞业限制约定的，应当按照约定向用人单位支付违约金。

# 78. 用人单位与用工单位承担连带责任的范围及标准认定

## 争议焦点

用人单位与用工单位承担连带责任的范围及标准认定。

## 基本案情

**申请人：胡某**

**被申请人：甲劳务派遣公司**

甲劳务派遣公司自2002年1月起为胡某缴纳社会保险。2014年5月1日胡某与甲劳务派遣公司签订期限为2014年5月1日至2018年4月30日的劳动合同，约定甲劳务派遣公司将胡某派遣至乙通信公司工作，岗位为线务员。胡某在与甲劳务派遣公司存在劳动关系期间，于2007年7月23日、2010年12月2日发生工伤，工伤保险基金已将两次工伤的一次性伤残补助金共计27 784元支付至甲劳务派遣公司账户，甲劳务派遣公司同意将该款支付给胡某。

2018年7月3日，胡某向大兴区劳动人事争议仲裁委员会申请仲裁，要求：(1) 确认胡某与甲劳务派遣公司自2001年11月1日至2018年6月26日期间存在劳动关系；(2) 甲劳务派遣公司支付违法解除劳动合同赔偿金153 000元；(3) 甲劳务派遣公司支付2015年6月26日至2018年6月26日期间延时加班工资38 793.1元、周六日加班工资82 758.62元、法定节假日加班工资13 655.17元；(4) 甲劳务派遣公司支付2001年11月1日至2018年6月26日期间未休年假工资70 344.83元；(5) 甲劳务派遣公司支付2001年11月1日至2018年6月26日期间高温津贴2 160元；(6) 甲劳务派遣公司支付一次性伤残补助金

63 000元；（7）甲劳务派遣公司支付一次性工伤医疗补助金50 802元；（8）甲劳务派遣公司支付一次性伤残就业补助金50 802元。仲裁委员会作出裁决书，裁决：（1）甲劳务派遣公司与胡某2002年1月1日至2018年6月26日期间存在劳动关系；（2）甲劳务派遣公司支付胡某一次性伤残补助金29 589元；（3）甲劳务派遣公司支付胡某2016年度至2017年度未休年假工资7 558.9元；（4）甲劳务派遣公司支付胡某2017年8月和2018年6月1日至2018年6月26日期间的高温津贴336元；（5）驳回胡某其他的仲裁请求。甲劳务派遣公司与胡某均不同意该裁决，诉至法院。

乙通信公司主张胡某实际在其公司上班至2017年7月30日，之后工作地点、岗位没有变更，但实际用工单位变更为丙通信公司，因丙通信公司未与甲劳务派遣公司签订协议，故由丙通信公司将胡某的工资等费用支付给乙通信公司，乙通信公司再将该费用支付给甲劳务派遣公司，由甲劳务派遣公司向胡某支付工资。甲劳务派遣公司对此不予认可，主张乙通信公司为用工单位。胡某对乙通信公司的陈述不予认可。

胡某主张2018年6月26日管理班长段某将其工作工具收回，甲劳务派遣公司违法与其解除劳动关系。甲劳务派遣公司对此不予认可，主张其公司与胡某之间的劳动关系未解除。乙通信公司主张段某为甲劳务派遣公司派遣至其公司的人员，与乙通信公司不存在劳动关系。

甲劳务派遣公司提交胡某2017年7月至2018年6月的工资表，证明胡某工资支付情况。胡某认可工资表记载的实发工资数额，对工资构成不予认可，主张甲劳务派遣公司未支付高温津贴。乙通信公司对该工资表没有异议。该工资表显示，甲劳务派遣公司已支付胡某2017年6月、7月防暑降温费各180元。

乙通信公司提交缺勤情况统计表，证明胡某已休年休假。甲劳务派遣公司对该证据真实性认可。胡某对该证据的真实性不予认可，称其未休年假。缺勤情况统计表未经胡某签字确认。

乙通信公司提交胡某2017年8月至2018年6月的工资表、银行电子回单，证明2017年8月1日之后胡某的实际用工单位是丙通信公司。胡某对上述证据的真实性及证明目的均不予认可。甲劳务派遣公司对该证据亦不予认可，认为上述证据均不能体现用工单位为丙通信公司。乙通信公司提交2018年7月9日曾某与刘某的通话录音，证明胡某的工伤与乙通信公司无关，2017年8月1日之后胡某的实际用工单位是丙通信公司。甲劳务派遣公司认可通话录音的真实性，认可刘某为其公司工作人员，对证明目的不予认可。胡某对通话录音不予认可。乙通信公司提交的工资表中没有防暑降温费项目。

## 审理结果

北京市大兴区人民法院作出一审判决：（1）胡某与甲劳务派遣公司自2002年1月1日至2018年6月26日期间存在劳动关系；（2）甲劳务派遣公司于判决生效之日起十日内支付胡某2016年1月1日至2018年6月26日期间未休年休假工资9 413.94元；（3）甲劳务派遣公司于判决生效之日起十日内支付胡某2016年7月3日至2018年6月26日期间高温津贴1 080元；（4）甲劳务派遣公司于判决生效之日起十日内支付胡某一次性伤残补助金27 784元；（5）驳回甲劳务派遣公司的其他诉讼请求；（6）驳回胡某的其他诉讼请求。

北京市第二中级人民法院作出二审判决：（1）维持北京市大兴区人民法院一审民事判决第一项、第四项；（2）撤销北京市大兴区人民法院一审民事判决第五项、第六项；（3）变更北京市大兴区人民法院一审民事判决第二项为：甲劳务派遣公司于本判决生效之日起十日内支付胡某2016年1月1日至2018年6月26日期间未休年休假工资9 413.94元，乙通信公司承担连带责任；（4）变更北京市大兴区人民法院一审民事判决第三项为：甲劳务派遣公司于本判决生效之日起十日内支付胡某2016年7月3日至2018年6月26日期间高温津贴1 080元，乙通信公司承担连带责任；（5）驳回甲劳务派遣公司的其他诉讼请求；（6）驳回胡某的其他诉讼请求。如果未按本判决指定的期间履行给付金钱义务，应当依照《民事诉讼法》第二百五十三条之规定，加倍支付迟延履行期间的债务利息。

## 评析意见

用人单位与用工单位之间承担连带责任的范围及标准如何确定？如何确定哪些事项属于用工单位给被派遣劳动者造成的“损害”？《劳动合同法》第九十二条规定：“用工单位给被派遣劳动者造成损害的，劳务派遣单位与用工单位承担连带赔偿责任。”该条规定中用工单位承担连带责任的前提是用工单位给被派遣劳动者造成损害。

部分观点认为，确定哪些事项属于用工单位给被派遣劳动者造成的“损害”，应以用工单位对损害的产生存在过错或者负有法定义务为判断条件。用工单位在签订书面劳动合同、缴纳社会保险、出具离职证明、办理档案和社会保险转移手续等与其非直接相关的事项上，并不负有法定义务或者存在过错，因而此类事项不属于用工单位给被派遣劳动者造成的“损害”，对此无须承担连带责任。然而，相对于传统劳动关系而言，劳务派遣法律关系是三方主体之间的多重法律关系，最重要特征是将“雇用”和“使用”分离，用人单位作为劳动者的雇主，虽然没有实际用工，但承担当然的雇主责任。而用工单位作为劳动者的使用方和受益方，对劳动者进行管理，负担工资、福利等费用。用人单位与用工单位共同对劳动者承担劳动法上的义务，用工单位违反无论是法定的还是约定的义务，给劳动者造成损害的，对劳动者承担相应连带责任。

用工单位承担的具体责任分为两种。一是法定的用工责任，用工单位执行国家劳动标准、提供相应的劳动条件和劳动保护，因此对加班费、未休年休假工资等承担义务。二是约定的用工责任，用工单位未按照派遣协议约定及时支付派遣费用的，对劳动者的工资以及社保赔偿等承担连带责任。本案中，未休年休假工资及高温津贴为与工作岗位相关的福利待遇，用工单位作为劳动的受益方，有义务通过劳务派遣公司支付劳动者未休年休假工资及高温津贴，应当与用人单位承担连带责任。

（北京市第二中级人民法院　郝晓飞）

# 79. 人事争议的几点问题

## 争议焦点

1. 本案是劳动争议还是人事争议；
2. 是否支付违约金、赔偿金及双倍学习资料费。

## 基本案情

**申请人：禹某**
**被申请人：承德某医院**

2014 年 4 月 19 日，承德某医院与禹某签订聘用协议，约定：禹某到承德某医院工作，岗位为眼科临床医师，服务期限自 2014 年 4 月 4 日至 2029 年 4 月 18 日计 15 年，按研究生待遇核发应得报酬；三年内承德某医院向禹某每月支付 500 元学习资料费；禹某在承德某医院工作必须满 15 年以上，有接受甲方支付劳动报酬和劳动福利待遇的权利；在约定的服务期限内，如禹某违反本协议约定，未征得承德某医院的同意脱离工作岗位，除向承德某医院交纳两倍学习资料费等相关费用外，并应赔偿禹某脱离工作岗位而给甲方造成的经济损失，经济损失按照 600 元/日计算（期限限于未履行的服务期限）；自签订聘用协议之日起，如禹某提出解除协议，要向承德某医院缴纳违约金两万元。协议签订后，禹某到承德某医院口腔科工作，承德某医院向禹某支付了三年学习资料费，合计 17 500 元。2016 年 7 月，禹某被正式聘用为承德某医院的事业编制人员。2019 年 8 月 2 日，禹某向承德某医院人事科发出离职通知，承德某医院未予批准。2019 年 9 月 2 日禹某离开工作岗位。禹某以承德某医院为被申请人向承德市劳动人事争议调解仲裁委员会申请劳动仲裁，要求与承德某医院解除聘用合同。承德某医院又提起反申请，要求禹某支付学习资料费、赔偿金、违约金等。

## 审理结果

承德市劳动人事争议仲裁委员会作出裁决，确认承德某医院与禹某的人事关系于2019年9月2日终止，驳回承德某医院的仲裁请求。

承德某医院向承德市双桥区人民法院提起诉讼，一审法院判决：（1）原告承德某医院与被告禹某的人事关系于2019年9月2日解除；（2）被告禹某于本判决生效之日起十日内一次性给付原告承德某医院学习资料费17 500元、赔偿金140 000元，合计157 500元；（3）驳回原告承德某医院的其他诉讼请求。如果被告未按本判决指定期间履行给付金钱义务，应当依照《民事诉讼法》第二百五十三条之规定，加倍支付迟延履行期间的债务利息。原告预交案件受理费5 677元，由被告负担10元，其余5 667元退回原告。

承德某医院和禹某均不服判决，向承德市中级人民法院提起上诉。二审判决：（1）维持一审事判决第一、三项；（2）变更一审判决第二项为：禹某于本判决生效之日起30日内返还承德某医院学习资料费17 500元，赔偿承德某医院经济损失210 120元，支付承德某医院违约金20 000元。上述款项合计247 620元。

## 评析意见

由于地区发展的不平衡及各地医院人事政策差异等原因，承德地区医院人才流失日渐严重。而医生从公立医院离职而引起的纠纷是否归为人事争议是影响法律判决的关键因素。本案中，承德某医院是一所综合性三级甲等医院，是一个公共机构；禹某入职承德某医院从事的是执业医师工作，为事业单位编制人员，其本身并不是完全的市场化的劳动者，具有公共服务的性质，所以双方争议应属于人事争议。

违约金是指按照当事人的约定或者法律直接规定，一方当事人违约的，应当向另一方支付的金钱。参照《河北省事业单位聘用制管理暂行办法》第四十五条规定："聘用合同一经合同鉴证机关鉴证即具法律效力。当事人任何一方违反合同规定，都要承担违约责任。违约要付给对方违约金，违约金的数额由双方当事人自行约定。"本案中，承德某医院与禹某签订聘用协议时约定了禹某的服务期限为 15 年，并约定因禹某违约给承德某医院造成损失数额的计算方法，不违反法律、行政法规的规定，双方均应按照协议的约定履行义务，并承担相应的违约责任。因禹某入职承德某医院从事的是执业医师工作，与其他行业的从业人员在经验积累和后期培训学习方面存在极大差异，需要不断地学习进修，才能进一步成为合格的从业人员。因此医生与医院互相依托，在医院的行业惯例中，均是医院与执业医生签订较长时间服务年限的聘用合同，医生在医院诊治病人，积累经验，医院提供学习培训平台和严格的病人治疗环境，同时向医师支付劳动报酬和相应的待遇。因此医生未按照服务期限的约定提供劳动，会对医院造成直接经济损失。禹某与承德某医院约定的服务期限是 15 年，禹某工作 5 年后便于 2019 年 9 月 2 日向承德某医院提出离职请求，要求解除双方所签订的聘用协议，违反了协议中服务期限的约定，应返还承德某医院向其支付的学习资料费，赔偿承德某医院因其未完成服务期限而造成的经济损失，并支付违约金。承德某医院与禹某在聘用协议中约定了违约方赔偿守约方的经济损失按未履行的服务期限 600 元/日计算，明显过高，应当予以调整。本案中，承德某医院提起诉讼主张的经济损失为 700 400 元，法院兼顾聘用协议的实际履行情况、当事人的过错程度以及预期可得利益等综合因素，根据公平原则和诚实信用原则确定禹某赔偿承德某医院经济损失为 210 120 元，更客观、公平。因为承德某医院实际向禹某支付了学习资料费 17 500 元，而二审中已经确定了禹某应当承担的违约赔偿责任，所以承德某医院要求禹某双倍返还学习资料费的上诉主张就不予支持。

本案中，有以下几点问题值得探讨。

**（一）聘任合同能否作为判断人事争议的标志**

随着经济发展，事业单位普遍开始推行聘任与聘用制，很多人事争议案件中双方当事人对争议是否适属于人事争议范畴存在争议。例如，本案中当事人主张聘用合同与劳动合同没有区别，都属于私法合同，应等同于劳动合同，双方应是劳动争议而不是人事争议。但是笔者认为聘用合同虽属于劳动合同但医院并不完全像市场化的企业，医生也不是完全市场化的劳动者，双方还具有公共服务的性质。双方是否构成人事争议应主要看双方之间的关系是否具有公法性。事业单位作为一个公共机构，是政府服务职能的延伸，它与公职人员的关系具有公法关系的基本特征。事业单位与其工作人员的关系应属于人事关系，双方争议应属于人事争议。

**（二）违约金存在的合理性**

随着事业单位改制和跳槽的频繁出现，聘用合同的遵守受到了很大的冲击。无论什么地方、什么等级的医院对医疗人才的渴求都是重中之重，医院为培养出更高水平的医生所承担的责任和投入也是极大的，而且损失难以衡量。如果禁止了违约金，那么会极大地打击医院培养医疗人才的积极性，这样既不利于医院的发展和维护当地百姓的民生，也不利于医生的成长。因此违约金的存在是合理合法的。

**（三）赔偿金及违约金的支付**

在涉及违约责任的人事争议案件中，单位与事业单位工作人员签订的聘用合同是双方当事人在平等自愿基础上协商一致签订的，系双方的真实意思表示，其内容不违反法律和行政法规的强制性规定，应属有效合同，对双方当事人均有约束力，双方应按约定履行，未履行服务期约定的，构成违约，应依法承担违约责任。赔偿金是指违约方承担的由违约方向对方支付的与实际损失相一致的、一定数量金钱的违约责任承担形式。劳动者的提前离职行为一般会给用人单位带来一定经济损失，这种赔偿责任着眼于实际损失，而违约金由当事人在违约行为未发生时约定的，其数额原则上与实际损失不存在直接联系，所以对于违约金与赔偿金并存的情况，笔者认为赔偿金与违约金可以合并适用。

（河北省承德市中级人民法院　冉雪芳　张浩）

# 80. 关于加班费问题在人事争议案件中法律依据的探究

## 争议焦点

事业单位编制内工作人员主张加班工资应否支持。

## 基本案情

**原告：李某某**

**被告：某长城管理局**

某长城管理局系由天津市蓟州区人民政府举办的事业单位法人，其于1995年7月成立时单位名称为某长城风景游览区管理委员会，于2002年1月更名为某长城风景游览区管理局，后于2013年3月更名为某长城管理局。1999年11月15日，李某某自部队转业经天津市蓟县复员退伍军人安置办公室分配至蓟县旅游局工作。2001年3月19日，李某某经蓟县旅游局调配至某长城管理局工勤岗位工作至今，属于天津市事业单位编制内工作人员，高级技术工人。2018年7月31日，某长城管理局（甲方）与李某某（乙方）签订天津市事业单位聘用合同书，约定甲方聘用乙方在工勤岗位工作，岗位类别为高级工，技术等级三级，合同期限自2018年8月1日起至法定退休年龄止，合同第五条第二款关于工资的标准、具体支付办法及有关内容约定按照天津市事业单位工资福利待遇执行；合同第十一条第一款约定，按照《事业单位人事管理条例》《事业单位工作人员处分暂行规定》执行。

2019年7月22日，李某某向天津市蓟州区劳动人事争议仲裁委员会申请劳动人事仲裁，要求某长城管理局支付：（1）加班费547 283.70元；（2）16个月工资13 000元。仲裁委员会认为，某长城管理局为事业单位，李某某是与之建立人事关系的工作人员。李某某要求某长城管理局支付劳动报酬，不属于《劳动人事争议仲裁办案规则》第二条第三款“事业单位与其建立人事关系的工作人员因终止人事关系及履行聘用合同发生的争议”规定的受理范围，故于2019年8月28日作出裁决书，裁决：申请人的请求本委不予支持。后李某某诉至法院，主张：（1）判令某长城管理局立即给付劳动报酬共计560 283.70元，其中包括1999年12月至2001年4月共16个月工资13 000元及2001年1月1日至2019年12月31日共18年休息日和法定节假日加班费547 283.70元；（2）由某长城管理局承担案件受理费。

## 审理结果

一审判决：驳回李某某的全部诉讼请求。宣判后，李某某向天津市第一中级人民法院提起上诉，主张：（1）撤销一审法院判决，改判支持上诉人的诉讼请求或发回重审；（2）被上诉人承担案件受理费。天津市第一中级人民法院于2020年9月作出二审判决：驳回上诉，维持原判。

## 评析意见

事业单位与其工作人员之间因辞职、辞退及履行聘用合同所发生的争议为人事争议。本案中，双方系因履行事业单位聘用合同所产生的争议，故本案应为人事争议纠纷。庭审中，当事人对双方建立人事关系、签订事业单位聘用合同以及李某某工作的起始时间均无异议，法院予以确认。结合当事人诉辩意见，总结归纳本案的争议焦点为：（1）李某某自复员退伍至2001年3月19日到某长城管理局工作之前的工资是否应由某长城管理局支付；（2）李某某主张加班工资应否支持。

关于第一个争议焦点。庭审中，李某某承认其于2001年3月19日开始调配至某长城管理局工作，此后其工资正常发放，据此，双方建立人事关系的起始时间为2001年3月19日。李某某主张某长城管理局支付其自部队复员至2001年3月19日期间的工资，因该期间双方未形成人事关系，且其主张并非因履行聘用合同所发生的争议，故对李某某此主张法院不予支持。

关于第二个争议焦点。由于本案为人事争议纠纷，对事业单位人事争议案件的处理应当适用人事方面的法律法规。本案中，双方当事人所签订的《天津市事业单位聘用合同书》第五条第二款明确约定，工资的标准、具体支付办法及有关内容按照天津市事业单位工资福利待遇执行。根据该合同第十一条的约定，双方应按照《事业单位人事管理条例》执行。而《事业单位人事管理条例》第三十二条第二款规定："事业单位工作人员工资包括基本工资、绩效工资和津贴补贴。"据此，李某某作为事业单位工作人员，其工资构成应严格按照《事业单位人事管理条例》执行，在关于对加班工资既无聘用合同明确约定，又无法律法规具体规定的情况下，李某某主张某长城管理局支付其休息日及法定节假日加班工资，依据不足，故法院不予支持。

我国出台的规范性法律条款，将部分事业单位的人事争议纳入司法救济渠道，有利于保护事业单位与其工作人员双方的合法权益。但是具体到本案所涉及的在人事争议纠纷案件中关于加班费的问题法律如何适用？这正是本案症结所在。为此，笔者分析探究如下：

首先，关于人事争议纠纷案件程序处理的法律适用问题。《最高人民法院〈关于人民法院审理事业单位人事争议案件若干问题〉的规定》（法释〔2003〕13号）第一条规定："事业单位与其工作人员之间因辞职、辞退及履行聘用合同所发生的争议，适用《中华人民共和国劳动法》的规定处理。"本案中，李某某与某长城管理局签订有《天津市事业单位聘用合同书》，而双方当事人所争议的加班费问题属于履行聘用合同所发生的争议。根据《最高人民法院〈关于事业单位人事争议案件适用法律等问题〉的答复》（法函〔2004〕30号）第一条答复明确指出"适用《中华人民共和国劳动法》的规定处理"是指人民法院审理事业单位人事争议案件的程序应适用《劳动法》的相关规定。据此，能够确定人事争议纠纷应首先经过仲裁前置程序。

其次，关于人事争议纠纷案件实体处理的法律适用问题。法函〔2004〕30号文完善了法释〔2003〕13号文的内容，确立了人民法院在处理人事争议时优先适用人事方面的法律规定的原则。由于事业单位及其人员的复杂性，涉及事业单位及其工作人员的法律法规是比较复杂的，这些法律政策与劳动法的相关内容比较，可能存在差异。这种差异是国家基于事业单位的特殊性而作的特别规定。因此，人民法院在审理事业单位人事争议时应当优先适用国家有关人事法律法规。本案中，双方当事人之间属于典型的人事关系，故应当优先适用人事方面的法律法规。

最后，关于加班工资问题在人事争议纠纷案件中的法律适用问题。本案中，某长城管理局为事业单位，李某某为事业单位在编人员，根据双方签订的《天津市事业单位聘用合同书》约定的内容，再结合李某某诉讼请求分析，本案中所争议的加班工资实质上属于事业编制人员工资构成问题。依据《关于贯彻执行〈中华人民共和国劳动法〉若干问题的意见》的相关规定，关于加班费的主张不适用《劳动法》的相关规定。而《事业单位人事管理条例》第三十二条第二款规定："事业单位工作人员工资包括基本工资、绩效工资和津贴补贴。"据此，能够确定事业编制人员工资构成中并不包括加班工资。李某某作为事业单位工作人员，其工资构成应严格按照《事业单位人事管理条例》执行，李某某关于给付加班费的主张因没有法律规定及合同约定，故其主张不予支持。

综上，由于涉及事业单位的法律规范尚不完善，而实践中人事争议纠纷案件不断出现，且呈现出类型多样化的趋势，亟须在法律适用及执法标准上统一尺度。

（天津市蓟州区人民法院　张潇熠）

# 81. 员工股权激励相关法律问题认定

## 争议焦点

1. 因股权激励纠纷产生的法律关系性质认定问题；
2. 享受股权激励政策的员工离职产生的特殊补偿金及股权回购问题的认定。

## 基本案情

**上诉人（原审被告）：王某**

**被上诉人（原审原告）：某信息技术股份公司、陆某**

某信息技术股份公司（以下简称某信息公司）于2005年4月4日成立，成立时为有限责任公司，后变更为股份有限公司（非上市）。王某系某信息公司香港分公司员工，担任副总经理职务，参与了某信息公司的股权激励计划。2007年5月16日，王某与某信息公司的实际控制人陆某签署《股权转让协议》，由陆某向王某转让其持有的某信息公司0.10%的股权，王某向陆某支付3 000元并承担相应税收和费用，成为某信息公司的股东，并办理了工商变更登记。

2014年5月16日，陆某、王某等15名自然人（甲方）与某发展基金（有限合伙）（乙方）、某信息公司（丙方）签订《股权转让协议》，约定：甲方向乙方转让其所持某信息公司10 993 697股的股份，比例为1.728 6%股权，转让价款为207 428 245.28元。其中，王某转让50 000股，转让份额为0.007 9%，转让价款为人民币943 396.23元。后王某确认收到上述转让款。

2014年7月，某信息公司制定《股权管理办法》，对员工股权持有人及权利义务、股权授予方式、股权管理等进行了规定，对直接持有某信息公司股份的公司员工承诺，自劳动关系终止之日后十个工作日内，其将所持某信息公司全部股权，按照其所持有股权数量所对应的公司股份以经审计上一年末净资产值为对价，转让给实际控制人。王某签字并确认已阅读该管理办法并同意遵守该管理办法的规定，并出具承诺函，承诺自本人收到某发展基金（有限合伙）股权转让款之日起，若本人于本次股份转让完成之日起的一定时限内（具体区分为一年内、二年内、三年内等），无论因何种原因，与某信息公司（包括某信息公司现有的关联方以及未来某信息公司的任何关联方）解除劳动关系（包括不再建立新的劳动关系及雇佣关系终止），则本人将于雇佣关系终止之日起的十五日之内，以人民币的形式向某信息公司支付相应比例的特殊补偿金。

2016年5月19日，王某与某信息公司香港分公司终止劳动关系。某信息公司向王某发出回购某信息公司股份的通知。双方因股权回购及特殊补偿金支付问题引发争议，某信息公司、陆某诉至法院要求王某根据《股权管理办法》及承诺函等的相关约定，履行向某信息公司支付特殊补偿金以及将其持有的剩余股份转让给陆某的义务。王某认为某信息公司的请求实质是要求将王某通过履行劳动合同所得的报酬返还给某信息公司，是离职违约金。即使进行股权转让，转让对价也应以经第三方机构审计评估后净资产实际价值为基准计算。

## 审理结果

一审判决：(1) 王某于判决生效之日起十日内向某信息公司给付特殊补偿金人民币754 716.98元；(2) 王某于判决生效之日起十日内向某信息公司给付延期给付特殊补偿金的利息（以人民币754 716.98元为基数，自2016年6月4日起至2019年8月19日按照中国人民银行同期同类贷款利率计算，自2019年8月20日起至实际给付之日止按照同期全国银行间同业拆借中心公布的贷款市场报价利率计算）；(3) 王某于判决生效之日起十日内以人民币1 136 172.84元的价格向陆某转让208 905股某信息公司的股份，并配合办理该股份转让的工商变更手续。如果未按判决指定的期间履行给付金钱义务，应当依照《民事诉讼法》第二百五十三条之规定，加倍支付迟延履行期间的债务利息。

王某不服一审判决提出上诉，后撤诉。

## 评析意见

股权激励系以本公司股权为标的，对公司董事、高级管理人员及其他核心人员进行附带条件的激励，使管理层和核心岗位员工直接或间接成为公司股东，从而在大股东和职业经营团队之间建立起长期稳定的利益共享和风险共担机制，以达到发挥高级管理人员工作积极性和创造性、留住核心人才、促进业绩提升等多重目的的一种现代公司治理制度。本案属于非上市公司股权激励的一种较为典型的模式。本案主要争议焦点为：因股权激励纠纷产生的法律关系认定问题；享受股权激励政策的员工离职产生的特殊补偿金及股权回购问题的认定。

**（一）涉案股权激励模式的法律性质认定**

股权激励纠纷的产生往往与劳动关系的存续以及工作业绩的达成等密切关联，被激励者亦通常具有劳动者和股东的双重身份，因此，该类纠纷的法律性质成为实践中首要的认定难点。笔者认为，对此问题应当结合股权激励模式的一般属性特点作出分析和认定。

1. 股权激励模式的一般属性分析

第一，从股权激励对象来看，享受股权激励的主体一般首先是与公司建立劳动关系或聘用关系的员工，通常为公司的董事、监事、高级管理人员、对公司整体业绩和持续发展有直接影响的核心业务人员和管理骨干，以及公司认为应当激励的其他员工。因此，股权激励的对象一般以存在劳动、雇佣关系为前提，但并非面向全体劳动者，人员范围的确定系公司人员管理自主权的体现，而是否参与股权激励及具体方案的设定亦体现了员工的自主自愿选择。

第二，从制度设置目的来看，一般情况下是为了维持与激励对象劳动关系稳定及提高激励对象工作积极性和能动性，促进公司业绩和提升公司价值。因此，在制度设计上，股权激励的行权条件往往与劳动关系的存续及特定工作业绩的达成存在紧密的关联，公司往往需要配置相应的业绩考核体系和股权管理计划，这在一定程度上亦体现了用人单位的劳动管理。

第三，从股权激励方式来看，实践中，公司往往根据实际情况选择不同层面的股权激励措施，包括股权实权激励、股权期权激励、限制条件性股权激励、隐名股权激励等，上述激励方式在员工是否享有完整的股东权利、行权条件内容设置、是否改变公司股权结构等方面存在一定差异，这直接影响了双方权利义务的法律性质，是更偏向于劳动关系属性，还是股权关系属性，抑或是合同关系属性。

2. 股权激励纠纷案件的实践路径选择

经过调研发现，实践中对于股权激励纠纷的法律关系性质认定仍然存在不同的观点。一种观点认为因员工股权激励产生的经济性利益本质上属于提供劳动给予的对价，股权激励具体的实施、履行与双方劳动关系建立、履行、解除紧密相连，因此应当属于劳动争议而非合同纠纷，应经仲裁前置程序。[①] 另一种观点则认为股权激励纠纷不属于劳动争议，应当按照合同纠纷予以处理，本案一审判决即持此种观点。本案一审判决从股权激励法律关系的主体、客体、权利义务以及法律依据等方面均认为与劳动关系存在明显区别。基于上述不同认识，涉及股权激励纠纷的案由既有劳动争议，亦有合同纠纷以及本案的股权转让纠纷等。股权激励纠纷在法律关系认定上的多样性以及裁判尺度上的不统一，无疑为相关纠纷的处理增加了裁判的争议性及不确定性。

笔者认为，股权激励纠纷在法律关系认定上的复杂性一方面来自司法裁判对于该问题尚未达成统一观点，另一方面亦来自股权激励模式在实践中的多种表现形式，单一路径不足以覆盖和解决复杂多样的实践类型。实际上，无论是在劳动关系还是股权关系中，都不应排除用人单位与劳动者在不违反法律或行政法规强制性规定的情况下，基于自愿协商通过签署协议设置股权激励的具体行权条件，对双方的权利义务关系作出处分。而判断与股权激励协议相关纠纷的性质，亦应根据具体请求事项的依据来源于劳动关系、股权关系还是一般合同关系进行判断，即是基于劳动关系中对劳动相关权利的主张，还是在相关劳动合同履行情况及劳动关系的权利义务已经确定的情况下基于股权关系对相关权利的主张。

实践中，如果股权激励是通过入职通知书、劳动合同约定的方式确定，与其他劳动报酬的支付条件紧密关联，且股权激励的对价亦明确具体，当劳动者在劳动争议案件中与其他薪酬待遇等诉讼请求一并提出要求兑现股权激励时，似乎并无将该项请求完全排除于劳动争议之外进行处理的必要性和充分依据。但是如果用人单位建立了较为完善和独立的股权管理制度，明确了股权激励的具体行权条件，抑或涉及股权转让或股权代持，法律关系主体超出了劳动者与用人单位双方，而涉及第三方时，通过合同纠纷或者股权纠纷进行处理应当更为适宜。

---

① 详见北京市第一中级人民法院（2020）京01民终4439号民事裁定书。

3. 案涉股权激励模式的法律性质

对于本案股权激励模式，王某的行权条件与劳动关系的存续紧密关联，但是，某信息公司对王某进行股权激励并非由一个单一的法律行为完成，而是通过王某与陆某签署《股权转让协议》、王某向某信息公司出具承诺函以及签署《股权管理办法》作为一个合同组合，共同构成了王某与某信息公司之间因股权激励而产生的法律关系。

第一，股权激励方式上，双方产生了实际的股权转让，王某直接取得了某信息公司工商登记载明的股东资格，其一部分经济性收入直接与某信息公司的股权价值挂钩，该类经济性收入与一般的劳动报酬相比具有不确定性和附条件性，其与某信息公司之间的法律关系内容也随之超越传统的劳动关系，而具备了明显的股权关系属性。

第二，在诉讼标的内容上，某信息公司主张的特殊补偿金请求来源于王某自某发展基金（有限合伙）股权转让中获取的受让款，股权回购请求来源于王某的股东身份，均指向的是劳动关系解除后股权回购及收益分割的问题，而双方对于劳动关系解除本身均不存在争议。

第三，在双方的一般劳动关系范畴上，根据《劳动合同补充协议》，王某的经济性收入包括年薪（月薪）收入、年终奖、销售额提成、住房补贴、股票期权等，具有明显的类别及结构性划分。除股权外，其他直接指向劳动要素的给付对价，均未有证据显示双方就此存在争议。

因此笔者认为，虽然股权激励收益的获得及股权回购条件的成就，均以劳动关系的存续为前提，但是，劳动关系的建立并不意味着双方不可以存在其他法律关系，也不意味着劳动关系吸收了双方之间所有的法律关系。在未有证据显示双方在一般劳动关系属性相关权利义务存在争议，而主要诉争内容来源于股权关系的情况下，一审判决以民商事纠纷对本案作出处理，并适用《合同法》《公司法》作出认定，并无不妥。

**（二）员工离职后产生的特殊补偿金及股权回购问题的法律认定**

王某签署《股权管理办法》并向某信息公司出具承诺函，就其因股权激励而取得的收益限制以及离职后的股权处分进行了约定，通过将劳动期限与股权激励的收益相关联的方式，来调整王某所获得的股权激励利益，与股权激励制度的目的是一致的，该约定并不违反法律行政法规的强制性规定。王某在诉讼中主张特殊补偿金在性质上属于离职违约金，违反了劳动法及劳动合同法的强制性规定，缺乏事实和法律依据。同时，基于用人单位已经建立了较为完善的股权管理机制，对劳动者离职之后股权回购价款明确约定为“经审计上一年末净资产值”。王某要求按照股权实际评估价值，缺乏合理性和必要依据，故应当按照某信息公司上一年度审计报告记载的净资产值确定回购价格。

（北京市第三中级人民法院　田璐　张禾）